JN200673

事業再編シリーズ**5**

私的整理の理論・実務と書式

—法的整理への移行、労務、登記、税務まで—

監修：藤原総一郎　編著：山崎良太　稲生隆浩

発行　🕭　民事法研究会

は し が き

　10年ひと昔というが、かのリーマンショックが起こってからはや10年以上が経過し、時代も世相も大きく様変わりしたものの、景気変動や経済浮沈の大きな波は今一つはっきり見えてこない。経済情勢に大きく影響を受ける企業再生の世界で一つ言えることは、この10年で確実に、企業再生の中心は法的整理から私的整理へと移り変わったことである。この10年で、法的整理の案件数は劇的に減少し、私的整理による再建の件数は大幅に増加した。法的整理を選択する場合でも、商取引債権者を保護するスキーム等により、私的整理に類似した再建策がとられることが多い。

　私的整理は、もがき苦しみながら生きている経営不振企業を、時にはソフトな対症療法で、時には抜本的な荒療治を行ってターンアラウンドする経済活動である。法律に基づく強制的な債権放棄を伴う法的整理との根本的な相違は、債権者や経営者、株主といった経営不振企業にかかわるすべてのステークホルダーが、同じ方向を向いて、かつ、自らの意思で、場合によっては大きな痛みを伴いながら支援の手を差し伸べ、企業の抜本的な再建を図る点にある。企業再生の本質は、企業のステークホルダーが win-win の関係を構築しつつ事業や雇用を継続し、ひいては社会経済全体にプラスの貢献をすることにあり、その本質からしても、私的整理が企業再生のメイン手法となることは必然であり、望ましい状況であるといえる。政府の施策も、私的整理中心のトレンドに大きく寄与している。

　本書は、このように現在、企業再生のメイン手法となっている私的整理に関して、債権放棄・第二会社方式、DES、DDS といったバランスシート改革の手法（金融支援手法）、事業再生 ADR、中小企業再生支援協議会等の手続・公的機関（準則型私的整理）をはじめとして、私的整理から法的整理への移行、私的整理に伴う労務問題、登記、税務にいたるまで、私的整理に関して実務上問題となるほぼすべてのテーマを網羅して解説を行っている。また、実際の事例をベースに作成した私的整理における事業再生計画の実例を

もとに、具体的な計画づくりの全体像をイメージできるようにしている。

　本書は主に、企業再生の現場に携わることがある弁護士、公認会計士、税理士、中小企業診断士、コンサルタント、金融機関担当者等の専門家を読者として想定しているが、比較的平易に多くのテーマを網羅しているため、専門的知識をさほど有していない企業の財務・法務担当者等にもご活用いただける内容となっている。類書は数多くあるが、適度な分量で必要十分に私的整理の全体像を網羅した書籍はあまりなく、多くの読者のお役に立てるのではないかと自負している。

　本書の執筆にあたっては、筆者らの所属する事務所の森川舞司法書士、児玉牧子司法書士に協力してもらった。そして、民事法研究会の田中敦司氏、近藤草子氏には、筆者らの遅筆に根気よくお付き合いいただき、多大なるご尽力をいただいた。本書が日の目を見るに至ったのはひとえに両氏の辛抱強さの賜であり、執筆者一同、感謝の念に堪えない。

　最後に、本書を多くの専門家や実務家にご活用いただき、一社でも多くの経営不振企業が私的整理による再建を果たし、経営者や従業員、その家族、債権者等々の関係者が、平穏かつ前を向いて日々の経営や業務に励むことができるようになることを切に願っている。

　平成31年2月

　　　　　　　　　　執筆者を代表して　弁護士　山　崎　良　太

私的整理の理論・実務と書式　目次

第1章　私的整理手続の概説

第2章　私的整理におけるデットリストラクチャリング・資本再構成の手法

第3章　事業再生計画策定の実務

第4章　経営者保証の取扱い

第5章　私的整理における各種制度の概要

第6章　私的整理から法的整理への移行

第7章　私的整理の労働問題

第8章　私的整理の主要なスキームに関する会社法上の手続および登記手続

第9章　私的整理の税務

凡 例

法	会社法
※平成26年改正会社法	平成26年法律第90号
施行規則	会社法施行規則
計算規則	会社計算規則
商法	平成17年改正後商法
旧商法	平成17年改正前商法（会社法発行前）
私的整理ガイドライン	私的整理に関するガイドライン
経営者保証ガイドライン	経営者保証に関するガイドライン
独占禁止法	私的独占の禁止及び公正取引の確保に関する法律
労働契約承継法	会社の分割に伴う労働契約の承継等に関する法律
特定調停法	特定債務等の調整の促進のための特定調停に関する法律
ADR 法	裁判外紛争解決の手続の利用の促進に関する法律
事業再生手続規則	特定認証 ADR 手続に基づく事業再生手続規則
機構法	株式会社地域経済活性化支援機構法
産業再生省令	事業再生に係る認証紛争解決事業者の認定等に関する省令
産業再生告示	事業再生に係る認証紛争解決事業者の認定等に関する省令第14条第2項の規定に基づき認証紛争解決事業者が手続実施者に確認を求める事項（平成20年経済産業省告示第29号／最終改正平成21・6・22)
経産省令	経済産業省関係産業競争力強化法施行規則（平成26年1月17日経済産業省令第1号)
資産評定基準	経済産業省関係産業競争力強化法施行規則第29条第1項第1号の資産評定に関する基準

経産省告示	経済産業省関係産業競争力強化法施行規則第29条第2項の規定に基づき認証紛争解決事業者が手続実施者に確認を求める事項（平成26年1月17日経済産業省告示第8号）
産業活力再生特別措置法	産業活力の再生及び産業活動の革新に関する特別措置法（産業競争力強化法施行に伴い廃止）
金融円滑化法	中小企業者等に対する金融の円滑化を図るための臨時措置に関する法律（平成25年3月末で終了）
円滑化指針	中小企業者等に対する金融の円滑化を図るための臨時措置に関する法律に基づく金融監督に関する指針（コンサルティング機能の発揮にあたり　金融機関が果たすべき具体的な役割）
政策パッケージ	中小企業金融円滑化法の最終延長を踏まえた中小企業の経営支援のための政策パッケージ
民集	最高裁判所民事判例集／大審院民事判例集
労民	労働関係民事裁判例集
判時	判例時報
判タ	判例タイムズ
金法	金融法務事情
金判	金融・商事判例
債管	事業再生と債権管理
労判	労働判例
労経速	労働経済判例速報

第1章

私的整理手続の概説

I　企業再生の潮流〜中小企業の私的整理の拡大

1　経済情勢と企業再生

　企業の再生手法は、時代を映す鏡である。

　企業再生の仕組みや手法は、1990年代後半の金融危機が一息ついた2000年代初頭から、金融機関の不良債権の抜本処理を目的として整備されてきた。2000年に施行された民事再生法や、2001年に策定された「私的整理に関するガイドライン」が先鞭である。

　これらの各種手法は企業再生の実務において着実に運用が積み重ねられ、各種専門家等のプレイヤーは大幅に増加し、企業再生の手法は定着をみた。日本経済はその後、短期間の好況期を迎えたが、2008年のリーマンショックによる世界的な不況・景気低迷を受けて、事業再生 ADR 手続の創設その他一層の整備が進められてきた。

　企業再生の手法、とりわけ私的整理の手法は、当初、大企業向けの金融支援（債権放棄や Debt Equity Swap（DES））を行うための仕組みがメインであったが、徐々に、膨大な数の中小企業群を対象とした再建手法の整備が主たるテーマとなっていった。その中核である中小企業再生支援協議会（以下、「協議会」という）は、2003年から各都道府県において創設され活動を開始していたが、2007年の中小企業再生支援全国本部の設置以降、制度としての整備が進んだ。リーマンショック後の2009年にはいわゆる金融円滑化法が制定され、さらには2011年に発生した東日本大震災後の復興支援の必要性が高まったことを受けて協議会の役割・機能も強化され、協議会を中心とした中小企業の再生実務がスタンダードとなった。

　2016年は、日本の総人口が近代以降で初めて減少した年である。各地方では以前から人口減少・少子高齢化が進行しており、地域経済活性化、さらには「地方創生」が国の施策の随所に掲げられるようになった。地方創生のた

めの地域金融機関のあり方の文脈に中小企業の再生支援が位置付けられ、再生支援は地域金融機関が日常業務として取り組むべきものとされた。金融機関による企業の再生支援、すなわち私的整理は、もはや何ら特殊なものではなく、現代日本においてはごく一般的に行われる金融機関による取引先支援の一手法となっているのである。

2　私的整理とは

　私的整理とは、企業再生の手法のうち、法的整理（会社更生、民事再生、特別清算、破産等）によらずに、債務者と債権者の合意の下で行われる債務整理の手続をいう。

　過大な債務によって経営難に陥っている債務者について、債権者と債務者の合意の下、さまざまなデット・リストラクチャリングの手法（リスケジュール、債権放棄、DES、Debt Debt Swap（DDS）等）を用いて過剰債務の条件を変更し、または債務の額を圧縮したうえで、債務者の事業の再建を図る、というのが私的整理の骨格である。私的整理において対象となる債権者は主に金融機関であり、商取引債権者は対象とならない。

　私的整理は、かつては特定の法律やルールが存在せず、当事者間の交渉・合意で債務を整理する、いわゆる任意の私的整理で行うのが主であったが、2000年代に入り、私的整理の円滑な遂行を図るための「私的整理ガイドライン」や、その後継制度としての事業再生ADR等が導入された。

　また、公的機関である、協議会、株式会社地域経済活性化支援機構等も、私的整理の円滑化を図るため、第三者的な立場から私的整理における債権者・債務者の利害調整等を行っている（事業再生ADR等の各種制度や支援協等の政府系機関を利用する私的整理を、近時、準則型私的整理と呼ぶことがある）。

　準則型私的整理を利用する目的としては、①金融機関調整の円滑化、②第三者による検証を経ることによる事業再生計画（特に金融支援の方法および金額）の妥当性・公平性の確保、③税務リスクの回避（債権放棄に際しての税務上の損金算入の確保。なお、民事再生や特別清算等の法的整理でも税務上の損金

算入が可能である）が主な点である。

このほか、債務者が任意にバンクミーティングを開催して事業再生計画について金融機関の同意を得て行う、任意の私的整理も現在も利用されている。

3 私的整理が実務のスタンダード

私的整理は金融機関のみを対象債権者とするのに対し、法的整理は商取引債権者をも対象として多額の債権放棄を求める手続である。私的整理は秘密裏に進められるが、法的整理は裁判所に申し立てるとともに申立ての事実は公知となり、事業価値や信用力の毀損の度合いは私的整理と比較して格段に大きくなる。現代の経営不振企業は日本経済全体の地盤沈下や人口減少等から売上増が期待できず、またリストラやコストカットの余地が乏しい企業が多いため、経営改善計画を策定すること自体、容易ではないことが多い。そのため、法的整理による事業価値の毀損（取引打切り、取引条件見直し等）には耐えられず、法的整理による再建は極めて困難と想定される企業も多い。

そのため、現在の企業再生の実務においては、私的整理がスタンダードであり、やむを得ない場合や必要性が高い場合にのみ法的整理が選択されているといってよい（民事再生の申立件数は2002年頃は全国で年間1000件以上、2010年頃でも年間800件を超えていたが、2017年は全国で140件にとどまる。これに対し、協議会を利用した私的整理の件数は、ピークの2013年には全国で約2500件、2017年はかなり減少したがそれでも600件以上にのぼる）。

法的整理が選択されるのは、資金ショートが迫りやむを得ず申し立てされるケースが大部分であるが、それに加えて、私的整理成立のための経済条件が維持できない（商取引債権の弁済の確保、金融機関の経済合理性の確保が困難）、経営者の粉飾等が発覚したことにより金融支援が困難である、多額の損害賠償請求を受けている等偶発債務・簿外債務の問題が存するといった事情がある場合や、これらの点を踏まえたスポンサー企業の意向によって法的整理を選択することもある。

4　リスケジュールと抜本的再建

　前記のとおり、2008年のリーマンショック後の2009年、金融円滑化法が施行された。同法により、約40万社もの中小企業に対する金融債務のリスケジュールが実行され、多くの企業はこれにより破綻を免れたが、リスケジュール実行後の「円滑化法の出口」が問われることとなった。

　一つの解として、東日本大震災後の2012年以降、協議会の新しい運用方式として、「暫定リスケ」スキームが導入された。これは、営業赤字であるため現時点では経営改善計画を策定できない債務者や債務償還年数が数十年と超長期となる債務者について、３年程度の暫定リスケ期間を設定し、その期間中に事業・収支を好転させ、経営改善計画を策定することを目的とするものである。やや問題先送り型でありつつも、当時の円滑化法適用企業の実情に沿ったスキームであるといえ、その後も協議会を利用する大多数の企業がこの「暫定リスケ」スキームを用いてリスケジュールを行うようになった。

　また、2013年には、中小企業庁の認定を受けた認定支援機関（税理士、中小企業診断士等の専門家）が経営改善計画を策定する際にデューディリジェンス費用等の一部を助成する施策が導入され（いわゆる405事業）、多くの中小企業が同制度の適用を受けて、専門家の支援によりリスケジュールを前提とした経営改善計画の策定を進めるようになった。

　このように、現在の私的整理の中心的手法は金融債務のリスケジュールである。他方、企業の抜本的な再建のためには、リスケジュールのみでなく過剰債務の解消に資する思い切った財務リストラ（債権放棄）が本来的には必要なことが多い。また、中小企業の多くは何らかの経営上の課題を抱えており、真に経営の改善・強化を図るためには、スポンサーの支援を受けた抜本的な経営改善・事業再生を実現することが望ましい。そのため、資金繰り状況や経営状況の悪化が進んだ企業に対しては、M&A を実行するとともに過剰債務解消のための金融支援（債権放棄）が行われる必要がある。中小企業に関しても、M&A を実行するためのインフラ、情報網はこの十数年間で飛

躍的に拡大しており、再生事案を含む中小企業の M&A 件数は増加し続けている。

　現在の実務では、企業が金融機関から債権放棄を受けるスキームとしてはいわゆる第二会社方式（スポンサーに事業譲渡または会社分割により事業を承継し、債務者企業は特別清算手続により債権放棄を受ける方式）が主に用いられている。協議会においても第二会社方式による債権放棄案件に取り組むことも多くなったが、リスケジュール対象となる企業と比べると圧倒的少数にとどまっている。

Ⅱ　近時の私的整理〜時代を読み解く5つの視点

1　リスケジュールの「功」と「罪」

　このように、現在の私的整理の中心、すなわち企業再生のメインスキームは、リスケジュールによる金融機関調整である。リスケジュールといっても事案によって千差万別であり、たとえば以下のようなパターンがある。

① 　約定返済を行うが、従来の返済額を減額して繰り延べる（月ごとの返済額を半分にする等）。

② 　約定返済を行わず、余剰キャッシュ・フローに応じて返済を行う（年間の余剰キャッシュ・フローの8割を、決算期後に支払う等）。

③ 　約定返済を一定期間（3カ月単位、6カ月単位、1年単位など）一切行わず、利払いのみを行う。

　このうち、①や②は一定のキャッシュ・フローが生じていることが前提であり、ある程度、経営改善計画が策定できている、または経営改善計画策定中であるが相応の事業性がある会社である。これに対し、約定返済を行わない③は、返済能力の見極めが十分できておらず、経営改善計画を策定するために返済をストップするというケースもあるが、そもそもキャッシュ・フローがマイナスであったり、事業性（事業継続可能性）そのものに問題がある会社ということも多い。

　前記のとおり、金融円滑化法の施行、その後の協議会「暫定リスケ」導入以降、リスケジュールの実行が容易となり常態化したことにより、企業が経営改善計画策定のための期間を確保し再建に挑戦しやすくなったという「功」はあるものの、本来は資金繰り状況や事業の状況に鑑みて別の方策、すなわちM&A等を伴う抜本的な再建策（債権放棄を伴う再建策）や廃業に向かうべき企業群を延命させているという「罪」の部分もあるといえる。

2　事業再生のタイムラグ

　リスケジュールによる延命が続くと何が起こるか。それは、本来は M&A によって抜本的な再建策を講じることで再建可能であった企業が、時間の経過とともに価値が毀損しジリ貧状態となり、結局、破綻（破産）に至る可能性が高まるということである。そして、そのことは、リスケジュールを行っている企業の状況からして、容易に想像がつくことが多い。

　にもかかわらず、なぜ、破綻がみえている企業をリスケジュールにより延命するのか。誤解をおそれずに言えば、現状維持を図ることにより融資先・融資残高を維持したい金融機関と、現実を直視できない（経営失敗を認めたくない、経営責任問題に直面したくない）経営者の利害が一致することが多いからである。

　そもそも、経営者の多くは、自らの人生、財産、家族、プライドを賭けて事業に取り組んでおり、自身の企業が抜本的再建の局面に入ることを望んでいない。保身や財産への執着ということではなく、「経営者としての能力や、人生そのものが否定される」ことは是が非でも避けたいのである。金融機関は本来そのような経営者の背中を押すべき立場であるが、金融機関担当者としても、経営者に疎まれつつ抜本的再生をめざすインセンティブは働かない（金融機関内部においても直接的な評価につながらず、また、内部決裁を進めていくうえでの困難も多い）。

　このような構造的な問題を抱え、近い将来の破綻の足音を聞きつつも数年にわたりリスケジュールにより延命したところ、突如として、抜本的再建の必要性に直面することがある。急激な売上減少や取引先の倒産による貸し倒れで資金ショートが迫っているといった状況である。すなわち、意図して抜本的再建をめざすのではなく、やむにやまれずフェーズが変わっていくことが多い。そうすると、かろうじて再建可能な会社であっても、事業価値が相当毀損した状況でギリギリ再建をめざすことになるし、時すでに遅しで破産に至るケースも多くなる。

　このように、もっと早く抜本的再建に取り組んでいれば、M&A により比較的スムーズに再建できたであろう企業が、数年間の延命期間＝タイムラグが生じることにより、私的整理による再建を断念せざるを得ない、もしくは破産を選択するほかない手遅れの状態にまで追い込まれてしまうのである。この「タイムラグ」により再建困難となってしまう企業群の存在は、確実に、地域経済ひいては日本経済全体を一層疲弊させる要因となっている。

3　経営者保証ガイドラインの意義〜早期事業再生の切り札

　中小企業のオーナー経営者のほとんどは、企業の借入金を連帯保証している。これらの中小企業が私的整理や法的整理により抜本的再建を図る場合、金融機関が主債務者たる企業に対して債権放棄することになるため、保証人たる経営者は、金融機関から保証履行請求を受けることになる。過去には、経営者の保証債務を整理するための指針・ルールは存在しておらず、金融機関から保証債務の免除を受けることは多くの場合困難であり、経営者は自己破産を選択せざるを得ないことが多かった。そのため、経営者が保証責任の追及を恐れて会社の抜本的再建の着手に躊躇することが多く、早期事業再生を阻害する要因となっていた。

　平成26年に導入された経営者保証ガイドラインは、わが国で初めて制定された保証債務整理のための指針・ルールである。法的拘束力はないが、政府系を含む金融機関や信用保証協会等にも遵守が求められている。最大の特徴は、経営者が早期に事業再生に着手するインセンティブとなるよう、保証人が自己破産を回避する（保証債務の免除を受ける）ことができるとともに、保証人の生活や事業の維持・再建のため、華美でない自宅や一定期間の生計費相当額等、一定の資産保有が許容される点にある。保証人の債務整理に関する情報等が信用情報登録機関に報告、登録されることもない。

　従来より企業再生は、債務者の早期かつ抜本的な再建により事業・雇用を維持し、債権者が（破産と比較して）回収極大化を図ることができる点で、利害関係人に「win-win（ウィン－ウィン）」の関係を生じさせるものである

とされていたが、実は、保証人である経営者は「win」を享受できないことが多かった。ガイドラインの適用開始以降、一定の資産保有（特に自宅の維持）による経営者の生活の維持・再建が可能となることにより、真の意味で、企業再生がすべての利害関係人にとってメリットのある選択になったといえる。

このように、企業再生、特に私的整理による企業再生は、準則型私的整理の充実化に加えて経営者保証ガイドラインの適用開始により、特に債権放棄を伴う抜本的再建を早期に進めることが容易になっている。数多くの「円滑化法後」「暫定リスケ後」企業のリスケジュールにとどまらない抜本的再建を果断に実行し、日本経済の停滞打破や地方創生の実現に役立てていくことが望まれている。

4　事業「承継」と事業（企業）「再生」

日本企業の経営者の高齢化、後継者難が声高に叫ばれるようになって久しい。「事業承継」問題の究極的な出口は M&A であるが、一昔前と比べると、経営者にとって「買収」のネガティブイメージは格段に改善し、後継者が存在しない場合、事業承継の最終着地が M&A であることは中小企業の経営者においても共通認識となりつつある。前記のとおり、中小企業の M&A も以前より飛躍的に容易となっている。

ところが、M&A による事業承継をめざしたものの、金融機関からの借入金がネックとなることがある。中小企業は過小資本を金融機関からの折り返しを前提とした短期借入金で補っており、結果として過剰な有利子負債を抱えていることが多い。その反面、さほどのキャッシュ・フローを生んでいるわけではないから、買収候補者が企業価値評価（キャッシュ・フローに基づく DCF 法が一般的である）をした場合、想定どおりの評価を受けることは少なく、それどころかマイナスの評価となることも多い。このような企業は本来再生予備軍であるが、無理をして借入金の約定返済をしていることが多く、その実態が看過されており、金融機関としても抜本的な過剰債務解消への意

識喚起や引当金の計上も不足していることが多い。

　こういった企業がM&Aによる事業承継も実現できず、高齢の経営者が自ら経営を続けざるを得ない場合、いずれ廃業（事業停止）や破産に至るという結果を招く。本来、継続可能性があり、過剰債務問題を解消すればM&Aによる事業承継ができる企業を廃業に追い込んでしまうことは、地域経済維持の観点、金融機関の取引先・貸出維持の観点からも損失は甚大である。

　このように、事業承継事案は、実は企業再生同様の手法によることが必要な事案であることは多い。経営者の年齢や状況に照らした事業承継の必要性、スポンサーの地域経済活性化への寄与の可能性、雇用維持等の諸条件を勘案したうえで、事業承継事案においても、債権放棄等の抜本的再建策を伴うM&Aを増加させていく必要がある。

5　企業再生の「大義名分」

　企業再生、特に私的整理は金融債権のみを対象として支援（債権放棄）を要請する手続である以上、最大のステークホルダーは金融機関である。特に中小企業の場合、協同組織形態を含む地域金融機関が取引行であることが多い。

　では、それらの金融機関、特にメイン行にとって、企業再生の「大義名分」とは何であろうか。ここでいう大義名分とは、数多の取引先の中から、金融支援を行う当該取引先に対してのみ（当該取引先を優先して）行うことの意味である。この問題にはいかなる金融機関も必ず直面する。

　経済合理性の充足はいかなる事案においても極めて重要であるが、経済合理性の程度や諸条件は企業の状況や案件により千差万別であり、一概に基準とすることは不可能である。

　結局のところ、メイン行が地域金融機関として当該企業を支えることの地域経済に対する意義、すなわち、当該企業の地域における役割や産業構造・商流の中での位置付け、雇用の確保の必要性等を総合的に勘案して、大義名

分の確保を図るほかない。地域経済活性化や地方創生といったキーワード・標語に基づき政府が旗振りをするまでもなく、本来、地域金融機関は、地域に住む人や地域経済のことを誰よりも最優先に考え経営を行っているはずである。地域の礎である中小企業を抜本的に再建し事業を存続させることの揺るぎない意義は、地域金融機関だからこそ、胸を張って示すことができる。このような再生支援はもはや、金融機関における特殊業務ではなく、通常の業務として日々行われるものなのであり、そこには必ずや「大義名分」が存在しているのである。

　数多くの企業再生予備軍が、抜本的再建待ったなしの状態で群れをなしているのがこの10年の実情である。抜本的再建は、やむにやまれず民事再生等の法的整理により進めるよりも、ある程度計画的に、厳しい中でも少しでも資金的余裕が存在するうちに、私的整理により進めることが、企業価値維持の観点からは絶対に望ましい。企業価値が維持されるということは、当然に金融機関等の債権者の経済合理性が確保されるとともに、地域経済、産業構造・商流等の維持発展に資することを意味する。少しずつ時代は動き、私的整理により抜本的再建を行う企業群が増えつつある。事業承継問題もあいまって、数多くの企業を私的整理により早期かつ抜本的に再建していくことが、地方創生や経済再建のための一丁目一番地の施策として求められているのである。

第2章

私的整理における
デットリストラクチャリング・
資本再構成の手法

I　リスケジュール・デットリストラクチャリングの手法

1　リスケジュール

　リスケジュールとは、借入れにおける当初の返済条件（金利、返済額、返済期間等）を変更することをいう。

　このようなリスケジュールは、対象債権者と個別に合意して変更する必要がある。また、対象債権者が複数いる場合には、対象債権者間で平等性が確保されている必要がある。

　事業再生計画案にリスケジュールを定める場合、新たな返済条件は、債務者企業の事業から生み出されるキャッシュ・フローによって返済が可能になるように組み直されるのが通常である。また、返済額については、債権者平等の観点から、特定の基準日における各金融機関の与信残高を基準にプロラタ方式にて決められることが多い。

　もっとも、事業再生計画案の作成途中などにおいて、暫定的に3カ月～6カ月程度を目途に、その都度、債務者企業の業況をみながらリスケジュールの条件見直しを繰り返す、ということが行われることも少なくない。

2　デットリストラクチャリング

(1)　債権放棄

　債権放棄とは、債権者が債務者企業に対し、債権の全部または一部について返済義務を免除することをいう。債権放棄を行うことにより、債務者企業の債務は確定的に消滅する。

　債権放棄は、債務者企業にとっては最も直接的にメリットのある方法である。しかし、債権が確定的に消滅するため、債権者にとっては過剰支援による善管注意義務違反の問題が生じ得る。

　したがって、債権者としては、債権放棄に容易に応じることはできない。

そこで、債務者企業としては、事業再生計画案の内容につき、①リスケジュール、②DES（Debt Equity Swap）・DDS（Debt Debt Swap）、③債権放棄という順に検討することが多い。

　債権放棄の一手法として、DPO（Discount Pay Off）という方法がある。DPO は、債権者が、債権全額の回収が困難になった債権を、債権の額面よりも低額で第三者（譲受人）に譲渡し、その後、譲受人が債務者企業に対して債権を放棄し、あるいは債務者企業自らが、（場合によっては新たにファイナンスを受けたうえで）譲受人から額面よりも低額で当該債権を買い取ることをいう。

　債権放棄の場合には、債権者が放棄した金額を税務上損金に算入するためには一定の要件を充足する必要があるが、債権譲渡の場合には、対価が適正な価格である限り（時価に比して著しく低廉でない限り）、債権者は、債権譲渡損を税務上損金に算入することができる。譲受人が第三者である場合には、基本的には債権譲渡が適正な価額であると判断されることが多く、債権放棄と比較すると、債権譲渡のほうが債権者の損失を税務上損金に算入することが容易である。

　他方、債務者企業としては、譲受人との間で買取価格を交渉し、譲受人の取得価格を上回り、かつ、債権の額面を下回る価格で買い取ることによって、実質的に債務を削減する効果を得ることができる。

　DPO は、債権譲渡が出発点になるデットリストラクチャリングの手法であるため、基本的には債権者が手続を主導することが多い（債務者企業から要請することもある）。DPO においては、いわゆるサービサーや再生ファンド（後記Ⅳ参照）等が譲受人となることが多いが、譲受人の選定は、入札形式によるほか、債権者である金融機関や中小企業再生支援協議会等の外部専門機関による斡旋等によることが多い。サービサーや再生ファンドが譲受人となることにより、専門性を活かした迅速かつ柔軟な債務処理が可能となる。通常、債務者企業の事業再生計画案や譲渡人との協議・交渉過程は譲受人に対してあらかじめ説明され、引き継がれることが多いが、譲受人となる

サービサーや再生ファンドを含めた形で、あらためて債務者企業と対象債権者との間で交渉し、事業再生計画案を策定し直す必要性が生じる場合もある。

⑵　第二会社方式

　債務を整理する方法として、債務者企業の資産および負債のうち、今後の事業継続の見込みのあるもの（Good 部分）とそうでないもの（Bad 部分）を、会社分割や事業譲渡等の手法によって切り分け、Good 部分は事業を存続させ、Bad 部分は会社を清算するという手法がとられることがある。この手法を一般に「第二会社方式」という。

　「第二会社方式」においては、Good 部分を新会社に承継させる会社分割や事業譲渡を行い、Bad 部分が残る債務者企業は破産や特別清算等の法的整理手続によって清算するのが典型である。この際、Good 部分を承継した新会社の株式はスポンサーが取得することとなり、その株式取得代金は Bad 部分が残る債務者企業の債権者に対する弁済原資として用いられる。このほか、Good 部分のみを債務者企業に残し、Bad 部分を新会社に承継させる方法もある。第二会社方式の詳細については後記Ⅲを参照されたい。

⑶　DES

㈦　概　要

　デット・エクイティ・スワップ（Debt Equity Swap（DES））とは、債務者企業に対して金銭債権を有している債権者が、その債権を債務者企業の株式に振り替える手法をいう。債務者企業の側からみると、債務（Debt）を資本（Equity）と交換する（Swap）ことになる。DES により、債務者企業にとっては、債務の減少および資本の増加が生じ、貸借対照表の改善が可能となる。たとえば、5 億円の債務超過を解消するために15億円の DES を実施した場合、〔図 2 - 1〕のような貸借対照表の改善が考えられる。

　債務者企業が金融機関に対して求める金融支援の内容には、リスケジュール、DES、債権放棄等があるが、債権放棄と DES は、債務者企業にとっては（元本）債務の減少をもたらす点で同一である。しかし、債権者の側としては、債務が資本に振り替わることによって、①将来株式価値が増加した後

〔図 2 - 1 〕　DES 実施による貸借対照表の改善

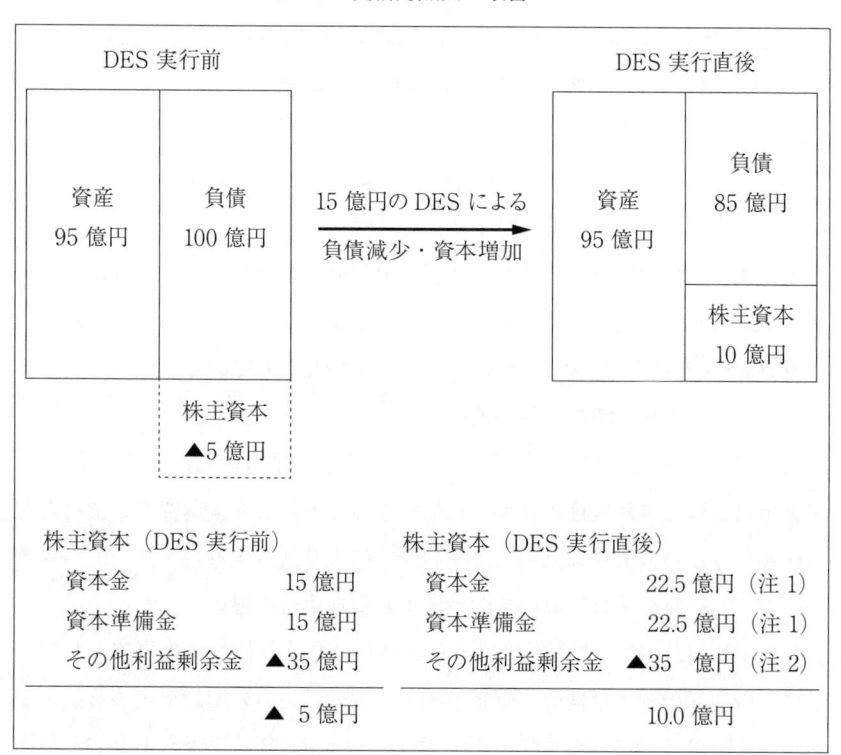

（注 1 ）　払込金額の 2 分の 1 までは資本金として計上しないことができるところ
　　　　　（法445条 2 項）、登録免許税を可能な限り少なくするため、払込金額の総額
　　　　　（15億円）の 2 分の 1 （7.5億円）を増加させることが多い。この場合、払込
　　　　　金額の総額のうち資本金に計上しないこととした金額（7.5億円）について
　　　　　は資本準備金として計上する必要がある（法445条 3 項）。
（注 2 ）　増資を行っただけではその他利益剰余金は増加しない。

　に株式を売却すること等により、株式の譲渡益を取得する形で資金回収がで
きる可能性が生じる点、②発行される株式の内容によっては優先的に剰余金
の配当を受けることができ、元本以上の金額が返済される可能性が生じる点
において、債権放棄よりも DES のほうが受け入れやすい面もある。
　実際の企業再生の局面においては、事業再生計画の策定過程において、一

定の資産評定基準に従って債務者企業の実態を示す貸借対照表を作成し、債務者企業の債務超過額、事業再生計画における損益見込み等に基づき、DES・債権放棄等の金融支援の金額・内容を決めていくことになる。

(イ)　DES の手法

DES には、大きく分けて、①債権者が現金を払い込んで債務者企業から第三者割当増資を受け、債務者企業が当該払込金をもって直ちに債務を弁済する方法（擬似 DES 型）と、②債権者が金銭債権を現物出資して債務者企業から第三者割当増資を受ける方法（真正 DES 型）という 2 つの手法がある。

擬似 DES と真正 DES の主要な違いは以下のとおりである。

(A)　債務の消滅原因の違い

擬似 DES の場合、債務は弁済により消滅する。他方、真正 DES の場合、現物出資された金銭債権が債務者に帰属することになり、債権者と債務者が同一となるため、債務は混同（民法520条）により消滅する。

(B)　新株発行において会社法上必要な手続の違い

擬似 DES は金銭による出資であり、発行される新株の募集事項として、払い込む金銭の額またはその算定方法、金銭の払込みの期日を定める必要がある（法199条 1 項 2 号および 4 号）。他方、真正 DES は債権を出資する現物出資の形式をとるため、これらのほかに、金銭以外の財産を出資の目的とする旨並びに当該財産の内容および価額を定める必要がある（同項 3 号）。

(C)　会計・税務上の取扱いにおける違い

擬似 DES の場合、債務者企業・債権者ともに、会計・税務上、通常の新株発行と弁済との組み合わせとして、債務消滅益・損金としての処理は原則として不要と考えられる。

他方、真正 DES の場合、債務者企業の側では、税務上は債務の帳簿価額と資本金等の増加額（時価）の差額が債務消滅益として処理され、他方、会計上は通常、差損益が生じない（申告調整が必要）。債権者の側では、会計・税務ともに債権の帳簿価額と DES により交付を受けた株式（時価）の差額が損金として処理される。

⒟　**擬似 DES のリスク**

⒜　「詐害行為」ないし「否認」のリスク

　擬似 DES における払込後の弁済は債務者企業の財務内容が悪化した状態において特定の債権者に対して行われるものであるから、このような弁済行為が「詐害行為」として取り消されないか、あるいは「否認」されないかが問題となる。

　擬似 DES が合理的かつ実現性のある事業再生計画の一環として行われるのであれば、払込後の弁済は事業再生計画の履行の一部として行われているにすぎないのであるから、弁済行為のみを取り出して詐害行為や否認について論ずるのは妥当ではない。

　また、擬似 DES は債務者企業の総財産を減少させるものではなく、逆に、擬似 DES の対象となった債務の額面分の純資産は増加している。さらに、債務者企業の事業再生計画が合理的で実現性があるならば、他の債権者にとっても擬似 DES を行う前よりも多くの回収が見込まれる。したがって、擬似 DES を行う債務者企業には他の債権者を害する意図はなく、むしろすべての債権者の利益のために擬似 DES を行っていると評価できる。

　以上のことからすれば、事業再生計画が合理的で実現性がある限り、擬似 DES における払込後の債権者に対する弁済行為が「詐害行為」として取り消され、あるいは「否認」されることは原則としてないと考えられる。

⒝　「見せ金」のリスク

　擬似 DES の場合、前記のとおり債務者企業が払込金を直ちに引き出して弁済を行うことから、このような払込金がいわゆる「見せ金」と評価され、無効とみなされないかが問題となる。

　この点、「見せ金」が無効な払込みと評価されるのは、当該払込みを実質的にみると、払込人が金融機関等から払込金を調達して払い込んだ後、会社が直ちに引き出して返済にあてることから、当該払込金が会社財産として利用される可能性が存在しないためである。

　他方、擬似 DES においては、債権者が払込金を実際に出資し、出資金相

当額の債務が実際に消滅し、純資産額も出資金相当額分増加するのであって、これを会社財産の増加を伴わない「見せ金」と評価するのは妥当ではない。

　また、実質的にみても、擬似 DES が合理的かつ実現性のある事業再生計画に基づいて行うものである限り、他の債権者や株主を害するものではなく、かえって他の債権者や株主の利益に適うものといえる。したがって、擬似 DES を「見せ金」として無効とみなす必要性も存しないといえる。

(E)　償還型 DES

(a)　償還型 DES とは

　償還型 DES とは、債務者企業が DES により発行する株式について、株主が債務者企業に対して当該株式の取得を請求できる権利（取得請求権）または債務者企業が一定の事由が生じたことを条件として当該株式を取得できるとの条項（取得条項）を付し、将来的に債務者企業が当該株式を取得して消却することを予定するものをいう。

　現在、デットリストラクチャリングの手法としては、前記1のリスケジュールや2(2)の第二会社方式での債権放棄が多く用いられるが、特に①上場会社以外の会社において信用力確保のために債務超過状態を解消したい場合や、②貸金業や建設業その他許認可の取得等に純資産額を基準とした要件があり、債務の減少および資本の増加が必要な場合においては、この償還型 DES が用いられることもある。

(b)　償還型 DES の基本設計

(i)　取得請求権

　株主による債務者企業に対する株式の取得の請求は、分配可能額の範囲内でのみ可能である（法166条1項ただし書）。また、債務者企業は、定款において、「償還時に交付する金額の算定方法」および「償還可能な期間」を定める必要がある（法108条2項5号、107条2項2号）。その他の内容については、後記Ⅱ1(1)(オ)を参照。

(ii)　取得条項

　債務者企業の側において、「一定の事由」が生じたことを条件として、金銭を対価として株式を取得できることを可能とするものである（法108条2項6号イ、107条2項3号イ）。かかる「一定の事由」を、債務者企業が別に定める日に償還すると定める（法108条2項6号イ、107条2項3号ロ）ことにより、金銭対価の取得請求権の場合とは異なり、債務者企業が償還する時期を任意に選択できることになる。金融機関が取得条項のみを定める種類株によるDESに応じるケースはほぼないが、取得請求権と併用することで、債務者企業主導でのエグジットも可能にしておくことができる。その他の内容については、後記Ⅱ1(1)(カ)を参照。

(ⅲ)　配当や残余財産の分配等に関する条件

　償還型DESに係る株主を優先する条件を定めることで、債務者企業の経営陣に対して、早期に会社の再建を図り、当該株式の償還を行うインセンティブを与えることができる。この場合、その他の株式に対する配当は、後記(c)の株主間契約にて禁止することもある。

　具体的な条件の定め方としては、配当の順位、配当がされなかった場合に当該金額を累積させるかどうか、残余財産の分配についてその他の株式に優先させるかどうか等、さまざまなバリュエーションが考えられる。その内容については、後記Ⅱ1(1)(ア)(イ)を参照。

(ⅳ)　議決権の制限

　償還型DESに係る株主により議決権を行使されることについては、債務者企業にとって抵抗が強いことが多いうえ、当該株主にとっても株主責任を問われるリスクや後記(ウ)(C)(D)の5％ルールに抵触することを回避する要請があることから、無議決権株式とすることが多い。

(c)　株主間契約

　前記のとおり議決権を制限するにせよ、償還型DESに係る株主によっては既存株主を通じて間接的に債務者企業の経営を規律していく必要がある。そこで、事業再生計画に定める事項の遵守のほか、一定の重要な経営事項について当該株主の同意を必要としたり、財務状態等に関する情報を当該株主

に提供させることとしたりする内容の株主間契約を締結することが多い。

(ウ)　DES の実務

(A)　現物出資規制の回避（検査役の調査を要しないための要件）

　真正 DES（金銭債権の現物出資を行って債務者企業から第三者割当を受ける方法）の場合、当該株式の募集事項において現物出資される財産（現物出資財産）の内容および価額を定める必要があり（法199条 1 項 3 号）、原則として当該財産の価額に対する検査役の調査が必要となる（法207条）。しかし、以下の要件を満たす現物出資の場合には検査役の調査は不要である（同条 9 項 5 号）ため、同要件を満たす形で DES が行われる。

① 　現物出資財産が株式を発行する株式会社に対する金銭債権であること

② 　当該金銭債権の弁済期が到来していること（期限の利益を放棄する場合も含む）

③ 　当該金銭債権について定められた会社法199条 1 項 3 号の価額（現物出資財産の価額）が当該金銭債権に係る負債の帳簿価額を超えないこと

(B)　株主総会等による決議

　DES は、通常、債務者企業が新たな種類の株式を発行することにより行われる。そのため、当該種類株式の内容を定款に規定する必要があることから、債務者企業は株主総会の特別決議によって定款変更を行う（法108条 2 項、466条、309条 2 項11号）。

　また、債務者企業が公開会社であり、譲渡制限株式以外の株式の発行を行う場合、当該株式の払込金額が同株式を引き受ける者にとって特に有利な場合（有利発行）を除き、取締役会の決議によって同株式の募集事項を定めることが可能である（法201条 1 項、199条 2 項）。しかし、公正な株式価値の評価は必ずしも容易でなく、有利発行であるとの指摘を受ける可能性も否定できないことから、同株式の募集事項を株主総会の特別決議にて定めることが多い。

　株式の募集事項には出資する財産の内容を定めなければならず（法199条 1 項 3 号）、当該財産が債権の場合はその同一性が明らかになる程度に具体

的に特定する必要がある。もっとも、株主総会までに債権を特定できない場合、株主総会の特別決議により募集事項を決定の取締役または取締役会に委任し、株主総会後に取締役または取締役会にて募集事項を決定すること（法200条1項）が実務上行われている。この場合、同株主総会の特別決議において、当該委任に基づき取締役または取締役会が決定できる募集株式の数・種類の上限および払込金額の下限を定めなければならない（同項後段）。また、同株主総会の特別決議は、払込期日（払込期間を定めた場合はその末日）が当該決議の日から1年以内の日である募集についてのみ効力を生じる（同条3項）。

(C)　**銀行法（5％ルール）**

銀行またはその子会社（以下、「銀行等」という）は、原則として、国内の一般の事業会社について、合算して当該会社の総株主の議決権の5％（銀行持株会社またはその子会社の場合は15%）を超える議決権を取得し、または保有してはならない（銀行法16条の4第1項、52条の24第1項。完全無議決権株式は算入されない。2条6項）。

ただし、会社の合理的な経営改善のための計画に基づくDESによる株式取得（当該銀行等に対する当該会社の債務を消滅させるために行うものであって、当該株式等の取得によって相当の期間内に当該会社の経営の状況が改善されることが見込まれるものに限る）等の場合には、取得から1年以内であれば5％超（銀行持株会社もしくはその子会社の場合は15%超）の議決権保有も許される（銀行法16条の4第2項、52条の24第2項、同法施行規則17条の6第1項3号、34条の20第1項3号）。さらに、内閣総理大臣の承認を得れば、1年を超えて5％超（銀行持株会社もしくはその子会社の場合は15%超）の議決権を保有することができる。当該承認は、5％超（銀行持株会社もしくはその子会社の場合は15%超）の部分の議決権を速やかに処分することを条件とするが（銀行法16条の4第3項、52条の24第3項）、その株式の取得理由がDESによる場合、「速やかに処分すること」とは遅くとも当該会社の経営改善等のための計画終了（当該計画期間を満了した場合、当該計画を計画期間よりも早期に

達成した場合、当該会社が破綻または実質的に破綻した場合および当該計画を見直した場合をいう）後、速やかに処分することを意味するとされる。[1]

　上記のいわゆる「５％ルール」の例外として、平成25年改正（平成26年４月１日施行）により銀行等が子会社とできる範囲が拡充した。すなわち、銀行は、非上場会社であって、①特定調停が成立している会社、②民事再生手続において再生計画認可決定を受けた会社、③会社更生手続において更生計画認可決定を受けた会社、または、④事業再生 ADR が成立した会社を子会社とすることが認められた（ただし、④は DES により銀行等が株式を取得する場合のみ。銀行法16条の２第１項12号の２、同法施行規則17条の２第７項・８項）。これにより、銀行等は、上記に該当する会社に対して DES をする場合には、当該会社の株式を100% 保有することができるようになった。ただし、銀行等は、原則として３年以内、中小企業については５年以内に当該株式を処分する必要がある（同法施行規則17条の２第12項）。

　以上の改正がなされたものの、実務上、DES によって銀行等が引き受ける株式については、一般的には、普通株式への転換権付の完全無議決権株式（ⓐ一定の事由が発生した場合に同株式を普通株式に転換することを会社に請求でき、かつⓑ株主総会において決議をすることができる事項の全部につき議決権を行使することができない株式）が用いられることが多い。今後、改正により拡大された例外を銀行等が活用し、上記の実務が変容していくかどうかについては、注視していく必要がある。

(D)　独占禁止法（５％ルール）

　銀行または保険会社は、原則として、国内の一般の事業会社について、当該会社の総株主の議決権の５％（銀行の場合）、10%（保険会社の場合）を超える議決権を取得し、または保有してはならない（独占禁止法11条１項）。ただし、合理的な経営改善のための計画に基づく株式取得については１年以内の保有が許されること（同項６号、平成14・11・13公正取引委員会規則８号）、１

1　2017年６月付「主要行等向けの総合的な監督指針」Ⅴ-3-4⑴②、2016年６月付「中小・地域金融機関向けの総合的な監督指針」Ⅲ-4-8⑴②

年超の保有については公正取引委員会の認可が必要であること（同条 2 項、「債務の株式化に係る独占禁止法第11条の規定による認可についての考え方」（平成14年11月12日公表、同22年 1 月 1 日、同26年 4 月 1 日および同27年 4 月 1 日改定公正取引委員会）等、銀行法と同様の規制となっている。なお、上記の 1 年超の保有に係る公正取引委員会の認可については、銀行法の平成25年改正にあわせ、非上場会社であって、特定調停の成立、再生計画認可決定等を受けている会社の場合、原則として、 2 年間（中小企業の場合 4 年間）の延長が認可されることとされた（「債務の株式化に係る独占禁止法第11条の規定による認可についての考え方」（平成27年 4 月 1 日改定公正取引委員会））。

(4)　DDS

　DDS とは、債権者（主に金融機関）が債務者企業に対して有する既存の債権（主に貸付金）を、別の条件による債権に変更することをいう。通常、金融機関の既存の貸付金を他の債権よりも劣後する劣後ローンや劣後債に変更する意味で使われる。債権放棄や DES の場合と異なり、債権（債務）は存続し、債務者企業は最終的には同債務の返済義務を負うものの、劣後化することによって実質的に債務者企業の財務状態を改善し、債務者企業の信用力、ひいては再建可能性を高める手法である。DDS と債権放棄や DES の最大の違いは、DDS は債権（債務）を別の条件の債権に（債務）転換するだけの手法であり、債務者企業が最終的に同債務の返済義務を負う点には変わりないことから、他の手法と比較して実行が容易であり、債務者企業のモラルハザードも生じにくい点にある。

　2017年 5 月付金融検査マニュアル（預金等受入金融機関に係る検査マニュアル）では、一定の要件を満たす DDS を行った場合には、金融機関による債務者に対する自己査定上、DDS 実行後の劣後ローン（「資本的劣後ローン」）を「資本」（純資産の部の一部）とみなすことができるものとされており（金融検査マニュアル「資産査定管理態勢の確認検査用チェックリスト」Ⅲ（別表 1 ）1(3)）、金融機関が債務者の債務者区分を維持・ランクアップすることを目的として実施されている。金融機関としては、債務者区分の維持・ランク

アップにより、引当コストを軽減することができるというメリットがある。なお、金融庁は、平成30年度の終了（平成31年4月1日以降）を目途として、金融検査マニュアルを廃止する方針を公表しているが、これは、現状の実務の否定ではなく、より多数の創意工夫を可能とすることを目的とするものである。そのため、今後の実務においても、基本的には、現行の金融検査マニュアルにおける基準が参考になると考えられる。

　DDSは、中小企業を対象とした金融支援として金融検査マニュアルにおいて導入された手法であることから（金融検査マニュアル別冊〔中小企業融資編〕「検証ポイント」7）、中小企業再生支援協議会を利用した事業再生計画において比較的多く利用されている。

　もっとも、DDSは超長期に返済のリスケジュールを行って債務を劣後化するのみであり、負債として現存し続けることに変わりはないから、いわば負債の解決を単に先送りしているにすぎないともいい得る。このため、債務者企業としては、一時的にDDSによって資金難を回避すべきか、債務免除も含めた抜本的な解決策を検討するべきかについて慎重な判断が必要である。

　なお、現在の金融実務上、金融検査マニュアルの要件を満たす資本的劣後ローンへの変更のみが「DDS」と呼ばれているため、本書においても、それを解説する。

　たとえば、A社は資産10億円、負債12億円と2億円の債務超過に陥っており、B銀行がA社に対し5億円の貸付金を有しているというケースの場合、B銀行のA社に対する貸付金のうち2億円についてDDSを実行し、資本的劣後ローンに変更すると、B銀行の自己査定において同劣後ローン部分は資本（純資産の部）とみなされ、B銀行からみたA社の債務超過は解消される（A社の会計上、資本的劣後ローンは負債の部のままであり、簿価上の債務超過は解消しない）。

(ア) DDS の種類と要件

2017年5月現在の金融検査マニュアル上、DDSには、「資本的劣後ローン

（早期経営改善特例型）」と「資本的劣後ローン（准資本型）」の２種類が存在する。

(A)　資本的劣後ローン（早期経営改善特例型）

2004年２月の金融検査マニュアル改訂において最初に導入された類型である。債務者に対する貸出債権の全部または一部を、債務者の経営改善計画の一環として、以下の要件をすべて満たす貸出金に転換している場合には、債務者区分等の判断において同貸出金（資本的劣後ローン（早期経営改善特例型））を資本とみなすこととしている。

① 対象債務者が、中小企業基本法で規定する中小企業者[2]およびこれに準じる医療法人、学校法人等であること[3]（ただし、出資比率や経営の状況からみて大企業の関連会社と認められる企業を除く）

② 債務者の区分が要注意先（要管理先を含む）であること

③ 合理的かつ実現可能性が高い経営改善計画[4]と一体として、資本的劣後ローンへの転換が行われること

④ 資本的劣後ローンについての契約が金融機関と債務者との間で双方合意の上、締結されていること

⑤ 契約内容に、原則として以下のすべての条件を付していること

　ⓐ 資本的劣後ローンの返済（デフォルトによらない）は資本的劣後ローンへの転換時に存在する他のすべての債権および計画に新たに発生することが予定されている貸出債権が完済された後に償還を開始すること

　ⓑ デフォルト時の請求権の効力が他のすべての債権が弁済された後に

2　サービス業、小売業、卸売業、製造業、建設業、その他の業種について、資本金等の額と従業員数についての基準が設けられており、どちらか一方を満たせば中小企業に該当する（中小企業基本法２条１項）。

3　DDSは中小企業の再生支援目的で導入された金融支援の手法であることから、対象となる債務者は、原則として、要注意先（要管理先を含む）である、中小企業基本法で規定する中小企業者およびこれに準じる医療法人、学校法人等に限定されている。

4　合理的かつ実現可能性の高い経営改善計画とは、2017年５月改定金融検査マニュアル「資産査定管理態勢の確認検査用」チェックリストⅢの経営改善計画等に関する規定を満たす計画である、と定義されている。

発生すること（すべての債権に劣後すること[5]）

　ⓒ　債務者による財務状況の開示が約束され、金融機関が債務者のキャッシュ・フローに対して一定の関与ができる権利をもつこと

　ⓓ　資本的劣後ローンが期限の利益を喪失した場合、当該金融機関に対する他のすべての債務が期限の利益を喪失すること

　⑥　資本的劣後ローンについて、会計ルールに基づいた適正な引当てを行うこと[6]

(B)　資本的劣後ローン（准資本型）

2008年3月の金融検査マニュアル改定において新たに導入された類型である。

金融検査マニュアル上、「資本的劣後ローン（准資本型）」とは「十分な資本的性質が認められる借入金」のことをいうとのみ定められており、その他の要件は定められていない。

この点、金融庁検査局が公表している2017年5月30日付「金融検査マニュアルに関するよくあるご質問（FAQ）（9-13）」（以下、「金融検査マニュアルFAQ」という）によれば、資本的劣後ローン（准資本型）の定義たる「十分な資本的性質が認められる借入金」の意義について、「債務者の財務内容の把握、評価は、財務諸表の数字といった形式にとらわれず、実態的に行う必要があります。『十分な資本的性質が認められる借入金』とは、貸出条件が資本に準じた借入金のことであり、当該借入金は、債務者区分の検討に当たって、資本とみなして取り扱うことが可能になります。なお、本取扱いは、あくまでも借入金の実態的な性質に着目したものであり、債務者の属性

5　経営改善計画が達成され、債務者の業況が良好になり、かつ資本的劣後ローンを資本とみなさなくても財務内容に特に問題がない場合には、債務者のオプションにより早期償還することができる旨の条項を設けることは可能とされている。

6　日本公認会計士協会より、平成16年11月2日付で業種別委員会報告第32号「銀行等金融機関の保有する貸出債権が資本的劣後ローンに転換された場合の会計処理に関する監査上の取扱い」が公表されている。これによれば、資本的劣後ローンは金銭債権であることから、貸倒引当金の計上が必要とされており、実務上、資本的劣後ローンについては100％の引当てを実施しているのが通常である。

〔表 2 - 1 〕　資本的劣後ローン（准資本型）の要件

償還条件	5 年超。原則として期限一括償還
金利設定	赤字の場合でも、「株式の株主管理コストに準じた事務コスト相当の金利」の設定も可能。
劣後性	必ずしも「担保の解除」は要しない。ただし、一定の条件（①既存の担保付借入金から転換する場合であって、担保からの回収可能性がある場合などのように、担保解除を行うことが事実上困難であり、かつ、②少なくとも法的破綻に至るまでの間において、他の債権に先んじて回収しない仕組みが備わっている）を満たす必要がある（後記(C)参照）。

（債務者区分や企業の規模等）、債権者の属性（金融機関、事業法人、個人等）や資金使途等により制限されるものではありません」とされている。

　さらに、2016年の追加改定等により、〔表 2 - 1 〕のとおり、資本的劣後ローン（准資本型）の要件のうち、「償還条件」や「金利」「劣後性」に関し一定の基準が提示されている（「『資本性借入金』の積極的活用について」（2015年11月22日金融庁）、「『金融検査マニュアルに関するよくあるご質問（FAQ)』の追加等について」（2016年 2 月17日）、「『金融検査マニュアルに関するよくあるご質問（FAQ)』の一部改定について」（2016年 4 月 6 日））。

　また、後述(ｳ)のとおり、資本的性質の解釈の相違というよりも実務的な観点から、設計の異なる複数の資本的劣後ローン（准資本型）の実例が公表されている。

　　(C)　有担保 DDS

　資本的劣後ローン（准資本型）においては、2017年 5 月30日付改定金融検査マニュアル FAQ （ 9 -19および 9 -20）により、既存の担保付借入金から転換する場合であって、担保からの回収可能性がある場合などのように、担保解除を行うことが事実上困難であるため、「法的破綻時の劣後性」を確保できないような場合、たとえば、転換時の担保評価額で一部でも担保からの回収が見込まれる場合や、東日本大震災の被災地などで、復興による担保の価

値上昇の見込み等を勘案すれば、将来、担保からの回収を一定程度見込むことができるような場合においては、法的破綻以外の期限の利益喪失事由が生じた場合において、他の債権に先んじて回収を行わないことを契約するなど、少なくとも法的破綻に至るまでの間において他の債権に先んじて回収しない仕組みが備わっていれば、担保付借入金についても資本性借入金への転換が可能であるとされた。

(D)　資本的劣後ローン（早期経営改善特例型）と資本的劣後ローン（准資本型）の異同

　資本的劣後ローン（准資本型）の場合、金融検査マニュアル上、対象となる債務者企業の債務者区分が限定されていない。そのため、破綻懸念先の債務者を対象として、要注意先（要管理先）へ遷移することを目的として利用することが可能である。また、法定中小企業およびこれに準ずる法人のみではなく、中堅企業や大企業に対して用いることも可能である。[7]

(イ)　DDS の実務

(A)　DDS 実行の手順

　DDS は、既存の貸付金に劣後条件を付する条件変更契約の締結によって行われるのが通常である。また、劣後化しない通常ローン部分についても、リスケジュールするなど既存の契約条件を変更するのが通常であり、同部分についても条件変更契約書を締結する必要がある。

　なお、DDS を実行しない金融機関との間でも、事業再生計画についての同意書や協定書等を締結することが望ましく、これらの書面が締結されるケースも多い。

(B)　契約書に定めるべき条項

(a)　劣後条項

　資本的劣後ローンの「劣後性」には、①元本返済の時期についての「劣

7　金融庁検査局総務課課長補佐であった繁本賢也氏による「金融検査における『十分な資本的性質が認められる借入金』の取扱い」金法1853号48頁において、「借り手は大企業、中小企業のいずれであっても構わないし、その財務状況や債務者区分等によって、対象外となることはない」とされている。

後」と、②デフォルト時・法的倒産手続開始時の返済の順位についての「劣後」という２つの意味がある。資本的劣後ローン（早期経営改善特例型）については、①②のいずれも要件とされており、資本的劣後ローン（准資本型）についても、「十分な資本的性質が認められる」というためには、デフォルト時・倒産時において通常ローンよりも後順位でしか返済を受けられないものとするのが合理的である。

すなわち、上記②のために以下の条項等を設ける必要がある。

ⓐ　デフォルト時において、資本的劣後ローン以外の債権が全額弁済されることを、資本的劣後ローンの支払請求権発生の条件とする旨の条項[8]

ⓑ　債務者の破産手続が開始した場合は、当該破産手続における劣後的破産債権に後れる債権（約定劣後破産債権）とする旨の条項（破産法99条2項、民事再生法35条4項、155条2項等、会社更生法43条4項、168条1項4号等）

(b)　コベナンツ等

DDS の場合、DES とは異なり株主権を行使することによって債務者の経営に対し監督・関与することはできないため、契約書にコベナンツを設けることにより債務者の経営を監視し、経営の規律を高める必要がある。また、債務者による事業再生計画の履行を担保するために、債権者において財務状態・キャッシュ・フロー等の監視やコントロールを確保する必要がある。

㈡　DDS の具体例

資本的劣後ローン（早期経営改善特例型）を利用した DDS については、平成16年に公表された商工組合中央金庫（商工中金）版[9]が普及している。資本

8　会社法に基づく特別清算手続においては、約定劣後債権の規定がないため、「破産手続における劣後的破産債権に後れる債権（約定劣後破産債権）とする旨の条項」（上記ⓑ）のみでは特別清算手続において返済の順位が劣後しないこととなる。そのため、少なくとも特別清算手続に関しては、ⓐの条項もあわせて定める必要がある。中村廉平「『准資本型 DDS』の実践的検討─資本的劣後ローン（准資本型）の運用実務」信管130号4頁に掲載の契約書参考例第8条参照。

9　契約書ひな型を含む具体的な内容については、藤原総一郎『DES・DDS の実務〔第3版〕』（金融財政事情研究会、2014年）、中村廉平＝藤原総一郎「デット・デット・スワップの検討㊤～㊦中小企業の財務再構築のために」金法1695号93頁、1696号56頁、1702号36頁）参照。

〔表 2 - 2〕　協議会版資本的劣後ローンの設計

	15年・無担保型	5 年超・無担保型	5 年超・有担保型
対象先	基本要領における、再生計画策定支援対象企業（各地の中小企業再生支援協議会が第二次対応として認めた案件）とする。	同左	同左
貸出期間	15年期限一括返済	5 年超に設定した期限に一括返済	同左
適用金利	事務コスト相当の金利設定可能 当初 5 年間は固定金利とする	同左	同左
（法的破綻時の）劣後性	あり	同左	なし （ただし、法的破綻に至るまでの間、他の債権に先んじて回収しない仕組みあり）
期限前返済の可否	原則として10年間期限前返済を禁止	期限前返済の禁止規定なし	同左
担保の取扱い	無担保	同左	有担保
保証の取扱い	無保証	無保証（ただし例外あり）	同左
みなし資本の逓減方法	残存期間が 5 年未満の場合、 1 年ごとに債権額の20％ずつ資本とみなす部分を逓減させる。	同左	同左

残存期間	資本とみなす部分	負債とみなす部分
5 年以上	100％	－
4 年以上 5 年未満	80％	20％
3 年以上 4 年未満	60％	40％
2 年以上 3 年未満	40％	60％
1 年以上 2 年未満	20％	80％
1 年未満	－	100％

的劣後ローン（准資本型）を利用したDDSについては、中小企業再生支援協議会（協議会）[10]版と商工中金[11]版が公表されており、協議会版が普及している。

(A)　協議会版資本的劣後ローン（准資本型）

「金融検査マニュアルに関するよくあるご質問（FAQ）（9-24および9-29）によれば、同劣後ローンは、〔表2-2〕の要件を満たしていれば「資本的劣後ローン（准資本型）」に該当し、償還までの相当の期間（5年以上）を有する負債については、残高の100％を資本とみなし、残存期間が5年未満の負債については、1年ごとに〔表2-2〕のとおり20％ずつ資本とみなす部分を逓減させる取扱いとすることとされている。

(B)　各種資本的劣後ローンによるDDSの比較

資本的劣後ローン（早期経営改善特例型）、資本的劣後ローン（准資本型）によるDDSの主な特徴等の比較は〔表2-3〕のとおりである。

〔表2-3〕　各種DDSの比較

	早期経営改善特例型によるDDS	准資本型によるDDS（協議会モデル）
債務者の属性	法定中小企業	産業競争力強化法（2条17項）に定義される中小企業者
債務者区分	要注意先（要管理先を含む）	制限なし（破綻懸念先を想定）
方式	既存融資の条件変更（準消費貸借契約）	既存融資の条件変更
元本の返済時期および返済額	転換時に存在する他のすべての債権および計画に新たに発生することが予	期限（15年・5年超等）に一括償還

10　金融検査マニュアルに関するよくあるご質問（FAQ）（9-24）において、協議会版によるDDSの商品一覧と、日本政策金融公庫による資本的劣後ローン（准資本型）を利用した新規融資の概要が紹介されている。

11　契約書参考例を含む具体的な内容については、中村・前掲（注8）4頁参照。

	定されている貸出債権が完済された後に返済開始	
期限前弁済	債務者の業況が良好となり、かつ、資本的劣後ローンを資本とみなさなくても財務内容に特に問題がない場合に可能	10年間は原則として認めない
金利	特になし	①当初5年間は固定金利 ②6年目以降は事務コスト相当の金利設定可能
通常ローンへの転換	債務超過解消されると通常ローンへの転換あり	特になし
担保・保証	無担保・無保証	無担保・無保証（ただし例外あり）
資本とみなす額	劣後化された債務全額を資本とみなす。ただし、上記諸条件を満たさなくなった場合には、資本とはみなすことができない。	償還まで相当の期間（5年以上）を有する劣後ローンについては、全額。ただし、残存期間が5年未満となった場合、1年ごとに20％ずつ資本とみなされる額が逓減する。

Ⅱ　資本再構成の手法

1　増　資

　資本再構成の手法として、金融機関に対する DES やスポンサーに対する増資等、第三者割当増資の方法が用いられる。第三者割当増資は、割当先によって利害や目的が異なっていることから、普通株式だけの発行ではなく、普通株式とともに種類株式を発行したり、種類株式のみを発行したりするこ

〔表 2 - 4〕　株式の種類

①剰余金の配当	剰余金の配当につき異なる定め。
②残余財産の分配	残余財産の分配につき異なる定め。
③議決権制限株式	株主総会において議決権を行使することができる事項につき異なる定め。
④譲渡制限株式	譲渡による当該種類の株式の取得について当該株式会社の承認を要することの定め。
⑤取得請求権付株式	当該種類の株式について、株主が当該株式会社に対してその取得を請求することができることの定め。
⑥取得条項付株式	当該種類の株式について、当該株式会社が一定の事由が生じたことを条件としてこれを取得することができることの定め。
⑦全部取得条項付種類株式	当該種類の株式について、当該株式会社が株主総会の決議によってその全部を取得することの定め。
⑧拒否権付種類株式	株主総会または取締役会において決議すべき事項のうち、当該決議のほか、当該種類の株式の種類株主を構成員とする種類株主総会の決議があることを必要とすることの定め。
⑨取締役・監査役の選任に関する種類株式	当該種類の株式の種類株主を構成員とする種類株主総会において取締役または監査役を選任することの定め。

とも多い。

　種類株式として定めることができる種類の内容は、〔表2-4〕のとおりである。ただし、公開会社（全部の株式について譲渡制限を定める会社以外の会社。法2条5号）および指名委員会等設置会社は、〔表2-4〕⑨取締役・監査役の選任に関する種類株式を発行することはできない（法108条1項ただし書）。また、1種類の株式のみを発行している会社でも定めることができるのは、〔表2-4〕④譲渡制限株式、⑤取得請求権付株式、⑥取得条項付株式に限られる（法107条）。

　〔表2-4〕の種類株式を発行する場合にも、実際に種類株式の具体的な条件がどのように定められるかは、発行会社の再建計画やスポンサーの有無等によってさまざまである。

　なお、既存の種類株式がある場合には、その配当や残余財産分配の支払順位を新規に発行する種類株式に劣後させる等の配慮を行い、当該既存の種類株式に係る種類株主総会の決議を取得することが必要となる。

(1)　株式の内容

(ア)　剰余金の配当

　資本再構成の場面で種類株式が発行される場合には、配当等について優先権を有する優先株式を発行することが多い。優先配当の定めとしては、配当財産の価額の決定の方法、剰余金の配当をする条件その他剰余金の配当に関する取扱いの内容を規定する必要がある（法108条2項1号）。また、配当については、一般に、優先配当金をあらかじめ一定額に定めておく固定優先配当型と、配当金支払時の金利水準にスライドして優先配当金が定まる変動優先配当型がある。変動優先配当型において用いられる金利としては、TIBOR（Tokyo InterBank Offered Rate の略。日本の東京市場における銀行間金利をいう）などを基準として用いることが多い。他方、他の株式に一定額の配当がなされた後に初めて配当がなされるという劣後した配当の順位や、他の株式と配当の順位は同じだが、その配当額が異なる（たとえば、他の株式の配当額の10倍）といった内容も、「異なる定め」として定めることが可能で

ある。

　また、優先配当の中身としては、一般に、①累積型／非累積型の別、②参加型／非参加型の別がある。

①　累積型／非累積型

　　累積型とは、ある事業年度における優先株式に対する配当額が同株式の内容として定められた優先配当金額に満たない場合に、不足分について翌期以降に繰り越して配当がなされるものをいう。

　　他方、未払いの優先配当金額は切り捨てられ、翌期以降に繰り越さないものが非累積型である。

　　累積型の場合、累積未払配当金を優先配当金に先立って支払うとすることが一般的である。

②　参加型／非参加型

　　参加型とは、優先株主が同株式の内容として定められた優先配当金の配当を受けた後、さらに残余の分配可能額からの配当も追加して受け取れるものである。他方、非参加型とは、残余の分配可能額からの配当を追加して受け取れないものである。

　　参加型にも、単純参加方式（最初に優先株主に優先配当金が支払われ、次に普通株主に優先配当金と同額の配当金が支払われ、最後に優先株主と普通株主のそれぞれに同額の配当金が支払われる方式）、即時参加方式（最初に優先株主に優先配当金が支払われ、次に優先株主と普通株主のそれぞれに同額の配当金が支払われる方式）などがある。

　㈡　**残余財産の分配**

　通常、優先権を有する優先株式については、残余財産についても他の株式に先立って払込金額相当額の分配を受ける権利を有する旨を定めることが多く、剰余金の配当について累積型の場合には、累積未払配当金額についても残余財産について優先して分配される額に加えられることが多い。残余財産の分配について異なる定めをおく場合には、残余財産の価額の決定の方法、当該残余財産の種類その他残余財産の分配に関する取扱いの内容を規定する

必要がある（法108条2項2号）。残余財産の分配についても参加型と非参加型があるが、非参加型のほうが一般的である。

(ウ)　議決権制限株式

株主総会において議決権を行使することができる事項につき異なる定めをおくことで、議決権に制限のある株式を発行することが可能である。この場合、①株主総会において議決権を行使することができる事項および②当該種類の株式につき議決権の行使の条件を定めるときは、その条件を規定する必要がある（法108条2項3号）。議決権制限株式には、株主総会決議事項の一切について議決権がない完全無議決権株式と、一定の事項についてのみ議決権を有する株式がある。優先配当を定める代わりに議決権がないこととすることは多いが、この場合、優先配当が行われない場合には議決権が復活する旨の条項を設けることも可能である。

この点、株式の引受人が企業再生ファンドまたはスポンサーなどの発行会社の経営に関与する意思がある者の場合には、議決権制限を付さない、または一部のみ議決権を有する議決権制限株式を求めることもある。他方、株式の引受人が銀行の場合には、銀行法および独占禁止法上の観点から、完全無議決権株式とすることも多い。

なお、発行会社が公開会社の場合には、議決権制限株式の数が発行済株式の総数の2分の1を超えるに至ったときは、2分の1以下にするために必要な措置をとらなければならない旨（法115条）の制約がある。

(エ)　譲渡制限株式

譲渡制限を設けることを株式の種類とし、株式の種類ごとに譲渡制限を設けることが可能である（法108条1項4号）。

(オ)　取得請求権付株式

取得請求権付株式とは、発行会社に対して株主が株式の取得を請求することができる株式である。取得請求権付株式の取得の対価としては、当該会社の株式（種類株式発行会社の場合に限る）、社債、新株予約権、新株予約権付社債だけではなく、金銭その他の財産を定めることも可能である。

　取得請求権付株式の場合、①株主が会社に対して当該株主の有する株式を取得することを請求することができる旨、②取得対価を交付するときはその種類・内容、数・額または算定方法、および③取得請求期間を規定する必要がある（法108条2項5号、107条2項2号）。また、株主の取得請求権に行使条件を付することも可能である。

　取得請求権付株式の取得の対価が当該会社の株式以外の財産（金銭のほか、当該会社の社債、新株予約権および新株予約権付社債を含む）である場合、当該財産の帳簿価額が請求日における分配可能額以下であるときに限り、取得請求権の行使が認められる（法166条1項ただし書）。ただし、発行会社が分配可能額の範囲内で株式を取得した場合であっても、取得をした日の属する事業年度（その事業年度の直前の事業年度が最終事業年度でないときは、その事業年度の直前の事業年度）に係る計算書類につき承認を受けた時に欠損が生じた場合、当該株式の取得による金銭等の交付に関する職務を行った取締役等は、会社に対して連帯して法定責任を負う（法465条1項4号）。

　したがって、取締役等としては、金銭など当該会社の株式以外の財産を取得の対価とする取得請求権を設計する場合、取得時に一定の分配可能額が残るよう取得請求権の行使条件を設定することが望ましい。

㈡　取得条項付株式

　取得条項付株式とは、一定の事由が生じたことを条件として発行会社が株主から株式を取得することができる株式である。取得請求権付株式と同様に、取得条項付株式取得の対価としては、当該会社の株式（種類株式発行会社の場合に限る）、社債、新株予約権、新株予約権付社債だけではなく、金銭その他の財産を交付することも定めることができる。

　取得条項付株式の場合、①一定の事由が生じた日に当該会社がその株式を取得する旨およびその事由、②当該会社が別に定める日が到来することをもって一定の事由とするときは、その旨、③一定の事由が生じた日に取得条項付株式の一部を取得することとするときは、その旨および取得する株式の一部の決定の方法並びに④取得対価を交付するときはその種類・内容、数・

額または算定方法を規定する必要がある（法108条 2 項 6 号、107条 2 項 3 号）。

　取得条項付株式を取得する「一定の事由」としては、株式の上場といった一定の事由を停止条件とする定めや、一定の暦日を定める定めのほか、取得条項付株式の発行後に発行会社が任意に取得日を定める旨の規定を設けることも可能である（法107条 2 項 3 号ロ、168条）。

　取得対価に関する「算定方法」は、算式に一定の数値をあてはめること等により一義的に対価となる株式の数を算定することができるものでなければならず、たとえば、「取締役会の定める数」というような裁量の余地があるものは許されないと考えられている。

　取得条項付株式の取得の対価が当該会社の株式以外の財産（金銭のほか、当該会社の社債、新株予約権および新株予約権付社債を含む）の場合には、分配可能額の制限があり、その違反については取締役等が連帯して法定責任を負う点は取得請求権付株式と同じである。

(2)　定款の内容

　株式の内容について特別の定めをおく場合は、定款上その内容を規定する必要がある（法107条 2 項、108条 2 項）。もっとも、会社法108条 2 項各号に定める事項については、同法施行規則20条 1 項に定める事項について、定款に「内容の要綱」を定めれば、その細目を当該種類株式を初めて発行するときまでに取締役会（取締役会設置会社でない場合は株主総会）の決議によって定める旨を定款に規定することができる（法108条 3 項）。

　もっとも、「内容の要綱」としてどこまで定める必要があるかについては、一義的に明確ではなく、解釈も曖昧である。このため、優先株式の内容を確定させた後で、定款変更等を行う場合は、確定した優先株式の内容をそのまま定款に記載することが実務上多い。種類株式を導入するに際しては、株式の内容のほか、必要に応じて発行可能種類株式総数、単元株式数、種類株主総会などについても同時に定款変更を行う必要がある。

(3)　有利発行

　公開会社ではない会社（全部の株式について譲渡制限を定める会社）におい

ては、第三者割当増資が、有利発行に該当するか否かにかかわらず、原則として、株主総会の特別決議により募集事項を決定することが必要である（法199条2項、309条2項5号）。ただし、株主総会の特別決議では、確定した募集事項を決定する必要はなく、募集株式の数（種類株式発行会社にあっては、募集株式の種類および数）の上限および払込金額の下限を定めることにより、募集事項の決定を取締役会に委任することができる（法200条1項、309条2項5号）。この場合、払込期日（または払込期間の末日）は当該決議の日から1年以内であることを要する（法200条3項）。

　他方、公開会社においては、有利発行に該当しない限り、株主総会の特別決議は必要なく、取締役会の決議により募集事項を決定する（法201条1項、199条2項）。しかし、株式の公正価値の評価は容易でないことから、払込金額が募集株式を引き受ける者に特に有利な金額であるとされる可能性も否定できない。このため、有利発行に該当するリスクについて保守的に考えて、公開会社についても株主総会の特別決議で承認を受けることにすることも多い。

2　減　資

(1)　概　要

　債務者企業の悪化した経営状態を改善するため、財政基盤の強化のための施策として、DES や債権放棄などにおいて、債権者からの協力を得ることになる。このような債権者の協力を得る前提として、本来、債権者よりも劣後する立場にある株主が責任をとることが必要となることが多い。

　特に、事業再生 ADR や私的整理ガイドラインにおいては、債権放棄を伴う金融支援を求める場合には株主責任が強く求められる（経産省令29条1項3号、私的整理ガイドライン7(4)等）。

　また、スポンサーが選定される場合には、スポンサーが株主になり、株式の無償取得・消却と資本金の額の減少（100％減資）がなされることも多い。

　以下では、株式の無償取得（自己株式取得）・資本金の額の減少・全部取得

条項付種類株式（いわゆる100％減資）・株式の併合による取得の手法に分け
て、それぞれ検討する。

(2)　株式の無償取得・消却

　有償による自己株式取得については、株主への出資払戻しと同様の結果を
もたらすので会社債権者の利益を害し、かつ、一部の株主からのみ株式を取
得することは株主間の不平等も生じるとして、会社法上、株主総会決議等の
手続および分配可能額の規制がある（法155条以下）。一方、無償取得の場合
には、上記弊害が通常存在しないことから、株主総会決議等の手続および分
配可能額の規制なしで取得することが可能である（法155条13号、施行規則27
条1号、法156条参照）。

　そして、私的整理の場面等においては、株主による責任を明確にするため
に、大株主や役員・創業者等がその保有する株式を発行会社に対して無償で
譲渡し、発行会社がかかる株式を消却することも一般的に行われている。

(3)　資本金・資本準備金の額の減少

　会社法上、資本金および資本準備金の額の減少は、会社財産や株式数を変
動させるものではなく単に純資産の部を構成する計数の変動と整理されてい
る。しかし、資本金および資本準備金の額の減少は、剰余金が増加し会社の
分配可能額が増加するため、株主および会社債権者の利害に影響を及ぼすこ
とから、資本金・資本準備金の額の減少についての株主総会決議、債権者異
議手続が必要とされている。

　債務者企業が新株発行を行う場合には、資本金・資本準備金の額の減少が
併用されることが多い。これは、主に、①減少した資本金・資本準備金の額
を「その他資本剰余金」に計上し、かつ、剰余金の処分を行うことにより、
債務者企業の欠損を補填するなどして財務内容を改善すること、②分配可能
額を確保して新たに発行される株式の剰余金の配当および自己株式の取得を
行いやすくするためである。

(4)　全部取得条項付種類株式による無償取得（100％減資）

　全部取得条項付種類株式とは、株主総会の特別決議によりその種類の株式

の全部を取得する内容の種類株式をいう（法108条１項７号）。全部取得条項を設ける場合、①取得対価の価額の決定方法および②株主総会の決議をすることができるか否かについての条件を定めるときは、その条件を規定する必要がある（同条２項７号）。

　全部取得条項付種類株式は、会社が債務超過の場合に既存株主の持株をゼロにするいわゆる100%減資を容易に行うために用いることができる。すなわち、既存の株主により発行済株式総数の３分の２以上の賛成の取得が見込まれる場合において、少数株主の個別同意なくすべての既存株主の株式を取得したうえで、スポンサーによる増資を行う等の方法により既存株主の持株をゼロとすることが考えられる。

(5)　株式併合

　会社が株式の併合を行った場合、併合された株式の数は減少することになるが、少なくとも普通株式のみを発行している会社については、当該普通株式の数が株式の併合により減少したとしても、併合前と併合後で持分割合は原則として変わらないため、株主責任をとったといえるかは疑問である。

　しかし、株式の併合とDESなどの株式発行を組み合わせることにより、株式価値の希釈化が生じ、株主責任がとられたとみることが可能となる。

　株式の併合を行う場合には、株主総会の特別決議によって、①株式の併合割合、②株式の併合の効力発生日および③会社が種類株式発行会社である場合には併合する株式の種類を定めることが必要である（法180条２項、309条２項４号）。種類株式発行会社では、種類ごとに株式の併合を行うことができるが、異なる種類の株式を併合することはできない。また、株式の併合によりある種類の株式の種類株主に損害を及ぼすおそれがあるときは、当該種類株主を構成員とする種類株主総会の決議を経なければならない（法322条１項２号）。

Ⅲ　第二会社方式による再建

1　第二会社方式の概要（事業譲渡・会社分割＋破産・特別清算）

(1)　債権カットの手法としての「第二会社方式」の概要

　私的整理において過大な負債を整理して会社の再建を図るために債権カットを行う手法としては、大きく分けて、まず、カット対象となる債権について金融機関等の債権者から直接に債権放棄を受ける手法がある（以下、「直接放棄方式」という）。この手法を利用できれば簡便に過大な負債を整理することができるが、一般に債権放棄については、債権放棄をする債権者においても自らの株主に対して善管注意義務を負っていることから、過剰支援や二次破綻の場合に株主から責任を追及されるおそれがあるなどの問題がある。また、債権放棄自体は可能としても、企業の再建に必要な程度の抜本的な債権放棄は一層困難である。さらに、債権者には債権放棄に係る課税リスクも存在する。そのため、全金融機関の同意を得るのが現実的には難しく、「直接放棄方式」によって再建を果たすことは容易ではない。

　債権者に抜本的な債権放棄を実現させるには、民事再生手続や会社更生手続といった法的整理手続を利用することが考えられるが、一般に法的整理手続を利用する場合には私的整理手続の場合よりも企業価値の毀損の程度が大きくなってしまう。

　そこで、企業再建の手法として「第二会社方式」が採用されることがある。「第二会社方式」とは、会社の事業のうち、事業継続の見込みのある事業（Good 部分）を、会社分割や事業譲渡といった手法を利用して、現在の対象会社の法人格（旧会社）から、新しい法人格（新会社、第二会社）に譲渡・承継することにより、抜本的に事業の再生を図るとともに、旧会社については、破産や特別清算（後述のとおり、債権者の全員一致でなくとも、法定の多数

決によって債務整理が可能）などの手法により清算を行い、その過程で、新会社に承継された適正な負債額以外の金融債務等について債務免除を受ける手法をいう。

　「第二会社方式」は、民事再生手続や会社更生手続といった法的整理と異なり、事業の継続に必要な商取引債権については新会社に承継して弁済を行うことにより事業価値の毀損を防ぎつつも、大幅な債権カットを実現できる。以上のような理由から、近時では、企業再建の手法として「第二会社方式」を利用することにより、大幅な債権カットを受ける案件が増加している。なお、「第二会社方式」とは、典型的には Good 部分を切り出す場合をいうが、このほかに、今後の事業継続に必要なもののみを債務者に残し、それ以外の不要な資産や負債を新会社に承継させる方法もある（いわゆる「Bad 出し」）。

　上場企業が第二会社方式を利用する場合には、Good 部分での上場維持を図るため、通常は Bad 出しを選択するほかない。

　「第二会社方式」には、外部のスポンサーが会社分割や事業譲渡等により事業を承継するスポンサー型の手法と、役員の親族や従業員等が設立した新会社へ事業を承継するような自主再建型の手法がある。中小企業の場合には

〔図 2 - 2〕　「第二会社方式」における会社分割＋特別清算スキームのモデル図

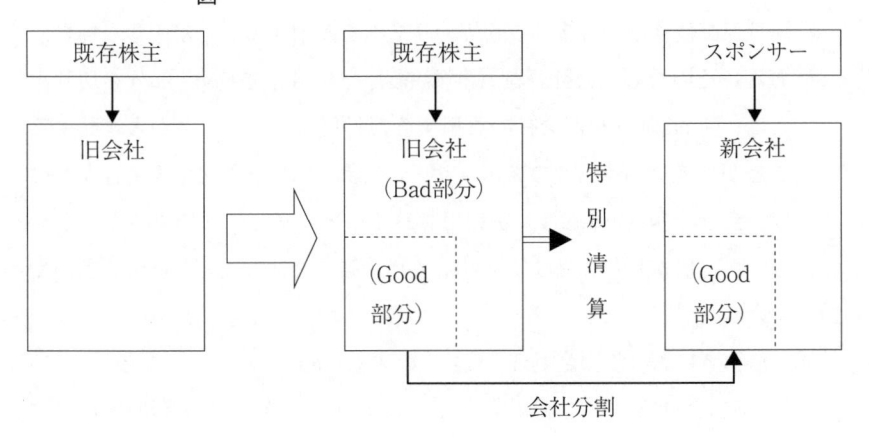

有力なスポンサーを見つけられることは稀であり、自主再建型が比較的多い。

(2)　「第二会社方式」のメリット・デメリット

(ア)　「第二会社方式」のメリット

「第二会社方式」を利用して企業の再建を図ることには、以下のようなメリットがある。

① 大幅な債権カットが可能

　前述のとおり、債務者としては、破産や特別清算（債権者の全員一致でなくとも、法定の多数決によって債務整理が可能）を利用する「第二会社方式」を利用することにより、「直接放棄方式」と比較して、大幅な債権カット（特に、金融負債のカット）が実現しやすい。

② 事業の選択と集中

　債務者は、「第二会社方式」を利用することにより、経営資源をGood 部分に集中的に投下して選択と集中を図り、Good 部分の業績向上を期待することができる。

　新会社に Good 部分を承継するとき、商取引債権のカットを行わずに取引先との取引を継続し、事業価値の維持を図ることができる。

③ 簿外債務の遮断

　中小企業においては帳簿等の作成・管理が不十分であることもあり、連帯保証債務などの簿外債務等のリスクを解消することが困難な場合がある。そのため、会社分割（事業譲渡）を利用して Good 部分を切り出せば、Good 部分を旧会社の負担する簿外債務等のリスクから遮断することができる。第三者のスポンサーが Good 部分を承継する場合などには、会社分割（事業譲渡）が利用されることが多い。このような点からしても、債務者としては債権者により「第二会社方式」の理解を求めやすい。

④ 債権者における損金処理（税務上のメリット）

　「第二会社方式」を利用することにより、旧会社の事業（Bad 部分）

について特別清算等の法的整理手続を利用して債務整理を行う場合、債権者の貸倒分は法人税基本通達9－6－1⑵等の要件に該当するものとして、税務上、損金として処理をすることができる。

したがって、「第二会社方式」は、債権者である金融機関にとってもメリットのある手法であり、債務者としては、税務上のメリットの点からも金融機関の協力を求めることができる。

⑤　株主責任の明確化

債務超過となっている旧会社を清算する際、旧会社株式は無価値となることから、清算手続において株主責任が明確となる。

(イ)　「第二会社方式」のデメリット

他方で、「第二会社方式」については、以下のようなデメリットがある。

①　資産の移転等への同意取得の困難さ

「第二会社方式」を利用する場合、旧会社から新会社に資産を移転等することになる。当該資産に担保権が設定されている場合には担保権者の同意が必要となるが、一定の弁済を行う等して担保権者から資産の移転等に同意を得ることは容易なことではない。

②　資産の移転等に伴う費用の発生

「第二会社方式」を利用する場合には、旧会社から新会社に資産の移転等を行うこととなることから、不動産の所有権や担保権の移転等に伴う諸費用が発生することとなる。

③　銀行取引の不承継

「第二会社方式」は、すでに述べたとおり、旧会社の事業の一部を新会社に切り出す手法であることから、原則として、当該事業に関しては、旧会社の銀行取引をそのまま承継することはできない。

④　許認可の再取得の問題

建設業を営む場合における一般建設業・特別建設業の許認可、不動産業を営む場合の宅建業の許認可、旅館業を営む場合の旅館の許可や食品衛生法上の許可など、事業を営むうえでは、第二会社の業種の内容に

〔表2-5〕「第二会社方式」のメリット・デメリットの整理

第二会社方式の主なメリット		
1	大幅な債権カットが可能	破産や特別清算を利用することにより、大幅な債権カットが実現しやすい
2	事業の選択と集中	選択と集中により、Good 部分の業績向上を期待することができる。
3	簿外債務の遮断	会社分割（事業譲渡）を利用して Good 部分を切り出せば、Good 部分を旧会社の負担する簿外債務等のリスクから遮断することができる。
4	債権者における損金処理（税務上のメリット）	金融機関等の債権者において、特別清算等の法的整理手続により債権カットを行う場合には、貸倒分を損金として処理できる。
5	株主責任の明確化	清算する旧会社について株主責任を明確化できる。
第二会社方式の主なデメリット		
1	資産の移転等への同意取得の困難さ	旧会社から新会社に資産を移転等する際、当該資産に担保権が設定されている場合には、担保権者の同意が必要となるが、同意を得ることは容易でない。
2	資産の移転等に伴う費用の発生	旧会社から新会社への資産移転等の際に、不動産の移転登記費用等がかかる。
3	銀行取引の不承継	第二会社方式により承継される事業に関しては、原則として、旧会社の銀行取引をそのまま承継することはできない。
4	許認可の再取得の問題	許認可等の種類やスキームの内容等によっては、会社分割等により、旧会社から新会社に許認可をそのまま承継できず、新会社において再取得する必要のある場合がある。

　応じて種々の許認可等を取得・保有することが必要となる。

　許認可等の種類や移転等のスキームにもよるが、例外的な場合（後述の産業競争力強化法を利用する場合など）を除き、許認可等は原則として

新会社に承継されない（たとえば、会社分割による承継を一切認めないものとして建設業許可・宅建業許可等）。特に、事業譲渡スキームの場合には、一般に許認可の承継が認められず、あらためて新会社で許認可を取得する必要がある。

　そのため、対処方法としては、あらかじめ先行して第二会社の設立を行い、事業の継続に必要な許認可を取得し、その後、事業譲渡または吸収分割のスキームにより、Good 部分の承継を行うというものがある。

　また、上記のほか、会社分割による承継を行う場合に、分割会社において監督官庁の許可・承認（事前の承認を要するものもある）等を必要とする場合もある（旅館業許可等）ので、スキーム策定上、注意が必要である。

⑶　スキームの実行

㋐　会社分割・事業譲渡の実行

金融機関説明会を行うなどして再生計画に対して債権者の理解・同意が得られた場合、会社分割や事業譲渡を実行し、移転等対象の事業を、旧会社から新会社に対して移転させることとなる。以下では、会社分割の手続（詳細な内容は後記第8章のとおり）、事業譲渡の手続の順に説明を行う。

⒜　会社分割

会社分割とは、ある会社が、その事業に関して有する権利義務の全部または一部を、分割後、他の会社または分割により設立する会社に承継させる行為をいい、前者を吸収分割、後者を新設分割という（法2条29号・30号）。

　会社分割では、実際に承継される対象は、分割会社が事業に関して有する権利義務のうち、吸収分割においては吸収分割契約、新設分割計画においては新設分割計画に承継する旨が定められたものである。

　会社分割に必要となる主な手続としては、以下のとおりである（債権者保護手続を省略できる場合を除き、おおむね1～2カ月程度の期間を要すると考えられる）。

　第1に、会社分割を行う場合、吸収分割契約または新設分割計画の作成・

〔図2-3〕　新設分割（株主総会を行う場合）のスケジュール案

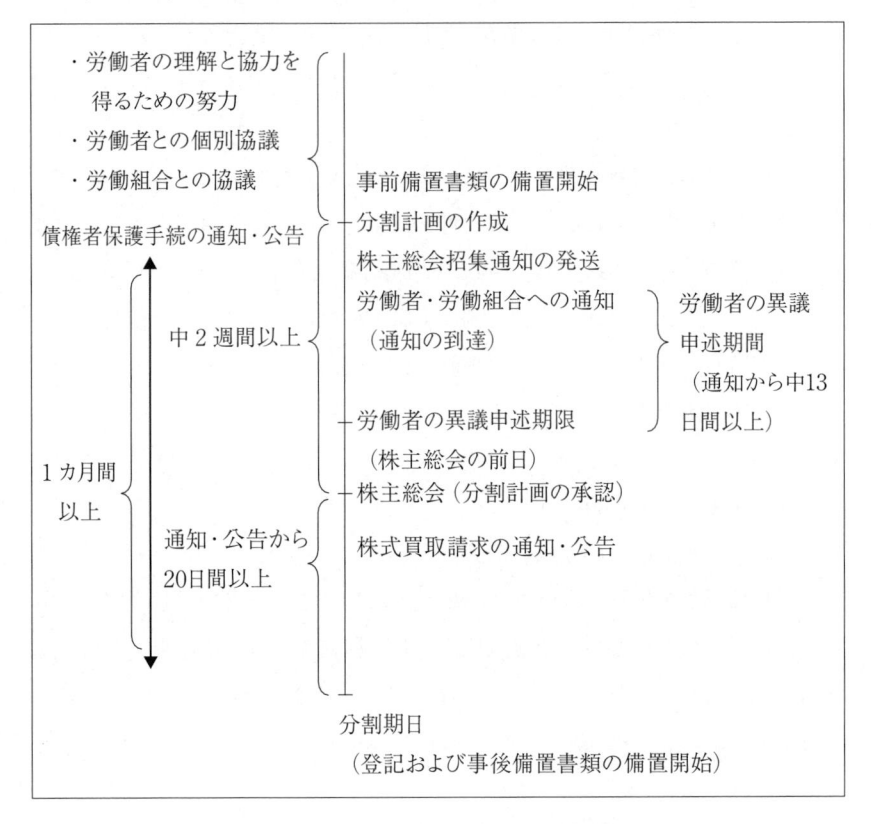

締結が必要となる（法757条、762条）。これらの法的記載事項は、会社法758条各号、763条各号の定めるとおりである。

　第2に、会社分割を行う場合、事前備置書類の作成・備置きが必要となる（法782条、794条、803条）。

　第3に、分割契約または分割計画は、原則として、株主総会の特別決議による承認を受ける必要がある（法783条1項、795条1項、804条1項、309条2項12号）。ただし、会社分割が略式分割[12]（法784条1項、796条1項）または簡易分割[13]（法784条2項、796条2項、805条）にあたる場合には、総会決議は不要である。

　会社分割に反対する株主には、一定の要件の下、会社に対して自己の保有する株式を公正な価格で買い取ることを請求することができる（法785条1項、797条1項、806条1項等）。

　第4に、会社分割が行われる場合、一定の範囲の債権者は、当該会社分割に異議を述べることができる（法789条、799条、810条）。この異議を述べることのできる債権者については、債権者保護手続を行う必要がある。債権者保護手続が必要となる場合、会社はその債権者に対して、1カ月以上の異議申述期間を定め、会社分割に異議があれば当該期間内に異議を述べるべき旨を官報により公告し、かつ、知れたる債権者に対して個別催告を行う必要がある（法789条2項、799条2項、810条2項）。分割会社は、官報による公告に加え、定款に定めた時事に関する事項を掲載する日刊新聞紙または電子公告により公告する場合でも、不法行為により生じた債務の債権者に対しては、各別の催告を省略することができない（法789条3項、810条3項）。会社分割における債権者保護手続に関する留意点については、後記第8章Ⅰのとおりである。

　第5に、会社分割を行う場合、労働者については、労働契約承継法に規定された手続を行う必要がある（詳細は後記第7章Ⅱ3のとおりである）。

　第6に、吸収分割は分割契約で定めた効力発生日に効力が発生し（法759条1項）、新設分割は新設会社の成立の日（設立登記の日）に効力が発生する（法764条1項）。したがって、吸収分割に係る登記は当該分割の効力発生要件ではないが、新設分割については設立登記が効力発生要件となる。

　第7に、会社分割を行った場合、事後備置書類の作成・備置きが必要となる（法791条、801条、811条、815条）。

12　略式分割とは、吸収分割の当事会社の一方が他方（従属会社）の総株主の議決権の10分の9（従属会社の定款でそれを上回る割合を定めることは可能）以上を有するとき（特別支配会社）は、従属会社が分割会社になる場合でも、承継会社になる場合でも、従属会社における分割承認の株主総会決議を要しないことが認められており、この場合の会社分割をいう。
13　簡易分割とは、分割会社または承継会社の株主に及ぼす影響が軽微なものについては、その会社の株主総会の承認決議なしに行うことが認められており、この場合の会社分割をいう。

(B)　事業譲渡

　事業譲渡とは、一定の営業目的のために組織化され、有機的一体として機能する財産の全部または重要な一部を譲渡し、これによって、譲渡会社のこれまでの営業活動を譲受人に承継させ、譲渡会社がその限度で法律上当然に競業避止義務を負うものをいう（旧商法下の営業譲渡に関する判例であるが、最大判昭和40・9・22民集19巻6号1600頁）。

　事業譲渡に必要となる主な手続としては、以下のとおりである。

　第1に、事業譲渡を行う場合、事業譲渡契約の作成・締結が必要となる。法律上は、事業譲渡契約の記載事項について規定されていないが、譲渡の対象となる事業、譲渡の対価、譲渡の効力発生日が定められ、そのほか、譲渡人・譲受人の表明保証事項、双方の遵守事項、譲渡実行の前提条件、契約違反の場合の補償に関する事項が定められることも多い。

　第2に、事業譲渡の内容が、事業の全部の譲渡、事業の重要な一部の譲渡および事業の全部の譲受けの場合には、原則として、事業譲渡の効力が生ずる日の前日までに株主総会の特別決議による承認を受ける必要がある（法467条1項1号・2号・3号、309条2項11号）。ただし、略式事業譲渡・略式事業全部の譲受け[14]（法468条1項）、簡易な事業譲渡（法467条1項2号かっこ書）簡易な事業全部の譲受け[15]（同条2項）に該当する場合には、株主総会決議は不要である。取締役会設置会社においては、事業譲渡が重要な財産の処分および譲受けにあたる場合、取締役会決議も必要である（法362条4項1号）。

　第3に、事業譲渡が行われる場合、当該事業譲渡に反対する株主は、一定

14　略式事業譲渡・略式事業全部の譲受けとは、事業譲渡・事業全部譲受けの契約相手方が譲渡会社・譲受会社の総株主の議決権の10分の9（譲渡会社の定款でそれを上回る割合を定めることは可能）以上を有するとき（特別支配会社）は、株主総会による承認を要しないことが認められており、この場合の事業譲渡・事業全部譲受けをいう。

15　簡易な事業譲渡・簡易な事業全部の譲受けとは、譲渡資産または対価として交付する財産の帳簿価額の合計額の同社の純資産額として法務省令で定める方法により算定された額に対する割合が5分の1（定款でそれを下回る割合を定めることは可能）を超えない場合には、株主総会の承認決議を要しないことが認められており、この場合の事業譲渡・事業全部譲受けをいう。

の要件の下、会社に対し自己の有する株式を公正な価格で買い取ることを請求することができる（法469条1項本文）。ただし、事業の全部の譲渡を自社の解散決議と同時に決議する場合には、買取請求権は発生しない（同項かっこ書・1号）。

(C)　会社分割と事業譲渡の相違点

会社分割と事業譲渡の主な相違点は、〔表2-6〕のとおりである。

〔表2-6〕　会社分割と事業譲渡の相違点一覧

	会社分割	事業譲渡
移転・承継の対象	会社の事業に関して有する権利義務の全部または一部（法2条29号・30号）	一定の営業目的のため組織化され、有機的一体として機能する財産の全部または重要な一部を譲渡し、これによって、譲渡会社がその財産によって営んでいた営業活動の全部または重要な一部を譲受人に受け継がせ、譲渡会社がその譲渡の限度に応じ法律上当然に競業避止義務を負う結果を伴うもの（最大判昭和40・9・22民集19巻6号1600頁）
株主総会決議の要否	対象が事業の全部か一部かにかかわらず、簡易分割または略式分割に該当する場合（法784条2項、796条2項、805条、784条1項、796条1項）でない限り、分割会社および承継会社のいずれについても株主総会の特別決議が必要になる（法783条1項、795条1項、804条1項、309条2項12号）。	①　譲渡会社 「事業の全部」または「事業の重要な一部」を譲渡する場合に、略式事業譲渡（法468条1項）または簡易事業譲渡（法467条1項2号かっこ書）に該当しない限り、株主総会の承認決議（特別決議）が必要となる（同号、309条2項11号）。 ②　譲受会社 「事業の全部」の譲受けを行う

		場合のみ、略式事業全部の譲受け（法468条1項）または簡易な事業全部の譲受け（同条2項）に該当しない限り、株主総会の承認決議（特別決議）が必要となる（法467条1項3号、309条2項11号）。
債権者異議手続	以下の債権者は会社分割に対して異議を述べることができる。 ①　分割会社の債権者のうち、会社分割後に分割会社に対して債務の履行を請求できなくなる者（法789条1項2号、810条1項2号）。 ②　分割会社が分割対価である株式等を株主に分配する場合における分割会社の債権者（法789条1項2号、810条1項2号の各かっこ書）。 ③　承継会社の債権者（法799条1項2号）。	なし （※事業譲渡においては、債権者の債務の免責的な移転・承継についてこれを拒否する権利があり、その限度で債権者は保護されている）
潜在債務の免責的承継	原則として、会社分割契約・計画の記載による。	債権者の同意がない限り、承継されない。
契約の移転（労働契約以外）	会社分割契約・計画で移転・承継の対象として規定された契約は、契約の相手方当事者の同意を得ることなく、移転・承継させることが可能。	契約上の特約のない限り、相手方当事者の同意を得なければ、契約を移転・承継させることができない。
労働契約の承継	後記第7章で述べる、労働契約承継法の適用がある。 ①　原則として、移転・承継の対象となる従業員の個別の同意を得ることなく従業員との間	従業員との間の労働契約を承継する場合は、一般の契約の移転の場合と同様。 　ただし、実務上は、このような労働契約の承継・移転にかえ

	の労働契約を承継会社に移転・承継させることができるが、労働契約承継法の規定に従い、分割会社においては、同法に定められる従業員との個別協議、従業員に対する事前通知等を行う必要がある。 ②　会社分割契約・計画に「承継させる事業に主として従事する労働者以外の労働者」との間の労働契約が承継会社へ移転・承継させる旨が定められている場合、当該従業員は異議を申し出て承継会社への労働契約の承継・移転を拒否できるものとされる。 ③　「承継される事業に主として従事する労働者」との間の労働契約が承継会社へ移転・承継する旨が定められていない場合、当該従業員は異議を申し出て承継会社に労働契約を移転・承継させることができる。	て、譲受会社が対象となる事業に従事している譲渡会社の従業員に対して事業譲渡が実行されることを条件に新規採用の申込みを行い、譲渡会社を退職してこの採用申込みに同意した従業員との間で新規の労働契約を締結するという方法がしばしばとられる。
競業避止義務	事業譲渡に関する競業避止義務の規定（法21条）が類推適用され、これを排除する別段の定めがない限り、競業避止義務を負うと解される。[16]	別段の定めにより排除しない限り、当然に競業避止義務を負う（法21条1項）。

16　江頭憲治郎『株式会社法〔第6版〕』（有斐閣、2015年）897頁脚注1。

(イ)　特別清算手続・破産手続の実行

　Bad部分を抱える旧会社については、特別清算手続・破産手続を行い、債権者に対して配当を行うとともに、事業の清算を行う。このうち、特別清算手続では、協定の成立に法定多数の債権者の同意を必要とする点で破産手続と異なる。債権者の同意を得られない場合は破産手続によるほかない。以下では、特別清算手続、破産手続の順に説明を行う。

(A)　特別清算手続

　特別清算手続は、会社法に定められている法的倒産手続の1つであり、株式会社に適用される制度である。特別清算手続は、会社の公平な清算の遂行を目的としている点で、(B)で述べる破産手続と共通点を有する。

　しかし、特別清算は、厳格で煩瑣な手続で、処理に時間や費用のかかる破産手続を避けるため認められた制度であり、関係者の自主性を尊重し、簡易、迅速な処理を目的としている。

　特別清算手続は、第三者の管財人は選任されず、株式会社の解散時に選任される清算人（会社の代表取締役であった者であることが多い）が清算株式会社の財産の換価、処分を行う（法478条1項1号、523条）。

　特別清算手続は、破産手続と異なり、否認権の制度も存在しない。

　後記(B)のとおり、破産手続は、支払不能または債務超過（法人の場合）をもって破産手続開始原因とされているが（破産法15条、16条）、特別清算は、清算の遂行に著しい支障を来すべき事情、債務超過の疑いがあると認められる場合が開始原因とされている（法510条）。

　特別清算手続は、債権者による同意に基づく「協定」を軸に進められる（法563条以下）。清算株式会社は、協定案について債権者の賛否を問う債権者集会を開催し（法546条）、そこで、①出席した議決権者（債権者）の過半数の同意、および②議決権者（債権者）の議決権額の総額（債権総額）の3分の2以上の議決権を有する者の同意があれば、協定案が可決される（法567条1項）。

　債権者集会において協定案が可決されると清算株式会社は協定の認可を裁

判所に申し立て（法568条）、裁判所による認可決定が確定すると、協定案が効力を生じることとなる（法570条）。

　債権者集会において協定案が否決されると、原則として破産手続に移行する（法574条2項1号参照）。

　特別清算手続の実務的な進め方としては、①債権者集会を開催して、協定の決議を行い、協定に基づいて債権者に弁済を行う、いわゆる「協定型」と、②債権者集会を実施せず、清算会社と債権者との間で個別に和解契約を締結し、和解契約に基づき債権者に弁済を行う、いわゆる「和解型」がある。

　特別清算開始申立てについては、東京地方裁判所民事第8部（商事部非訟手続係）が申立書記載例、添付書類一覧表を公表している[17]（〔表2-7〕）。

〔表2-7〕　特別清算の申立費用および添付書類一式

1　手続費用
(1)　申立手数料　　　2万円
(2)　予納郵券
(ア)　協定型　　　　624円（82円分7セット、10円分5セット）
(イ)　和解型（注1）　532円（82円分6セット、10円分4セット）
(3)　予納金（注2）
(ア)　協定型　　　　5万円
(イ)　和解型　　　　8598円
2　添付資料
(1)　清算株式会社の登記事項証明書
(2)　清算財産目録（注3）
(3)　清算貸借対照表
(4)　清算貸借対照表等に関する株主総会の承認決議の議事録写し（注4）
(5)　直近2期分の貸借対照表及び損益計算書
(6)　株主名簿（解散時のもの）（住所記載不要）

---

[17]　東京地方裁判所民事第8部（商事部非訟手続係）からのお知らせ〈http://www.courts.go.jp/tokyo/saiban/tetuzuki/dai8bu_osirase.html〉。

(7)　債権者名簿（住所記載不要）

(8)　債務者名簿（住所記載不要）（注 5 ）

(9)　債権申出催告の官報公告写し

(10)　債権者の申立同意書（特別清算申立てに対するもの）（注 6 ）

(11)　清算人の履歴書

(12)　定款

(13)　事業譲渡契約書又は会社分割契約書写し（事業譲渡等をしていた場合のみ必要）

(14)　スケジュール表（申立書に記載があるときは不要）

(15)　清算人の報酬放棄書（報酬放棄するときのみ必要）

(16)　委任状（代理人による申立ての場合のみ必要）

(17)　清算株式会社からの委任状（代表清算人が代理人によって申立てをした場合のみ）（注 7 ）

注 1　和解型とは、協定に代わるものとして債権者全員との個別和解により清算を行うことをいう。

注 2　事案によっては、更に、負債総額に応じた破産予納金相当額も必要となる（例．総債権額の 3 分の 2 以上の債権者から申立同意書が提出されないときなど。）。

注 3　資産の部のみならず負債の部についても記載する（会社計算規則 6 条参照）。

注 4　清算人会を設置しているときは、清算人会の承認決議の議事録の写しも提出する。

注 5　債務者がいないときは、債務者名簿欄に「なし」と記載する。

注 6　法人の場合は、代表者（代表取締役、代表理事、又は法令の規定により代表権を有する者（支配人）等）の作成した書面でなければならない。

注 7　特別清算開始決定謄本を清算会社に送達する必要がある（会社法890条 1 項・ 2 項）。申立人代理人が清算株式会社から委任を受けて開始決定謄本を受領する場合には、この委任状を提出する。

　　　この委任状の提出がない場合には、清算会社に対する開始決定謄本の送達費用として、1072円の郵便切手を上記 1 (2)記載のものに加えて納める。

　　　なお、この(17)の委任者は清算株式会社であり、(16)の委任者（申立人である代表清算人個人、会社法511条）とは異なるので、注意すべきである。

　　　　　　　　　　　（東京地方裁判所民事第 8 部（商事部非訟係）一部変更あり）

　特別清算手続における手続の流れは、〔図2-4〕〔図2-5〕のとおりである。

〔図2-4〕　特別清算手続における手続の流れ（協定型）

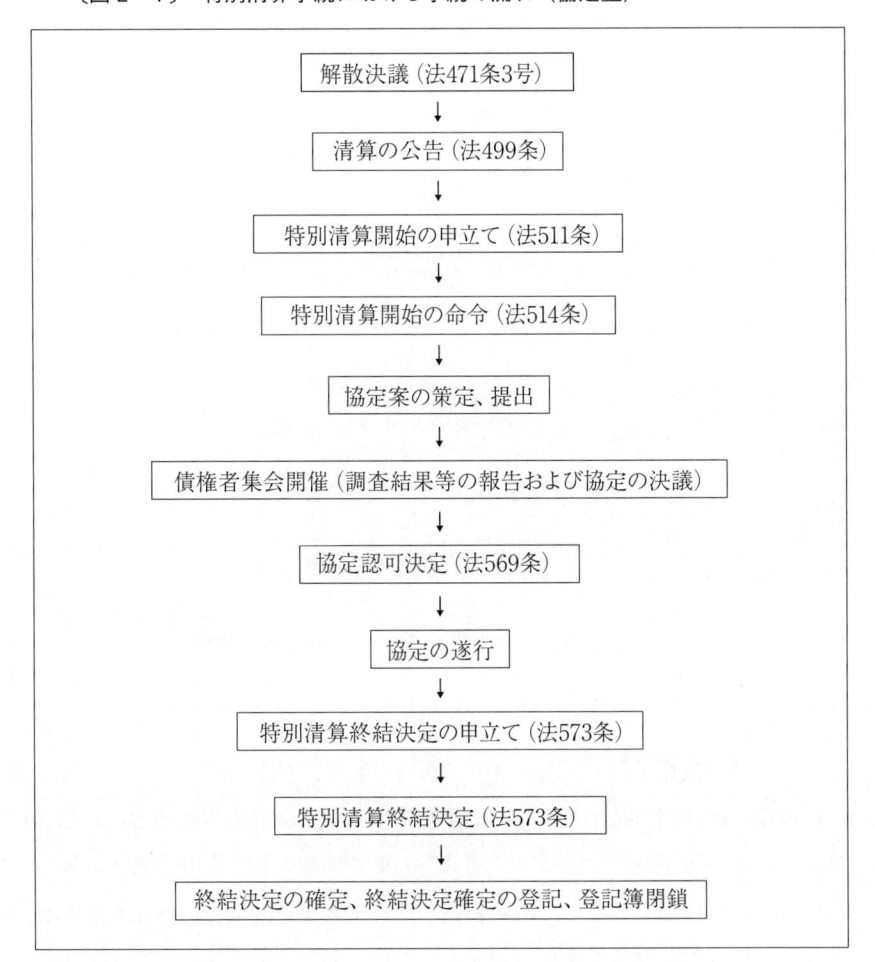

解散決議（法471条3号）

↓

清算の公告（法499条）

↓

特別清算開始の申立て（法511条）

↓

特別清算開始の命令（法514条）

↓

協定案の策定、提出

↓

債権者集会開催（調査結果等の報告および協定の決議）

↓

協定認可決定（法569条）

↓

協定の遂行

↓

特別清算終結決定の申立て（法573条）

↓

特別清算終結決定（法573条）

↓

終結決定の確定、終結決定確定の登記、登記簿閉鎖

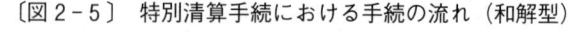

〔図2-5〕　特別清算手続における手続の流れ（和解型）

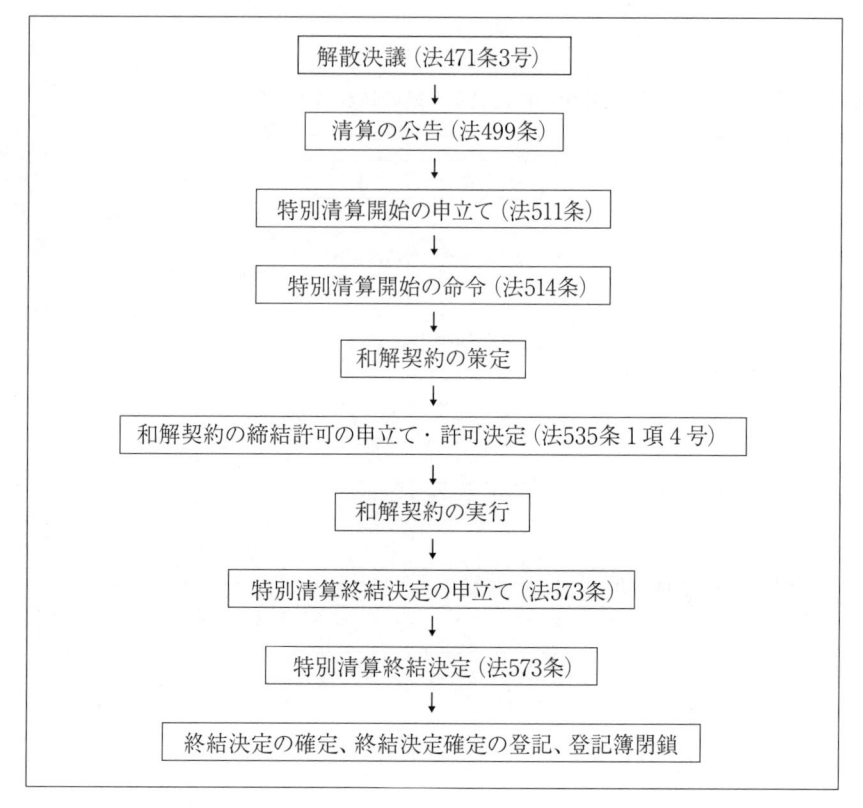

解散決議（法471条3号）
↓
清算の公告（法499条）
↓
特別清算開始の申立て（法511条）
↓
特別清算開始の命令（法514条）
↓
和解契約の策定
↓
和解契約の締結許可の申立て・許可決定（法535条1項4号）
↓
和解契約の実行
↓
特別清算終結決定の申立て（法573条）
↓
特別清算終結決定（法573条）
↓
終結決定の確定、終結決定確定の登記、登記簿閉鎖

(B)　破産手続

　破産手続は、同じ法的整理である民事再生手続・会社更生手続といった再生型の倒産処理手続とは異なり、清算型の倒産処理手続であり、法人のみならず個人にも適用される。破産手続は、清算型の手続として、破産管財人が就任して債務者の財産を換価処分することにより（破産法78条1項）、金銭化し、その金銭を債権者に配当する手続である。

　特別清算手続と比較した場合の破産手続の特色は、以下のような点である。

　第1に、破産手続の開始原因は支払不能または債務超過（法人の場合）と

され（破産法15条、16条）、債務者の資産と負債に照らしてすでに十分な債務
弁済能力が欠如している状態が破産原因とされている。

第2に、破産手続の機関としては、破産管財人が選任されて債務者の財産
の管理処分権を有し、常に公平かつ公正な手続追行が図られる。管財人に
は、破産財団の形成のため、債務者が行った行為等につき、否認権の行使も
認められている（破産法160条以下）。

第3に、破産手続においては、債権者に対する弁済等について、債権者の
多数決を前提としない。債権者平等の原則に厳格にのっとり、公平に配当が
なされる。配当の内容について債権者の賛否を問う必要はない。

(C)　清算型法的整理手続の比較

破産と特別清算の相違点は〔表2-8〕のとおりである。

〔表2-8〕　破産と特別清算の相違点一覧

	破産	特別清算
根拠法	破産法	会社法
適用対象	自然人・会社・公益法人等	清算中の株式会社
開始原因	支払不能（破産法15条） （支払停止になったときは、 支払不能と推定される） 債務超過（破産法16条）	清算の遂行に著しい支障を 来すべき事情があること 債務超過の疑いがあること （法510条）
申立権者	債権者、債務者（破産法18条） 取締役等（破産法19条）	債権者、清算人、監査役、 株主（法511条）
管理処分権・業務執行権の帰属	破産管財人（破産法78条等）	清算人（法481条、482条）
債権調査・確定手続	あり（破産法115条～）	なし
否認権	あり（破産法160条～）	なし
可決要件	なし	①債権者集会に出席した議 決権者（債権者）の過半数の

可決要件	なし	同意、および②議決権者（債権者）の議決権の総額（債権総額）の3分の2以上の議決権を有する者の同意（法567条1項）

2　第二会社方式の留意点

(1) 詐害的会社分割の問題とそれに対する対応

事業再生の場面では、会社分割を行うにあたり、債権者に対する催告および官報公告を省略できる場合（承継・設立会社が承継する債務を、分割会社がすべて重畳的に債務引受けする場合等）であっても、通常の私的整理においては、分割会社（第二会社方式でいえば旧会社）に債権が残り、最終的に破産や特別清算等で債権全額の回収ができなくなる債権者（主に金融債権者。以下、「残存債権者」という）に対しては、第二会社方式のスキームの概要を説明し、理解、協力を得ながら手続を進めるのが原則である。

この点、会社法が施行される前の旧商法下では、会社分割の要件として、旧会社および新会社の双方において会社分割後に「債務の履行の見込みがあること」が必要とされていた（旧商法374条の2第1項3号。そのため、上述のようなスキームの実施のためには、旧会社の残存債権者からその実行につき事前に同意を取得していた。

ところが、会社法が施行され、旧商法下とは異なり、「債務の履行の見込み」がない場合でも会社分割は無効とならなくなった[18]（施行規則183条6号等）。これにより、会社法の下では、残存債権者の事前の同意がなくとも会社分割を実行することができるようになった。

こうした状況の下、会社法成立以降、債権者に対する催告および官報公告を省略できる場合があるという制度を濫用し、会社分割を行うこと自体を、

18　相澤哲ほか編著『論点解説 新・会社法――千問の道標』（商事法務、2006年）674頁。

全額回収が困難となる残存債権者（主に金融債権者）にも秘匿し、分割会社が承継会社等に承継されない残存債権者を害することを知って、何らの説明なく会社分割を行う事例が多くみられるようになった。

　このような詐害的・濫用的な会社分割に対し、詐害行為取消権や否認権等の手法により新会社に対する請求を認める事案が出ていた中、東京地判平成22・5・27金法1902号144頁は、会社分割のような組織法上の行為も詐害行為取消権の対象となることを認め、同事件の控訴審判決である東京高判平成22・10・27金法1910号77頁も、原審の判断を全面的に支持した。また、分割会社の残存債権者を害するような形で行われた会社分割について、後述(3)(イ)の福岡地判平成21・11・27金法1911号84頁、福岡地判平成22・9・30金法1911号71頁は、会社分割または会社分割に伴う不動産の移転に対する否認権の行使を認めた。

　さらに、後述(3)(ウ)のとおり、東京地裁平成22年(ミ)第13号・第14号会社更生事件（金法1915号74頁）では、分割会社の債権者が、分割会社のみならず、新設会社にも、法人格否認の法理または共同不法行為に基づく損害賠償請求権を有するとして、会社更生手続開始の申立てを行ったところ、東京地方裁判所により、両社について会社更生手続開始の決定がなされた。

　最高裁判所（最二小判平成24・10・12金判1402号16頁）は、後述(3)(ア)のとおり、新設分割に対する詐害行為取消権の行使を肯定し、新会社に対して逸出した財産の取り戻しを認めた。

　こうした中、平成26年第186回通常国会で、平成26年法律第90号として「会社法の一部を改正する法律」（以下、「平成26年改正会社法」という）が成立し、平成27年5月に施行されたが、その中には、詐害的会社分割等における残存債権者救済の制度が設けられた。

　以下、まず、平成26年改正会社法の内容を紹介し、そのうえで、これまでの最高裁判例を含めて詐害的会社分割が問題となった裁判例の事例等の説明を行う。

(2)　平成26年改正会社法の規定

すでに述べたとおり、分割会社の残存債権者を不当に害する会社分割が行われるようになり、これに対処するため、平成26年改正会社法は、次に述べるように、分割会社の残存債権者を保護する規定を新設した。

すなわち、分割会社が残存債権者を害することを知って会社分割をした場合には、残存債権者は、承継会社・設立会社に対し、承継した財産の価額を限度として債務の履行を請求することができる旨の規定がおかれた（法759条4項～7項、761条4項～7項、764条4項～7項、766条4項～7項）。

分割会社において、破産手続・民事再生手続・会社更生手続開始の決定があったときは、残存債権者は上記の権利を行使することはできず（法759条7項、761条7項、764条7項、766条7項）、残存債権者の権利はこれらの倒産手続の中で取り扱われることとなる。

いかなる場合に、債権者を害することを知って会社分割をした場合といえるかについては、民法424条1項の規定する詐害行為取消権が認められる場合の要件とほぼ等しい。この点の検討は後記(4)のとおりである。

なお、平成26年改正会社法では、事業譲渡についても、同様の規定が新設されている（法23条の2）。

この直接請求権は、会社法が、会社分割・事業譲渡の特殊性に鑑み、独自に導入した新たな救済手段であり、民法の詐害行為取消権と併存する。ただし、訴えによらないで、直ちに履行請求できる点では強力である。

詐害行為取消権と会社法759条4項等による請求権の相違点を比較すると、〔表2-9〕のとおりである。

〔表2-9〕　詐害行為取消権と会社法759条4項等による請求権の相違点

	詐害行為取消権 （民法424条1項）	法759条4項等による請求権
行使要件	①「債務者が債権者を<u>害すること</u><u>を知って</u>した法律行為」の存在が必要（民法424条1項本文）。	①新設分割会社（吸収分割会社）が新設分割設立株式会社（吸収分割設立会社）に承継されない

	②「その行為によって利益を受けた者又は転得者がその行為又は転得の時において債権者を害すべき事実を知らなかったときは」権利行使ができない（同項ただし書）。	債務の債権者を<u>害することを知って</u>新設分割（吸収分割）をしたことが必要である（法759条4項、761条4項、764条4項、766条4項）。 ②吸収分割の場合、「吸収分割承継会社が吸収分割の効力が生じた時において残存債権者を害すべき事実を知らなかったときは」権利行使ができない（法759条4項ただし書、761条4項ただし書）。
行使の相手方	限定はない（受益者・転得者にも請求可）。	承継会社・設立会社に限られる。
債権の性質による権利行使の限定の有無	被保全債権が特定物債権（動産の引渡請求権等）であっても行使が可能（最大判昭和36・7・19民集15巻7号1875頁）。	条文上、請求権の対象となる債権の性質に限定はない。
行使方法	裁判上のみ（民法424条1項本文）。	裁判外でも可。
行使期間	①債務者が詐害行為を行った事実を債権者が知った時から2年以内に詐害行為取消権を行使しないときは、時効により消滅する（民法426条前段）。 ②詐害行為の時から20年を経過したときにも詐害行為取消権は時効により消滅する（同条後段）。	①分割会社が残存債権者を害することを知って会社分割をしたことを知った時点から2年以内に請求または請求の予告をしない残存債権者に対しては、その期間を経過した時に消滅する。 ②会社分割の効力発生日もしくは設立会社の設立日から20年を経過したときにも同様である（法759条6項、761条6項、764条6項、766条6項）。

行使の効果	①詐害行為取消権は、詐害行為を取り消し、債務者の行為により逸失した責任財産の取戻しを請求する制度である。財産の取戻しは、現物返還が原則である。 ②金銭については、詐害行為取消権を行使した債権者が事実上優先的に回収することが可能（最三小判昭和37・10・9民集16巻10号2070頁）。 ※なお、詐害行為を取り消して承継会社・設立会社から弁済を受ける場合、残存債権者は、直接引渡しを受けた金銭に関して不当利得返還請求債務と自己の債権とを対当額で相殺することにより事実上の優先弁済を受けられることとなるが、債務者の資産状態によっては、倒産法上の相殺禁止規定に抵触する可能性がある（破産法71条1項3号、民事再生法93条1項3号、会社更生法49条1項3号）。	承継会社・新設会社に対し、債権の履行を求めることができる。
行使の範囲	①詐害行為の目的物が金銭のように可分な場合は、取消しの範囲は被保全債権の額に限定される。 ②詐害行為の目的物が不可分な場合には、被保全債権額を超える財産の現物返還も認められる。	承継した財産の価額を限度とする（法759条4項、761条4項、764条4項、766条4項）。
倒産手続との関係	①詐害行為取消訴訟係属中に債務者について法的倒産手続の開始決定がなされた場合には、当該訴訟手続は中断し、破産管財人	①新設分割会社（吸収分割会社）について法的倒産手続の開始決定がなされた場合、法759条4項等による請求権を行使できな

等が受継する（破産法45条 2 項、民事再生法40条の 2 第 2 項、会社更生法52条の 2 第 2 項）。 ②債務者に法的倒産手続が開始された以降は、詐害行為取消権の行使はできない（否認権の行使による）（大判昭和 4・10・23 民集 8 巻787頁）。	い（法759条 7 項、764条 7 項）。 ②上記以外には、倒産手続との関係について調整規定は設けられていない。

(3)　これまで詐害的・濫用的会社分割が問題となった事例

　以下では、平成26年改正会社法が成立するまでに詐害的・濫用的会社分割が問題となった主な事例を紹介する。

㋐　詐害行為取消権の行使が認められた事例

(A)　事案の概要

　本事件（最二小判平成24・10・12金判1402号16頁）では、A が、平成12年12月13日、B に対し、 5 億6000万円を貸し付け（以下、「本件貸金債権」という）、C は、同日、A に対し、本件貸金債権に係る債務を連帯保証した（以下、「本件保証債務」という）。A は、平成14年 5 月10日、整理回収機構（RCC）に対し、本件貸金債権を譲渡し、RCC は、平成17年 9 月16日、E に対し、本件貸金債権を譲渡し、E 社は、同日、サービサーである X に対し、本件貸金の管理および回収を委託した。同日時点における本件貸金債権の元本の残高は約 4 億5500万円であった。Z は、平成16年 8 月 6 日、C を吸収合併し、本件保証債務を承継した。

　Z は、平成19年 9 月 1 日、Y を新たに設立すること、Z は Y に Z 所有の不動産（以下、「本件不動産」という）を含む不動産売買・賃貸等の事業に属する権利義務を承継すること、Z に Y の発行する株式の全部を割り当てることなどを内容とする新設分割計画を作成し（以下、「本件新設分割」という）、同年10月 1 日、Y の設立の登記がされ、本件新設分割の効力が生じた。

　本件新設分割により、YはZから一部の債務を承継し、Zは当該債務について重畳的債務引受をしたが、本件保証債務はYに承継されなかった。Zは、平成19年10月12日、本件不動産について、同月1日付会社分割を原因として、Yに対する所有権移転登記手続をした。

　Zが本件新設分割をした当時、本件不動産には約3300万円の担保余力があった。しかし、Zは、その当時、本件不動産以外には債務の引当てとなるような特段の資産を有しておらず、本件新設分割およびその直後に行われたFを新たに設立する新設分割により、YおよびFの株式以外には全く資産を保有しない状態となった。

　そこで、Xは、Yに対し、詐害行為取消権に基づき、本件新設分割の取消しおよび本件不動産についてされた会社分割を原因とする所有権移転登記の抹消登記手続を求め、訴訟を提起した。

　第一審（大阪地判平成21・8・26金法1916号113頁）がXの請求を認容したため、Yが控訴をしたが、控訴審（大阪高判平成21・12・22金法1916号108頁）も第一審判決を全面的に採用したため、Yが上告受理を申し立てた。

(B)　最高裁判所の判断（法廷意見）

　最高裁判所は、新設分割が、財産権を目的とする法律行為としての性質を有するものの、新たな会社の設立をその内容に含む会社の組織に関する行為でもあるので、当然には新設分割が詐害行為取消権の対象となると解することもできず、新設分割に関する会社法その他における諸規定の内容をさらに検討して判断することを要すると述べた。

　そのうえで、最高裁判所は、①会社法その他の法令において、新設分割が詐害行為取消権行使の対象となることを否定する明文の規定は存しないこと、②会社法上、債権者保護手続を定めた規定がおかれているが、新設分割により新たに設立する株式会社（以下、「新設分割設立株式会社」という）にその債権に係る債務が承継されず、上記規定による保護の対象ともされていない債権者については、詐害行為取消権によってその保護を図る必要性がある場合が存すること、③会社法上、新設分割の無効を主張する方法として、法

〔図2-6〕　最二小判平成24・10・12の関係図

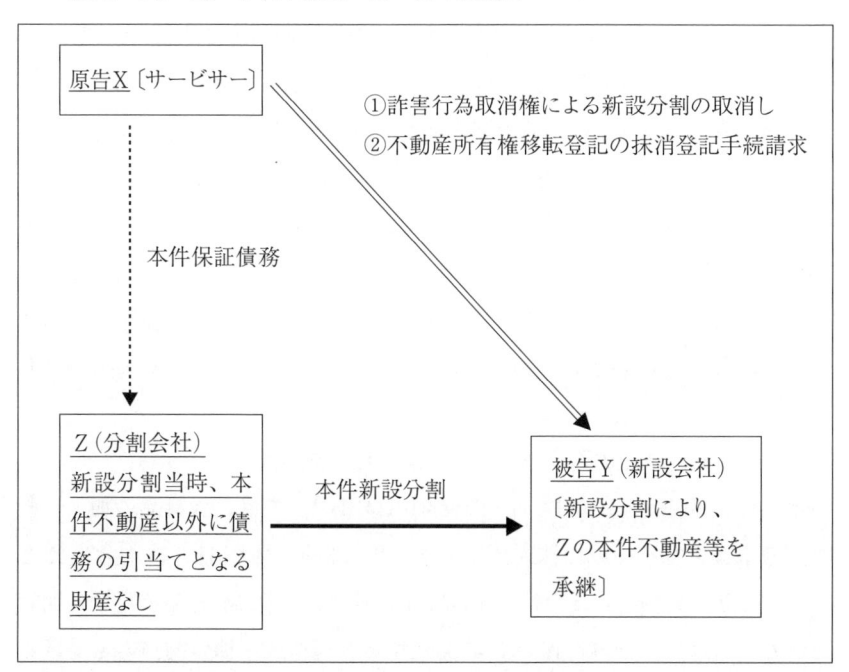

律関係の画一的確定等の観点から原告適格や提訴期間を限定した新設分割無効の訴えが規定されているが、詐害行為取消権の行使によって新設分割を取り消したとしても、その取消しの効力は、新設分割による株式会社の設立の効力には何ら影響を及ぼすものではないから、債権者保護の必要性がある場合において、会社法上新設分割無効の訴えが規定されていることをもって、新設分割が詐害行為取消権の対象とならないと解することはできないことを理由として、新設分割設立株式会社にその債権に係る債務が承継されず、新設分割について異議を述べることもできない新設分割株式会社の債権者は、民法424条の規定により、詐害行為取消権を行使して新設分割を取り消すことができると判示した。さらに、この場合においては、その債権の保全に必要な限度で新設分割設立株式会社への権利の承継の効力を否定することができると判示した。

　⒞　**須藤裁判官の補足意見**

　この判決における須藤正彦裁判官の補足意見は、「要するに、本件新設分割における対価が相当であるとしても、Ｚの純資産（株式価値）は変動しないが、本件残存債権の責任財産は大幅に変動するなどの事態が生じ、かつ、本件残存債権の債権者と本件承継債権の債権者との間で著しい不平等が生ずるに至ったということである」と述べている。この須藤補足意見については、設立会社の株式の換価性や価値を実質的にとらえ、その株式が適切に換価されていないことを詐害行為取消権を認める根拠とし、これに加えて、債権者間に著しい不平等が生じている偏頗性も、「債権者を害する」との判断を行うにあたって無視できない要素であることを明らかにしているものと考えられる。

(ｲ)　破産法上の否認権の行使が認められた事例

　本事件（福岡地判平成21・11・27金判1911号84頁）では、食料品の加工・販売等の事業を行っていた株式会社Ｚが、平成19年12月25日、株式会社Ｘを設立する新設分割を行った後、平成20年10月9日、Ｚにつき破産手続が開始された。Ｚは会社分割に伴いＸの発行する普通株式1株の割当てを受けることとされ、実際その割当てを受けたが、同日付でこれをＸ代表者に代金1円で譲渡した。また、Ｚは、ＸがＺから承継した債務を重畳的に債務引受けした。

　Ｚの破産管財人Ｙは、Ｚによる新設分割により設立されたＸに対し、同新設分割はＸに対し1億2997万1786円相当の資産を取得させ、これにより破産会社Ｚの債権者を害する行為であり、破産法160条1項1号にあたるとして否認の請求を申立て、同法168条4項に基づき資産相当額等の支払いを求めた。破産裁判所がこれを全部認容する決定（福岡地決平成21・3・10（平成20年㈦第12016号））をしたため、Ｘがこれを不服としてＹに対して異議の訴えを提起し、同決定の取消し等を求めた。

　本判決は、当該新設分割は、Ｘが当時債務超過であったにもかかわらず、その資産のすべてをＸに承継させるものであり、他方、ＺはＸの債務について重畳的債務引受けを行ったことから、会社分割後において、その債

務総額は変動していないなどの理由により、「破産債権者を害することを知ってした行為」、すなわち詐害行為に該当すると認めた。

本判決は、破産法においても、会社法においても、否認の対象となる行為から会社分割を除外する規定はなく、その他これらを調整する旨の規定をおいていないことからすれば、破産法上、否認の対象となる行為から会社分割を除外すべき根拠はない等の理由により、本件会社分割について否認権を行使しうるものとし、Ｘの請求を棄却した。

㈡ 濫用的会社分割の当事会社に対して会社更生手続の債権者申立てを行った事例

本事件（東京地裁平成22年(ミ)第13号、同第14号）では、Ｎ県Ｔ地区において長年一流の老舗温泉旅館としてのブランドを確立してきた旅館の保有・運営会社Ｙ₁が、近年の景気低迷等を背景とした売上げの減少によって赤字経営に陥った。Ｙ₁は、主力金融機関Ｘらから借入金の返済猶予等の支援を受けながら、経営再建計画の策定を要請されていた。そうした中、Ｙ₁は、突如として取引金融機関に何らの事前の相談や説明等をすることなく、会社分割（新設分割）を行った。これにより、Ｙ₁は、取引金融機関に対する借入金債務およびその担保対象物件である旅館の不動産を除く、ほぼすべての資産・負債並びに旅館事業を新設会社Ｙ₂に承継させた。

Ｙ₁の主力取引金融機関Ｘらは、裁判所に対し、分割会社Ｙ₁および新設会社Ｙ₂の双方についての会社更生手続開始申立てを行った（会社更生手続開始申立てを行う申立書には、共同不法行為および法人格否認の法理の２つの法律構成により、申立債権が記載された）。裁判所は、Ｙ₁およびＹ₂に対し、保全命令を発令し、その後、会社更生手続開始決定を発令した。この事例は、濫用的会社分割の当事会社らに対して、債権者である金融機関が会社更生手続開始の申立てを行った初めてのケースと考えられる[19]。

なお、平成26年改正会社法の下では、上記事案で会社法の前記(2)の要件を

19　粟澤方智＝櫻庭広樹「濫用的会社分割の当事会社に対する会社更生手続の債権者申立ての検討―東京地裁平成22年(ミ)第13号、同第14号を踏まえて」金法1915号74頁。

満たす場合には、分割会社の残存債権者は、承継会社・設立会社に対し、承継した財産の価額を限度として債務の履行を請求することができることとなる。そのため、濫用的会社分割により承継設立された承継会社・設立会社には当該債権を申立債権として会社更生手続開始申立てを行うことが考えられる。

(4) 検 討

濫用的会社分割の問題にあたっては、平成26年改正会社法や上述の裁判例のように残存債権者の保護を図るべき必要性が認められる一方で、これを過度に重視すると債務者側に会社分割を行ううえでの萎縮的効果が生じ、濫用的ではない正常な会社分割まで行いづらくなる。会社分割が企業再生の有用な方法であることも十分に考慮する必要がある。

そこで、いかなる場合に会社分割の詐害性が肯定されるか（法759条4項等にいう「残存債権者を害することを知って」の要件に該当するか）が問題となるが、この点については、次のとおり考えられる。

実務では、企業再生を図るスキームとして会社分割が活用されることが多々あるが、その際、会社分割により分割会社に残される金融債権者と設立会社に承継される商取引債権者とでは、その取扱いに差異が設けられることも少なくない。このような場合に、偏頗性を強調し、合理的な理由なく残存債権者が会社分割に反対する場合にも、常に残存債権者全員の同意を必要だとするのは、円滑な企業再生にという観点からは、必ずしも適切でなく、偏頗性を過度に強調した要件論の構築をすべきではないと考える[20]。ここで、実務上、このような企業再生を図るスキームについて金融機関の了解を得られるのは、事業再生計画が合理的であり（事業再生計画の策定については、後記第3章参照）、合理的な説明がなされているからであるから、「債権者を害す

---

[20]　最二小判昭和33・9・26民集12巻13号3022頁も、偏頗返済を理由とする民法上の詐害行為取消権の行使に関しては、「債務超過の状況にあつて一債権者に弁済することが他の債権者の共同担保を減少する場合においても、右弁済は、原則として詐害行為とならず、唯、債務者が一債権者と通謀し、他の債権者を害する意思をもつて弁済したような場合にのみ詐害行為となるにすぎないと解するを相当とする」と判示し言質している。

る」との要件論の解釈にも、このような要素を考慮することが合理的である。具体的には、事業再生計画が合理的であるといえるためには、少なくとも、承継会社・設立会社の株式の換価価値の最大化が図られていることを前提に、会社分割を実施せずに会社を清算する場合よりも会社分割を実施した場合のほうがより多くの弁済を受けられるといったことが必要である。また、事業再生計画について合理的な説明が行われたというには、①事業再生計画立案に至る経緯、②現在の資産・負債の状況と損益の状況、③会社分割を実行する必要性、④会社分割の内容（特に債権の取扱いに差異を設けることについての理由）、⑤弁済条件（特に残存債権者間の弁済条件の公平性）、⑥経営責任・株主責任についての説明が必要になると考えられる。[21]

　このように、濫用的会社分割か否かの判断にあたり、残存債権者と承継債権者との間の弁済率の不平等のみに着目することでは、「悪い会社分割」（濫用的会社分割）とすでに実務に深く定着した企業再生の手法である「良い会社分割」を区別することはできないことになる。「良い会社分割」まで否定されないためには、少なくとも、事業再生計画が合理的であり、当該計画について合理的な説明がされている場合には、「債権者を害する」とはいえないとする解釈論が必要である。

3　産業競争力強化法（旧産業活力再生特別措置法）における第二会社方式の利用促進

(1)　概　要

　平成21年6月施行の産業活力再生特別措置法改正により、中小企業の事業再生を円滑化し、優良な事業を存続させるため、中小企業における第二会社方式による事業再生計画（中小企業承継事業再生計画）の認定制度が創設された。この制度は、中小企業者と当該中小企業者から会社分割または事業譲渡により事業を承継する事業者（承継事業者）が共同申請することとされてお

21　事業再編実務研究会編『あるべき私的整理手続の実務』（民事法研究会、2015年）455頁〜463頁参照。

り、申請窓口は、経済産業局または各都道府県の中小企業再生支援協議会とされている。

「産業活力再生特別措置法」は、平成25年、「産業競争力強化法」に改称された。

後述のとおり、第二会社方式による中小企業承継事業再生計画の認定を受けると、営業上必要な許認可の承継、税負担の軽減措置および金融支援という支援を受けることができる。

(2) 認定を受けるための要件

産業競争力強化法2条17項で定義されている「中小企業者」が、第二会社方式による中小企業承継事業再生計画を作成し、その計画が〔表2-10〕の要件を満たせば、産業局から計画の認可を受けることができる。

〔表2-10〕　認定要件

特定中小企業者（注1）が過大な債務を負っていること等によって財務の状況が悪化していること	1．計画申請時点で ①ネット有利子負債（注2）／CF（キャッシュ・フロー）＞20 ②CF＜0
中小企業承継事業再生による事業の強化	2．計画終了時点で ①ネット有利子負債／CF≦10、 ②経常収支≧0
中小企業承継事業再生の実施方法	3．既存または新設する事業者への吸収分割または事業譲渡、または新設分割により特定中小企業者（注1）から承継事業者（注3）へ事業を承継するとともに、事業の承継後、特定中小企業者を特別清算または破産により承継後2年以内に清算するものであること
中小企業承継事業再生が円滑かつ確実に実施されると見込まれるものであること	4．公正な債権者調整プロセスを経ていること ◆債権者調整が適切になされているものを認定するため、公正性が担保されている再生支援協議会、RCC企業再生スキーム、事業再生ADR、地域経済活性化支援機構、私的整理ガイドライン、民事再生手続、会社更生手続等を経ているこ

	とを要件とする。
	5．第二会社の事業実施における資金調達計画が適切に作成されていること
	6．第二会社の営業の許認可が必要となる場合、許認可を取得していること、または取得見込みがあること ◆以下のいずれかを満たすことを要件とする。 ①本支援措置の許認可承継特例を用いて行政庁の同意が得られること ②第二会社がすでに許認可を取得している、または取得する見通しがあること
特定中小企業者（注１）の経営資源が著しく損失するものでないこと	7．承継される事業に係る従業員のおおむね８割以上の雇用を計画期間中確保
従業員の地位を不当に害するものでないこと	8．従業員との適切な調整が図られていること ◆労使間で以下について十分な話合いが行われること。 ①計画の主たる目的が従業員の削減ではないか ②承継事業の選定が恣意的でないか ③第二会社に移行しない労働者の選定が恣意的でないか、その後の雇用の安定には十分な配慮があるか ④第二会社に移行した労働者の労働条件が切り下げられていないか
取引先の相手方事業者の利益を不当に害するものでないこと	9．取引先企業への配慮 ◆旧会社の取引先企業の売掛債権を毀損させないこと

（注１）　過大な債務を負っていることその他の事情によって財務の状況が悪化していることにより、事業の継続が困難となっている中小企業者。

（注２）　ネット有利子負債＝有利子負債合計額−現預金−信用度の高い有価証券等の評価額−運転資金の額

（注３）　中小企業承継事業再生計画により事業を承継する事業者（第二会社）。

⑶　申請に必要な書類

　申請にあたり作成が必要な認定申請の内容および必要な書類は、〔表2-11〕のとおりである。

〔表2-11〕　認定申請書

<table>
<tr><td colspan="1">認定申請書の内容</td></tr>
</table>

認定申請書の内容
1．中小企業事業再生の目標
2．特定中小企業者の業務および財務の状況に関する事項
3．承継事業者に関する事項
4．中小企業承継事業再生の内容
5．中小企業再生の実施時期
6．中小企業事業再生の実施に必要な資金の額およびその調達方法
7．中小企業承継事業再生に伴う労務に関する事項

主な添付書類
○　定款の写し、貸借対照表および損益計算書、役員または社員の名簿、登記事項証明書 （承継事業者を設立する場合）
○　承継事業者の定款の写し、発起人・社員または設立者の名簿、株式の引受けまたは出資の状況等を記載した書類
○　事業の継続および再建を内容とする計画および計画の専門家による報告書
○　特定中小企業者の財務状況が悪化していることを示す書類
○　事業が相当程度強化されることを示す書類
○　計画の実施に必要な資金の使途および調査方法の内訳についての書類
○　公正な第三者機関または公正な手続が関与していることを示す書類
○　事業に必要な許認可等を保有していることを証する書類
○　経営資源が著しく損なわれ、または失われるものでないことを証する書類
○　従業員の地位を不当に害するものでないことを証する書類
○　取引の相手方である事業者の利益を不当に害するものでないことを証する書類　等

⑷　中小企業承継事業再生計画に適用される支援措置

㋐　営業上必要な許認可の承継

　第二会社が営業上の許認可を再取得する必要がある場合には、旧会社が保有する事業に係る許認可を第二会社が承継できる。承継の対象となる許可には、旅館営業の許可（旅館営業法３条）、一般建設業の許可・特定建設業の許可（建設業法３条）、一般旅客自動車運送事業の許可〈バス・タクシー〉（道路運送法４条）、一般貨物自動車運送事業の許可〈トラック〉（貨物自動車運送事業法３条）、火薬類の製造の許可・火薬類の販売営業の許可（火薬類取締法３条または５条）、一般ガス事業の許可・簡易ガス事業の許可（ガス事業法３条または37条の２）、熱供給事業の許可（熱供給事業法３条）がある。

㋑　税負担の軽減措置

　〔表２-12〕のとおり、税務上の優遇措置が存在する。

〔表２-12〕　登録免許税の軽減

租税特別措置法80条１項	措置の内容		通常の税率	特例による軽減税率	軽減率
１号	会社の設立、資本金の増加（※１）		0.7%	0.35%	0.35%
（かっこ書の部分）	（資本金が増加する場合の合併）		0.7%	0.35%	0.35%
３号	分割による設立または資本金の増加		0.7%	0.5%	0.2%
４号（売買）	不動産の所有権の取得	土地	2.0%（※２：1.5（租税特別措置法72条））	1.6%	0.4%
		建物	2.0%	1.6%	0.4%
	船舶の所有権の取得		2.8%	2.3%	0.5%
６号	分割時	（不動産）	1.5%	0.4%	1.1%
		（船舶）	2.8%	2.3%	0.5%

（※１）　事業再構築計画については、合併等の事業の構造の変更が伴うものに限る。また、会社の成立または増資の登記について、軽減税率が適用される

　　　資本金または資本の増加分に3000億円の上限を設けている。

（※2）　売買による土地の所有権移転の登記については、租税特別措置法72条に
　　　よって産業競争力強化法よりも有利な税率が設定されている。

㋑　金融支援

　第二会社が必要となる事業を取得するための対価や設備資金など新規の資金調達が必要な場合、以下の金融支援が受けられる。

①　日本政策金融公庫の低利融資

　　日本政策金融公庫から設備資金および運転資金について長期固定金利で融資が受けられる。

②　中小企業信用保険法の特例

　　中小企業信用保険法に規定される普通保険、無担保保険、特別小口保険について同額の付保限度額の別枠を設けることができる（第二会社が既存の会社の場合に限る）。これにより、第二会社はすでに信用保証協会の保証付融資を受けていた場合でも、別枠を利用して同協会の保証付融資を受けることができる。

〔図2-7〕　中小企業信用保険法の特例の図解

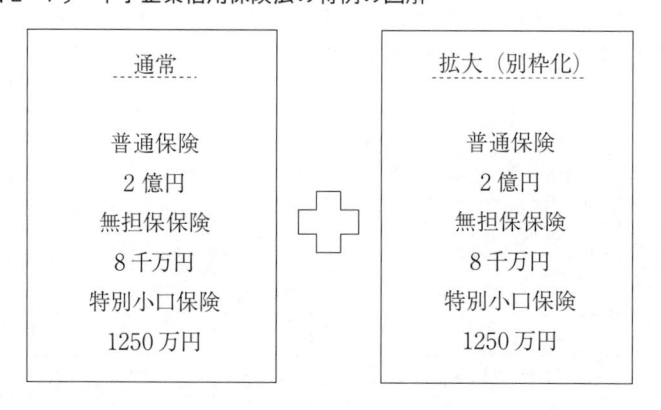

③　中小企業投資育成株式会社法の特例

　　中小企業投資育成株式会社は原則として資本金の額が3億円以下の株式会社である中小企業を投資の対象としているが、中小企業承継事業再

生計画の認定を受けた場合、資本金の額が３億円を超える株式会社である中小企業者であっても、当該計画を実施するにあたって同社から出資を受けることが可能となる。

〔図２-８〕　中小企業投資育成株式会社法の特例の図解

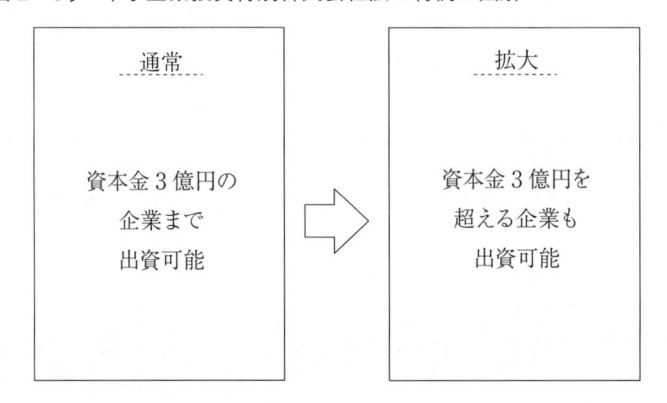

4　実　例

第二会社方式を採用（Good 出し）して、債務の大幅カットを実現した事例として以下の事例がある。

ゴルフ場の私的手続においては、会員（預託金債権者）が多数に及ぶことから、再建計画に対して、会社分割前に会員全員から書面による同意を得ることは不可能である。他方で、民事再生手続や会社更生手続を申し立てた後に事業を第三者に譲渡するとなると、事業価値が毀損し、結果として会員（預託金債権者）を含む債権者に対する弁済率の著しい低下を招くおそれがある。

以下の事案は、第二会社方式（Good 出し）を利用することにより、金融負債や預託金債務等の大幅カットを図ったものである。

(1)　事案の概要

債務者（Ｘ社）は地方のゴルフ場を経営していたが、バブル崩壊後、ゴルフ人口の減少、ゴルフ場間の価格競争激化による客単価の減少等の影響で厳

〔図2-9〕　X社の再建スキームの概要

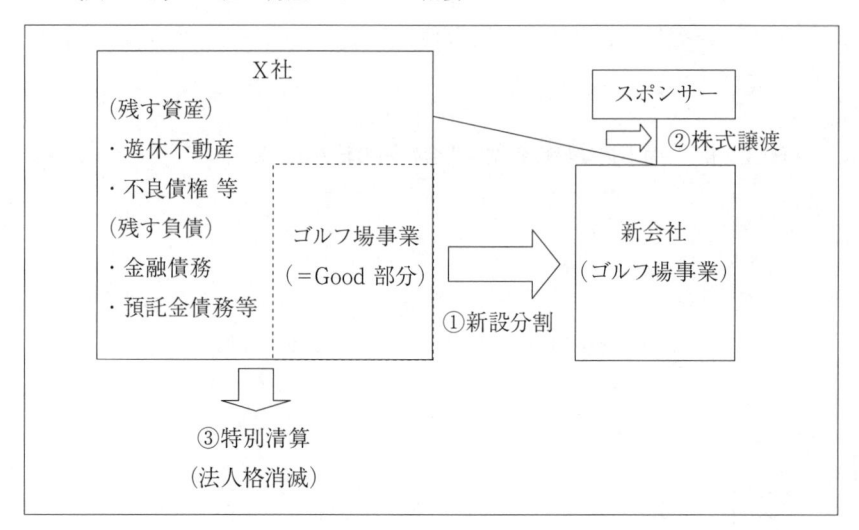

しい経営を余儀なくされた。平成10年には、会員債権者に対する預託金の返済期限が到来するにあたり、会員の同意を得て、返済期限を10年間延長した。

　しかし、その後も経営を抜本的に改善するには至らなかった。

　そこで、X社は、ゴルフ場事業を円滑に継続することによって会員のプレー権を保護するとともに、会員に対する弁済の極大化をめざすべく、延長後の預託金返還期限が到来する前に、私的整理によって再建を図ることとし、フィナンシャルアドバイザー（FA）を通じてスポンサーを募集した。

　その後、同業者のスポンサーからゴルフ場事業を引き継ぐ旨の意向が示されたが、スポンサーからは、X社の簿外債務のリスク等を遮断するため、新会社において事業を継続したいとの要望が出された。

　X社は、ゴルフ場用地として広大な土地を所有していたことから、不動産の移転にかかるコストを抑えるため、会社分割スキームを利用した再建を図ることとなった。

(2)　再建計画の骨子

X社の再建計画の骨子は以下のとおりであった。

① 　X社は、X社の営むゴルフ場事業にかかる資産および契約等を新たに設立する新会社に承継させる会社分割（新設分割）を行う。

② 　X社は、新会社の発行済み株式すべてをスポンサーに相当対価で譲渡する。

③ 　X社は、新会社の株式譲渡後、速やかに解散し、特別清算手続において、スポンサーから受領した株式譲渡代金およびX社が会社分割の効力発生後も保有する資産の換価処分代金を原資として、債権者に対する弁済を行う。

④ 　既存の会員は、新会社における会員となるか否かを任意に選択することができ、新会社の会員になることを選択した場合には、従前とほぼ同内容のプレー権が確保される。

(3)　手続の進行

特別清算手続において協定案を成立させるためには、①債権者集会に出席した議決権者（債権者）の過半数の同意、および、②議決権者（債権者）の議決権の総額（債権総額）の3分の2以上の議決権を有する者の同意が必要であるが（法567条1項）、X社には700名を超える会員がいたことから、X社は、会社分割の効力発生前から全会員に対して書面で通知し、再建計画の内容に対する理解と協力を求めた。

また、会員からの問合せ窓口を開設するとともに、ゴルフ場においても十分な説明を行う体制を整備した。

スポンサーに対する株式譲渡価格が会員にとって有利な価格であったこともあり、大部分の会員からは再建計画に対する理解が得られた。

そこでX社は、当初予定どおり会社分割を実行し、実行日当日に新会社の株式をスポンサーに譲渡した。

X社は、その後速やかに解散し、特別清算の申立てを行い、裁判所からは特別清算開始決定が発令された。

この間X社は、会員に対して適宜手続の進捗状況を書面で報告した。

　Ｘ社の特別清算手続においては、約30％の弁済を行う旨の協定案が提出され、債権者の大多数の賛成を得て、同協定案は可決され、裁判所から特別清算協定認可決定が発令された。

Ⅳ　再生ファンドの関与

1　再生ファンドとは

　再生ファンド（事業再生ファンド）とは、投資家から資金を集め、過剰債務を抱える企業に投資し、その企業を再建させることによって利益を得ることを目的とするファンドである。

2　再生ファンドの利用

(1)　利用方法

　再生ファンドでは、①再建を図ろうとする債務者企業につき、スポンサーとして出資等を行う方法、あるいは②再生ファンドが金融機関から債権を買い取り、その後にリファイナンスにより当該債権を売却する方法が多く用いられる。

　①の場合、再生ファンドは、当該企業の業績改善後に、株式の売却（当該会社自らによる株式の取得も含む）や上場によるキャピタルゲインの取得によって利益を得ることができる。

　②の場合、再生ファンドの債権買取価格は「時価」で行われ、原則として債務者企業の実際の返済能力（キャッシュ・フロー等）に基づき算定されることになる。そして、再生ファンドが買い取った債権は、最終的にはリファイナンスにより売却されることになるが、その際の債権売却価格は、再生ファンドの債権買取価格プラス金利およびリファイナンス時のアップサイドの合計額となるため、利益を得ることができる。他方、債務者企業としては、この売却価格およびリファイナンス先への金利について弁済すればよいこととなるため、実質的には簿価とかかる弁済額相当額の差額分について債権放棄を受けたのと同様の効果を得ることができる。

　なお、再生ファンドは、ガバナンスの観点から当該債務者企業の株式を保

有することもある。この場合、再生ファンドが債権を売却する際に、当該会社が金銭により株式を取得するのが一般的である。

(2)　スキーム

上記(1)①のスポンサーとして出資を行う方法においては、配当の有無・優先性・累積の有無や議決権の有無等を組み合わせつつ、再生ファンドが企業の再生支援へどのように関与するのかが定められる。

次に、②の再生ファンドにおける債権の買取りは、当該企業のメインバンクから買取りを行うパターンと、準メイン行以下の金融機関から買取りを行うパターンが想定されうる。

メイン行から買取りを行うケースでは、メイン行が自行の体力の問題等により債権放棄を行うことができない場合に、再生ファンドへ売却を行い、売却を受けた再生ファンドが債権放棄を行うことにより債務者の過剰債務を解消することになる。一方、準メイン行以下の金融機関から買取りを行った場合には、メイン行と共同して債務者企業の事業再生を図っていくことになる。

いずれの場合も、数年後のリファイナンスによる債権売却を行うことをめざすことになるが、メイン行と共同して債権者企業の事業再生を行った場合、メイン行が再生ファンドからのリファイナンスに応じることも想定される。

3　再生ファンドの種類

(1)　金融円滑化法出口戦略としての再生ファンド

2012年5月、金融庁は「円滑化指針」を公表した。その中では、事業再生や業種転換が必要な債務者（抜本的な事業再生や業種転換により経営の改善が見込まれる債務者など）について、貸付条件の変更等のほか、金融機関の取引地位や取引状況等に応じ、DES・DDS や DIP ファイナンスの活用、債権放棄を検討することがソリューションの例としてあげられ、特に外部専門家や外部機関等との連携においては、企業再生ファンドの組成・活用が掲げら

れている。

　また、2012年 4 月、内閣府・金融庁・中小企業庁は、金融円滑化法の最終延長を踏まえ、中小企業の経営改善および事業再生の促進等を図るため、「政策パッケージ」を策定・公表した。その中で、経営改善・事業再生支援の環境整備の方策の 1 つとして、地域における事業再生支援機能の強化を図るため、地域金融機関と中小企業基盤整備機構が連携し、出資や債権買取りの機能を有する事業再生ファンドの設立を促進することとされた。

　以上のとおり、金融円滑化法の出口戦略として、金融機関および中小企業基盤整備機構の主導による再生ファンドが設立されている。

(2)　中小企業基盤整備機構の中小企業再生ファンド

　独立行政法人中小企業基盤整備機構（中小機構）は、中小企業施策の総合的な実施機関としての役割を担う経済産業省所管の独立行政法人である。中小企業の創業から事業再生、災害対策などのセーフティネット（安全網）まで、中小企業のライフステージや課題にあわせた支援を行っている。

　中小機構が組成・出資する中小企業再生ファンドは、円滑化指針や政策パッケージにおいて掲げられている手法である。

　中小機構は、民間の投資会社、地域金融機関、事業会社等とともに中小企業の再生支援を目的としたファンド（投資事業有限責任組合）を組成し、ファンドの総額の 2 分の 1 を限度に出資を行う。中小機構や地域金融機関がLP（有限責任組合員）、投資会社（主に銀行系のベンチャーキャピタル等）がGP（無限責任組合員）として出資を行う。中小機構が出資する組合の存続期間は10年以内であるが、有限責任組合員と無限責任組合員との合意により 3 年間の延長が可能である。

　これにより組成された再生ファンドは、過剰債務等により業況が悪化しているものの、本業には相応の収益力があり、財務リストラや事業再構築により再生が見込まれる中小企業に対して投資を行う。具体的な支援は、以下の方法により行われる。

　①　中小企業再生支援協議会との連携による再生計画策定支援

〔図 2 -10〕　中小企業再生ファンド

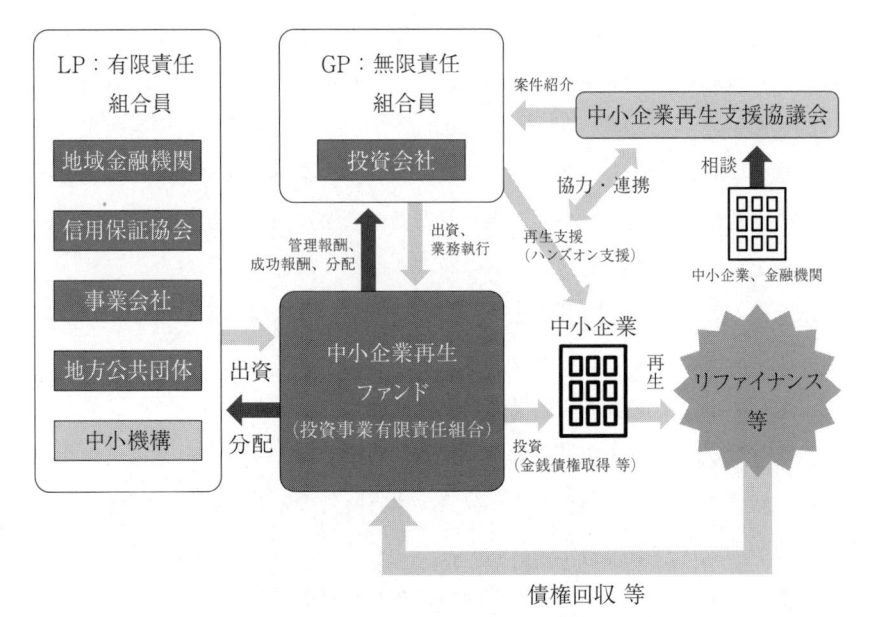

出典：中小機構ホームページ〈http://www.smrj.go.jp/supporter/fund_invest-ment/index.html〉「ファンド出資事業の種類　3．中小企業再生ファンド」

② 　株式や新株予約権付社債の取得等による資金提供

③ 　金融機関の保有する貸出債権の買取りによる金融支援（過剰債務軽減等）

④ 　ファンド運営会社等による経営面のハンズオン支援等

(3)　民間型の再生ファンド

　金融円滑化法の出口戦略としては、上記(2)の中小機構による官民一体型の中小企業再生ファンドだけでなく、民間型の再生ファンドが活用されることも期待されている。

　民間型の再生ファンドでも、中小機構による中小企業再生ファンドと同様に、投資事業有限責任組合を活用し、地域金融機関がLP、投資会社がGPとして組成される。民間ファンドとしての投資利回り・投資サイクルがベー

スとなるため、中小機構による中小企業再生ファンドよりも短くなる傾向がある。

　民間型の再生ファンドでは、地域金融機関が単独もしくは民間ファンドと連携して組成するパターンと、複数の地域金融機関が連携して組成するパターンがある。

4　ファンドによる買取りにおける問題点

　再生ファンドが債権の買取りを行う場合、当該債権の時価での買取りを行うが、誰がその評価を行うかという点が問題となりうる。再生ファンドは地域金融機関により設立されているケースも多く、そのような場合、売却を行う地域金融機関（メイン行であることも多い）が評価をすることになり、利益相反の問題が生じうる。

　また、時価をどのように算定するのかも問題となりうる。金融機関としてはできる限り高額で売却したいと考えるが、あまりに価格が高いとリファイナンスが困難となるため、調整には困難を伴う場合が多い。

　信用保証協会による保証が行われている貸付債権についても、処理に困難な問題が生じる。再生ファンドが債権を買い取る場合、ディスカウント価格により買取りが行われる。その場合、当該債権が信用保証協会による保証付きの債権であれば、売却した金融機関は差額を信用保証協会から代位弁済を受けることになる。すると、信用保証協会が当該債務者企業に対する債権者として登場することになるが、信用保証協会は再生ファンドへの売却にも債権放棄にもなかなか応じない傾向がある。信用保証協会からは全額弁済を要求されることが多く、弁済が困難な場合は破産手続をとることを要求されることもある。そのため、再生ファンドを活用した事業再生において、信用保証協会による保証付きの債権がある場合は、慎重な対応が必要である。

第３章

事業再生計画策定の実務

　本章においては、モデルケースを例に、具体的な事業再生計画の内容について概説を行ったうえで、事業再生計画を策定する際の留意点、検討手順等について説明する。

Ⅰ　モデルケース

1　概　要

　Ａ精工株式会社（以下、「Ａ精工」という）は、大手メーカー向けの精密機械の製造販売を手がけている。Ａ精工は、千葉、新潟、大阪、九州の４カ所に製造拠点となる国内工場を保有し、バブル崩壊後の長引く不況の中でも、Ｘ社長（代表取締役）の人脈を活用した営業力と確かな技術力で大手メーカーとの継続的な取引関係を維持し、毎年約200百万円の純利益を確保しつつ、堅実な経営を続けていた。

　2005年、Ａ精工は、将来の製造力強化に向けて中国に海外子会社１社を設立することになった。これによりＡ精工の売上げは約20％増となるなど、業績は比較的好調に推移した。そこで、Ａ精工は、海外市場への積極的な展開をもくろみ、2009年には、中国とタイに、それぞれ１社ずつ海外子会社を設立した。その結果、Ａ精工は、2011年３月期において、売上高16000百万円、営業利益1000百万円、経常利益900百万円、当期純利益500百万円と、いずれも過去最高の業績となった。

　ところが、2011年の秋以降、重要得意先であった大手メーカーの業績が急速に悪化し、同社の設備投資が減少した。その影響で、Ａ精工の国内工場および海外工場ともに稼働率が悪化し、Ａ精工の売上げは下落した。Ｘ社長の営業努力により、2013年３月期、2014年３月期は何とか黒字を確保したものの、売上げの減少は止まらず、2015年３月期には、売上げが13580百万円まで減少し、108百万円の当期純損失を計上した。さらに、2016年３月期

には売上げが11000百万円まで減少し、営業利益ベース、経常利益ベースでも大幅な赤字となることが見込まれた。また、海外子会社設立のために借り入れた金融負債の元利金の返済が、Ａ精工の資金繰りを圧迫していた。

　そこで、Ａ精工は、2015年6月から、取引金融機関に対する金融支援の要請を検討せざるを得なくなった（〔表3-1〕参照）。

〔表3-1〕　Ａ精工2015年6月頃実績

①貸借対照表　　　　　　　　　　　　　　　　　　　　（単位：千円）

科目	2014年3月期 （実績）	2015年3月期 （実績）	2016年3月期 （予定）
【流動資産】			
現金預金	1,800,245	708,320	331,695
受取手形	50,000	21,000	40,000
売掛金	2,421,800	1,800,000	1,250,000
棚卸資産	800,000	450,000	824,000
前払費用	100,000	50,000	50,000
繰延税金資産	215,000	175,000	0
その他流動資産	79,500	158,000	90,000
流動資産計	5,466,545	3,362,320	2,585,695
【固定資産】			
有形固定資産			
建物	1,500,000	1,400,000	1,300,000
機械装置	360,000	1,600,000	1,400,000
土地	800,000	800,000	800,000
その他有形固定資産	700,000	600,000	500,000
小計	3,360,000	4,400,000	4,000,000
無形固定資産			
ソフトウェア	25,000	20,000	15,000
その他無形固定資産	6,000	5,500	5,000
小計	31,000	25,500	20,000
投資その他の資産			
投資有価証券	260,000	240,000	240,000

科目			
関係会社株式	1,500,000	1,500,000	1,500,000
関係会社長期貸付金	2,700,000	2,205,000	2,105,000
差入保証金	78,000	86,000	50,000
長期前払費用	24,000	22,000	20,000
繰延税金資産	382,000	400,000	0
投資その他の資産	267,000	267,000	267,000
小計	5,211,000	4,720,000	4,182,000
固定資産計	8,602,000	9,145,500	8,202,000
資産合計	14,068,545	12,507,820	10,787,695

科目	2014年3月期 （実績）	2015年3月期 （実績）	2016年3月期 （予定）
【流動負債】			
支払手形	122,000	110,000	150,000
買掛金	1,366,500	1,250,000	1,300,000
未払金	287,900	261,000	456,000
未払法人税等	65,000	3,000	3,000
未払消費税等	71,600	23,900	1,500
賞与引当金	128,000	110,000	100,000
預り金	27,500	28,000	26,000
その他流動負債	175,000	165,000	167,000
小計	2,243,500	1,950,900	2,203,500
【固定負債】			
長期借入金	8,000,000	7,000,000	6,000,000
退職給付引当金	1,290,000	1,130,000	1,015,000
その他固定負債	200,000	200,000	205,600
小計	9,490,000	8,330,000	7,220,600
負債合計	11,733,500	10,280,900	9,424,100
【純資産】			
資本金	1,500,000	1,500,000	1,500,000
資本剰余金	200,000	200,000	200,000
利益剰余金（評価換算差額含む）	635,045	526,920	△336,405

	2014年3月期	2015年3月期	2016年3月期
純資産合計	2,335,045	2,226,920	1,363,595
負債・純資産合計	14,068,545	12,507,820	10,787,695

②損益計算書　　　　　　　　　　　　　　　　　　　（単位：千円）

科目名	2014年3月期 （実績）	2015年3月期 （実績）	2016年3月期 （予定）
売上高	14,530,800	13,580,000	11,000,000
売上原価	12,932,412	12,357,800	10,010,000
（うち労務費）	3,200,900	3,250,300	3,000,000
（うち減価償却費）	360,000	360,000	450,000
売上総利益	1,598,388	1,222,200	990,000
販売費及び一般管理費	1,134,834	1,200,000	1,195,000
（うち給与手当）	359,782	365,080	355,000
（うち役員報酬）	120,000	110,000	110,000
（うち減価償却費）	55,500	55,500	55,500
営業利益	463,554	22,200	△205,000
営業外収益			
受取利息	94,500	77,175	73,675
その他	3,250	3,000	3,500
営業外費用			
支払利息	200,000	187,500	162,500
その他	19,000	18,000	15,000
経常利益	342,304	△103,125	△305,325
特別利益	40,000	10,000	20,000
特別損失	120,000	0	0
ゴルフ会員権売却損	70,000		
減損損失	50,000		
税引前当期純利益	262,304	△93,125	△285,325
法人税、住民税及び事業税	124,000	3,000	3,000
法人税等調整額	△45,800	12,000	575,000
当期純利益	184,104	△108,125	△863,325

＊業績悪化により回収可能性が見込めないため、繰延税金資産は全額2016年3月期にて取り崩す。

なお、2015年3月期の実態貸借対照表は、〔表3-2〕のとおりである。

〔表3-2〕 実態貸借対照表（2015年3月31日現在）

（単位：千円）

資産の部			負債の部		
科目	帳簿価額	評価額	科目	帳簿価額	評価額
現金預金	708,320	708,320	支払手形	110,000	110,000
受取手形	21,000	21,000	買掛金	1,250,000	1,250,000
売掛金	1,800,000	1,800,000	未払金	261,000	261,000
棚卸資産	450,000	450,000	未払法人税等	3,000	3,000
前払費用	50,000	—	未払消費税等	23,900	23,900
繰延税金資産	175,000	—	賞与引当金	110,000	110,000
その他流動資産	158,000	158,000	預り金	28,000	28,000
建物	1,400,000	1,400,000	その他流動負債	165,000	165,000
機械装置	1,600,000	1,600,000	長期借入金	7,000,000	7,000,000
土地	800,000	800,000			
その他有形固定資産	600,000	600,000	退職給付引当金	1,130,000	1,130,000
ソフトウェア	20,000	20,000	その他固定負債	200,000	200,000
その他無形固定資産	5,500	5,500			
投資有価証券	240,000	200,000			
関係会社株式	1,500,000	1,500,000			
長期貸付金	2,205,000	2,205,000			
差入保証金	86,000	86,000			
長期前払費用	22,000	—			
繰延税金資産	400,000	—			

投資その他の資産	267,000	197,000	負債合計	10,280,900	10,280,900
			純資産合計	2,226,920	1,469,920
資産合計	12,507,820	11,750,820	負債・純資産合計	12,507,820	11,750,820

2　第一次再建計画（リスケジュール）

⑴　基本方針

　A精工は2015年6月、取引金融機関に対してリスケジュールを中心とした金融支援の要請を行うこととした。その骨子は下記のとおりである。

① 　2016年3月期末の長期借入金の元本返済をストップし残高を維持する。ただし、遊休資産であるゴルフ会員権（50百万円）・投資有価証券（150百万円）を売却し、売却代金（200百万円）を当該資産の担保権者に対して弁済する（長期借入金の元本に充当）。

② 　2016年3月期末の長期借入金の元本残高（6800百万円）をリスケジュールにより、翌期末（2017年3月期末）より10年間均等で弁済する。利率は2.5％で据え置き。

③ 　2016年3月期中に希望退職を募り人員を削減、スリム化を図る（早期退職金250百万円、通常退職金250百万円、合計500百万円を支払う。早期退職金は特別損失計上、通常退職金は退職給付引当金を取り崩す）。

④ 　役員報酬を一部返上し、一部の役員は経営不振の責任をとって退任する。

⑤ 　役員・従業員の生命保険を解約して資金繰りにあてる（解約額150百万円）。

⑥ 　2017年3月期以降も経費削減に努めつつ、売上げの維持・向上を図る。

(2)　**10カ年事業計画（前提条件）**〔表3-3〕参照)

① 　損益計画

　2016年3月期に繰延税金資産を全額取り崩し、以後簡便的に繰延税金資産は計上しないものと仮定する。

　売上高は、2016年3月期を11000百万円と予測し、その後、2017年3月期に12500百万円、2018年3月期に13000百万円まで回復したのち横ばいとする。

　2016年3月期に原価項目の見直し、仕入先の大幅見直しを実施し、2017年3月期より利益率の大幅改善を図る。

〔表3-3〕　リスケジュール10カ年事業計画

①貸借対照表

科目	2014年3月期 （実績）	2015年3月期 （実績）	2016年3月期 （予定）	2017年3月期 （予定）	2018年3月期 （予定）	2019年3月期 （予定）
【流動資産】						
現金預金	1,800,245	708,320	976,695	328,659	521,650	768,903
受取手形	50,000	21,000	40,000	40,000	40,000	40,000
売掛金	2,421,800	1,800,000	1,250,000	1,800,000	1,950,000	1,980,000
棚卸資産	800,000	450,000	824,000	718,533	744,367	747,533
前払費用	100,000	50,000	50,000	50,000	50,000	50,000
繰延税金資産	215,000	175,000	0			
その他流動資産	79,500	158,000	90,000	85,000	85,000	85,000
流動資産計	5,466,545	3,362,320	3,230,695	3,022,193	3,391,016	3,671,436
【固定資産】						
有形固定資産						
建物	1,500,000	1,400,000	1,300,000	1,200,000	1,100,000	1,000,000
機械装置	360,000	1,600,000	1,400,000	1,250,000	1,087,500	912,500
土地	800,000	800,000	800,000	800,000	800,000	800,000
その他有形固定資産	700,000	600,000	500,000	400,000	300,000	200,000
小計	3,360,000	4,400,000	4,000,000	3,650,000	3,287,500	2,912,500
無形固定資産						
ソフトウェア	25,000	20,000	15,000	10,000	5,000	0
その他無形固定資産	6,000	5,500	5,000	4,500	4,000	3,500
小計	31,000	25,500	20,000	14,500	9,000	3,500
投資その他の資産						
投資有価証券	260,000	240,000	**50,000**	50,000	50,000	50,000
関係会社株式	1,500,000	1,500,000	1,500,000	1,500,000	1,500,000	1,500,000
関係会社長期貸付金	2,700,000	2,205,000	2,105,000	2,005,000	1,905,000	1,805,000
差入保証金	78,000	86,000	50,000	50,000	50,000	50,000
長期前払費用	24,000	22,000	20,000	18,000	16,000	14,000
繰延税金資産	382,000	400,000	0			
投資その他の資産	267,000	267,000	**42,000**	42,000	42,000	42,000
小計	5,211,000	4,720,000	3,767,000	3,665,000	3,563,000	3,461,000
固定資産計	8,602,000	9,145,500	7,787,000	7,329,500	6,859,500	6,377,000
資産合計	14,068,545	12,507,820	11,017,695	10,351,693	10,250,516	10,048,436

② 貸借対照表計画

2017年3月期から2020年3月期まで、各期末に機械50百万円をそれぞれ追加投資するものとする。また、2020年3月期末にソフトウェア100百万円を、2021年3月期末に工場建物500百万円と、その他有形固定資産1000百万円の合計1500百万円を追加投資する。

③ 資金計画（キャッシュ・フロー計算書簡易版）

法人税等および消費税は、簡便的にその発生した期に支払うものとして処理している。

（単位：千円）

2020年3月期（予定）	2021年3月期（予定）	2022年3月期（予定）	2023年3月期（予定）	2024年3月期（予定）	2025年3月期（予定）	2026年3月期（予定）
846,680	66,617	97,953	483,689	736,658	963,192	1,198,501
40,000	40,000	40,000	40,000	40,000	40,000	40,000
2,150,000	1,800,000	2,150,000	2,150,000	2,150,000	2,150,000	2,150,000
840,000	840,000	840,000	840,000	840,000	840,000	840,000
50,000	50,000	50,000	50,000	50,000	50,000	50,000
85,000	85,000	85,000	85,000	85,000	85,000	85,000
4,011,680	2,881,617	3,262,953	3,648,689	3,901,658	4,128,192	4,363,501
900,000	1,300,000	1,180,000	1,060,000	940,000	820,000	700,000
725,000	475,000	237,500	12,500	0	0	0
800,000	800,001	800,002	800,003	800,004	800,005	800,006
100,000	1,000,000	900,000	800,000	700,000	600,000	500,000
2,525,000	3,575,001	3,117,502	2,672,503	2,440,004	2,220,005	2,000,006
80,000	60,000	40,000	20,000	0	0	0
3,000	2,500	2,000	1,500	1,000	500	0
83,000	62,500	42,000	21,500	1,000	500	0
50,000	50,000	50,000	50,000	50,000	50,000	50,000
1,500,000	1,500,000	1,500,000	1,500,000	1,500,000	1,500,000	1,500,000
1,705,000	1,605,000	1,505,000	1,405,000	1,305,000	1,205,000	1,105,000
50,000	50,000	50,000	50,000	50,000	50,000	50,000
12,000	12,001	12,002	12,003	12,004	12,005	12,006
42,000	42,000	42,000	42,000	42,000	42,000	42,000
3,359,000	3,259,001	3,159,002	3,059,003	2,959,004	2,859,005	2,759,006
5,967,000	6,896,502	6,318,504	5,753,006	5,400,008	5,079,510	4,759,012
9,978,680	9,778,119	9,581,457	9,401,695	9,301,666	9,207,702	9,122,513

科目	2014年3月期 （実績）	2015年3月期 （実績）	2016年3月期 （予定）	2017年3月期 （予定）	2018年3月期 （予定）	2019年3月期 （予定）
【流動負債】						
支払手形	122,000	110,000	150,000	100,000	100,000	100,000
買掛金	1,366,500	1,250,000	1,300,000	1,016,667	1,057,333	1,057,333
未払金	287,900	261,000	456,000	250,000	250,000	250,000
未払法人税等	65,000	3,000	3,000	3,000	3,000	4,406
未払消費税等	71,600	23,900	1,500	57,256	52,000	53,000
賞与引当金	128,000	110,000	100,000	100,000	100,000	100,000
預り金	27,500	28,000	26,000	25,000	26,000	25,000
その他流動負債	175,000	165,000	167,000	150,000	150,000	150,000
小計	2,243,500	1,950,900	2,203,500	1,701,923	1,738,333	1,739,739
【固定負債】						
長期借入金	8,000,000	7,000,000	**6,800,000**	6,120,000	5,440,000	4,760,000
退職給付引当金	1,290,000	1,130,000	765,000	770,000	820,000	870,000
その他固定負債	200,000	200,000	205,600	200,000	200,000	200,000
小計	9,490,000	8,330,000	7,770,600	7,090,000	6,460,000	5,830,000
負債合計	11,733,500	10,280,900	9,974,100	8,791,923	8,198,333	7,569,739
【純資産】						
資本金	1,500,000	1,500,000	1,500,000	1,500,000	1,500,000	1,500,000
資本剰余金	200,000	200,000	200,000	200,000	200,000	200,000
利益剰余金（評価換 算差額含む）	635,045	526,920	△656,405	△140,230	352,183	778,697
純資産合計	2,335,045	2,226,920	1,043,595	1,559,770	2,052,183	2,478,697
負債・純資産合計	14,068,545	12,507,820	11,017,695	10,351,693	10,250,516	10,048,436

②損益計算書

科目名	2014年3月期 （実績）	2015年3月期 （実績）	2016年3月期 （予定）	2017年3月期 （予定）	2018年3月期 （予定）	2019年3月期 （予定）
売上高	14,530,800	13,580,000	11,000,000	12,500,000	13,000,000	13,000,000
売上原価	12,932,412	12,357,800	10,010,000	10,778,000	11,165,500	11,213,000
（うち原材料費）	3,342,084	3,123,400	2,310,000	2,750,000	2,860,000	2,860,000
（うち労務費）	3,200,900	3,250,300	3,000,000	2,800,000	2,870,000	2,905,000
（うち減価償却費）	360,000	360,000	450,000	353,000	365,500	378,000
（その他）	6,029,428	5,624,100	4,250,000	4,875,000	5,070,000	5,070,000
売上総利益	1,598,388	1,222,200	990,000	1,722,000	1,834,500	1,787,000
（売上総利益率）	11.00%	9.00%	9.00%	13.78%	14.11%	13.75%
販売費及び一般管理費	1,134,834	1,200,000	1,155,000	1,100,000	1,056,000	1,055,000
（うち給与手当）	359,782	365,080	355,000	264,000	242,000	244,750
（うち役員報酬）	120,000	110,000	70,000	70,000	70,000	70,000
（うち減価償却費）	55,500	55,500	55,500	52,500	52,500	52,500
（その他）	599,552	669,420	674,500	713,500	691,500	687,750
営業利益	463,554	22,200	△165,000	622,000	778,500	732,000
営業外収益						
受取利息	94,500	77,175	73,675	70,175	66,675	63,175
その他	3,250	3,000	3,500	3,500	3,500	3,500
営業外費用						
支払利息	200,000	187,500	162,500	161,500	144,500	127,500
その他	19,000	18,000	15,000	15,000	15,000	15,000
経常利益	342,304	△103,125	△265,325	519,175	689,175	656,175
特別利益	40,000	10,000	20,000			
特別損失	120,000	0	360,000			
早期退職金	0	0	**250,000**			
ゴルフ会員権売却損	70,000	0	**45,000**			
保険金解約損	0	0	**25,000**			
減損損失	50,000	0				
投資有価証券売却損	0	0	**40,000**			
税引前当期純利益	262,304	△93,125	△605,325	519,175	689,175	656,175
法人税、住民税及び 事業税	124,000	3,000	3,000	3,000	196,762	229,661
法人税等調整額	△45,800	12,000	575,000			
当期純利益	184,104	△108,125	△1,183,325	516,175	492,413	426,514

2020年3月期 （予定）	2021年3月期 （予定）	2022年3月期 （予定）	2023年3月期 （予定）	2024年3月期 （予定）	2025年3月期 （予定）	2026年3月期 （予定）
100,000	100,000	100,000	100,000	100,000	100,000	100,000
1,057,333	1,057,333	1,057,333	1,057,333	1,074,667	1,074,667	1,074,667
250,000	250,000	250,000	250,000	250,000	250,000	250,000
135,861	135,861	135,861	135,861	135,861	135,861	135,861
53,000	53,000	53,000	53,000	53,000	53,000	53,000
100,000	100,000	100,000	100,000	100,000	100,000	100,000
25,000	25,000	25,000	25,000	25,000	25,000	25,000
150,000	150,000	150,000	150,000	150,000	150,000	150,000
1,871,194	1,871,194	1,871,194	1,871,194	1,888,528	1,888,528	1,888,528
4,080,000	3,400,000	2,720,000	2,040,000	1,360,000	680,000	0
920,000	970,000	1,020,000	1,070,000	1,120,000	1,170,000	1,220,000
200,000	200,001	200,002	200,003	200,004	200,005	200,006
5,200,000	4,570,001	3,940,002	3,310,003	2,680,004	2,050,005	1,420,006
7,071,194	6,441,195	5,811,196	5,181,197	4,568,532	3,938,533	3,308,534
1,500,000	1,500,000	1,500,000	1,500,000	1,500,000	1,500,000	1,500,000
200,000	200,000	200,000	200,000	200,000	200,000	200,000
1,207,486	1,636,924	2,070,261	2,520,498	3,033,134	3,569,170	4,113,979
2,907,486	3,336,924	3,770,261	4,220,498	4,733,134	5,269,170	5,813,979
9,978,680	9,778,119	9,581,457	9,401,695	9,301,666	9,207,702	9,122,513

2020年3月期 （予定）	2021年3月期 （予定）	2022年3月期 （予定）	2023年3月期 （予定）	2024年3月期 （予定）	2025年3月期 （予定）	2026年3月期 （予定）
13,000,000	13,000,000	13,000,000	13,000,000	13,000,000	13,000,000	13,000,000
11,268,000	11,280,500	11,288,000	11,275,500	11,193,000	11,170,500	11,170,500
2,860,000	2,860,000	2,860,000	2,860,000	2,860,000	2,860,000	2,860,000
2,940,000	2,940,000	2,940,000	2,940,000	2,940,000	2,940,000	2,940,000
398,000	410,500	418,000	405,500	193,000	170,500	170,500
5,070,000	5,070,000	5,070,000	5,070,000	5,200,000	5,200,000	5,200,000
1,732,000	1,719,500	1,712,000	1,724,500	1,807,000	1,829,500	1,829,500
13.32%	13.23%	13.17%	13.27%	13.90%	14.07%	14.07%
1,010,000	1,010,001	1,010,002	1,010,003	1,010,004	1,010,005	1,010,006
247,500	247,500	247,500	247,500	247,500	247,500	247,500
70,000	70,000	70,000	70,000	70,000	70,000	70,000
60,000	60,000	60,000	60,000	60,000	50,000	50,000
632,500	632,501	632,502	632,503	632,504	642,505	642,506
722,000	709,499	701,998	714,497	796,996	819,495	819,494
59,675	56,175	52,675	49,175	45,675	42,175	38,675
3,500	3,501	3,502	3,503	3,504	3,505	3,506
110,500	93,500	76,500	59,500	42,500	25,500	8,500
15,000	15,001	15,002	15,003	15,004	15,005	15,006
659,675	660,674	666,673	692,672	788,671	824,670	838,169
659,675	660,674	666,673	692,672	788,671	824,670	838,169
230,886	231,236	233,336	242,435	276,035	288,635	293,359
428,789	429,438	433,337	450,237	512,636	536,036	544,810

③資金計画（キャッシュ・フロー計算書簡易版）

科目名		2015年3月期 （実績）	2016年3月期 （予定）	2017年3月期 （予定）	2018年3月期 （予定）	2019年3月期 （予定）
当期純利益		△108,125	△1,183,325	516,175	492,413	426,514
減価償却費		415,500	505,500	405,500	418,000	430,500
ゴルフ会員権売却損			45,000			
保険金解約損			25,000			
退職給付引当金繰入			10,000	5,000	50,000	50,000
投資有価証券売却損			40,000			
運転資本増減他		1,200,700	721,200	△844,711	△37,423	70,239
生命保険金解約収入			150,000			
ゴルフ会員権売却収入			5,000			
投資有価証券売却収入			150,000			
新規設備投資		△1,600,000	0	△50,000	△50,000	△50,000
借入金元本返済		△1,000,000	△200,000	△680,000	△680,000	△680,000
キャッシュ・フロー		△1,091,925	268,375	△648,036	192,990	247,253
現金預金期首残高		1,800,245	708,320	976,695	328,659	521,650
現金預金期末残高		708,320	976,695	328,659	521,650	768,903

3　第二次再建計画（第二会社方式）

(1)　第一次再建計画後の状況〔表3-4〕参照

　A精工は、2015年11月、取引金融機関に対して、上記の第一次再建計画に基づきリスケジュールを中心とした金融支援の要請を行い、その了承を得た。ところが、市場環境が悪化し、得意先の大手メーカーにおける設備投資が想定を下回り、A精工の売上げも思うように伸びなかった。その結果、リスケジュール初年度である2016年3月期は計画を下回った。

　2017年3月期になり、得意先である大手メーカーの業績が徐々に回復基調となり、設備投資も増え始めたことから、A精工の売上げも回復傾向にはなったものの、以下のような理由から2017年3月期の実績が計画値を大幅に下回ってしまった。

　①　市場環境が想定以上に悪化し、2016年3月期の売上高が当初予想よりも下回ったうえ、2017年3月期も当初想定した売上高を確保できるほどの市場環境までは回復しなかった。

　②　販管費の削減が、想定どおりに進まなかった。

　③　会計監査人の指摘により、土地建物および関係会社株式の減損を実施

2020年3月期 （予定）	2021年3月期 （予定）	2022年3月期 （予定）	2023年3月期 （予定）	2024年3月期 （予定）	2025年3月期 （予定）	2026年3月期 （予定）
428,789	429,438	433,337	450,237	512,636	536,036	544,810
458,000	470,500	478,000	465,500	253,000	220,500	220,500
50,000	50,000	50,000	50,000	50,000	50,000	50,000
△29,012	449,999	△250,001	99,999	117,332	99,999	99,999
△150,000	△1,500,000	0	0	0	0	0
△680,000	△680,000	△680,000	△680,000	△680,000	△680,000	△680,000
77,777	△780,063	31,336	385,736	252,968	226,535	235,309
768,903	846,680	66,617	97,953	483,689	736,658	963,192
846,680	66,617	97,953	483,689	736,658	963,192	1,198,501

　し、関係会社に対する長期貸付金の多くについても回収不能ということ
で貸倒処理を実施せざるを得なかった。

　このような状況下において、Ａ精工のＸ社長は、高齢ということもあっ
てＢ工業株式会社に勤務する長男ＹにＡ精工の事業を承継して再建を託す
ことを考えた。しかし、その時点でのＡ精工の収益力からすると金融負債
が過大であることからＹは現状のままで事業を承継することに難色を示し
た。Ｘ社長としては、Ｙ以外には後継者がいないことから、このままでは
Ａ精工の事業継続は困難であると判断し、事業承継・事業再生を専門とす
る弁護士に相談した。そして、下記(2)の基本方針に基づいた私的整理をめざ
すことになった。

〔表 3 - 4 〕　2017年 3 月期実績・予定

①貸借対照表 （単位：千円）

科目	2017年 3 月期 実績	2017年 3 月期 予定	差異
【流動資産】			
現金預金	310,500	328,659	-18,159
受取手形	40,000	40,000	0
売掛金	1,751,800	1,800,000	-48,200
棚卸資産	600,000	718,533	-118,533
前払費用	50,000	50,000	0
その他流動資産	85,000	85,000	0
流動資産計	2,837,300	3,022,193	-184,893
【固定資産】			
有形固定資産			
建物	1,150,000	1,200,000	-50,000
機械装置	1,250,000	1,250,000	0
土地	500,000	800,000	-300,000
その他有形固定資産	400,000	400,000	0
小計	3,300,000	3,650,000	-350,000
無形固定資産			
ソフトウェア	10,000	10,000	0
その他無形固定資産	4,500	4,500	0
小計	14,500	14,500	0
投資その他の資産			
投資有価証券	50,000	50,000	0
関係会社株式	100,000	1,500,000	-1,400,000
関係会社長期貸付金	500,000	2,005,000	-1,505,000
差入保証金	50,000	50,000	0
長期前払費用	10,000	18,000	-8,000
投資その他の資産	42,000	42,000	0
小計	752,000	3,665,000	-2,913,000

科目		
固定資産計	4,066,500	7,329,500	-3,263,000
資産合計	6,903,800	10,351,693	-3,447,893

（単位：千円）

科目	2017年3月期 実績	2017年3月期 予定	差異
【流動負債】			
支払手形	100,000	100,000	0
買掛金	1,302,250	1,016,667	285,583
未払金	350,000	250,000	100,000
未払法人税等	3,000	3,000	0
未払消費税等	1,500	57,256	-55,756
賞与引当金	100,000	100,000	0
預り金	26,000	25,000	1,000
その他流動負債	250,000	150,000	100,000
小計	2,132,750	1,701,923	430,827
【固定負債】			
長期借入金	6,120,000	6,120,000	0
退職給付引当金	765,000	770,000	-5,000
その他固定負債	205,600	200,000	5,600
小計	7,090,600	7,090,000	600
負債合計	9,223,350	8,791,923	431,427
【純資産】			
資本金	1,500,000	1,500,000	0
資本剰余金	200,000	200,000	0
利益剰余金 （評価換算差額含む）	-4,019,550	-140,230	-3,879,320
純資産合計	-2,319,550	1,559,770	-3,879,320
負債・純資産合計	6,903,800	10,351,693	-3,447,893

〔表3-5〕 実態貸借対照表（2017年3月31日現在）

（単位：千円）

資産の部				
科目	帳簿価額	評価額		
		A 精工㈱（旧法人）	A 精工㈱（新法人）	計
現金預金	310,500	30,000	280,500	310,500
受取手形	40,000	40,000		40,000
売掛金	1,751,800		1,751,800	1,751,800
棚卸資産	600,000		540,000	540,000
前払費用	50,000			0
その他流動資産	85,000		76,500	76,500
建物	1,150,000	322,000	747,500	1,069,500
機械装置	1,250,000	500,000	620,000	1,120,000
土地	500,000	78,000	402,500	480,500
その他有形固定資産	400,000	120,000	250,000	370,000
ソフトウェア	10,000			0
その他無形固定資産	4,500			0
投資有価証券	50,000	43,000		43,000
関係会社株式	100,000		100,000	100,000
関係会社長期貸付金	500,000		500,000	500,000
差入保証金	50,000	20,000	30,000	50,000
長期前払費用	10,000			0
投資その他の資産	42,000	42,000		42,000
資産合計	6,903,800	1,195,000	5,298,800	6,493,800

旧法人資産換価額　　　　　　　　1,195,000 ①

事業譲渡対価　　　　　　　　1,203,750 ②　　のれん＝ 800,000

旧法人実態貸借対照表総資産　　　2,398,750 ③＝①＋②

別除権（新会社移管分除く）　　　 943,000 ④＝Σ（建物・土地・機械装置・

別除権控除後弁済額　　　　　　1,455,750 ⑤＝③－④

営業債務等（新会社移管分除く）　　578,300 ⑥＝旧法人の【負債総額－借入金】

営業債務等弁済後残高　　　　　　877,450 ⑦＝⑤－⑥

（単位：千円）

科目	帳簿価額	評価額 A精工㈱（旧法人）	評価額 A精工㈱（新法人）	計
負債の部				
支払手形	100,000		100,000	100,000
買掛金	1,302,250		1,302,250	1,302,250
未払金	350,000	350,000		350,000
未払法人税等	3,000	3,000		3,000
未払消費税等	1,500	1,500		1,500
賞与引当金	100,000		100,000	100,000
預り金	26,000	18,200	7,800	26,000
その他流動負債	250,000		250,000	250,000
長期借入金	6,120,000	3,750,000	2,370,000	6,120,000
				0
退職給付引当金	765,000		765,000	765,000
その他固定負債	205,600	205,600		205,600
負債合計	9,223,350	4,328,300	4,895,050	9,223,350
純資産合計	△2,319,550	△3,133,300	403,750	△2,729,550
負債・純資産合計	6,903,800	1,195,000	5,298,800	6,493,800

投資有価証券）

A 精工㈱（旧法人）の欄に記載されている。

(イ)　2017年3月期の清算貸借対照表

　A 精工の2017年3月期の清算貸借対照表は、〔表3-6〕のとおりとなる。帳簿上の金額が左欄に、仮に A 精工が2017年3月末に破産し、すべての資産をスクラップバリューで評価した場合は、右欄の金額になる。参考情報として、A 精工が破産した場合の債権者に対する破産配当率の試算を、清算貸借対照表をベースに行い、付記している。

〔表3-6〕　清算貸借対照表（2017年3月末現在）

（単位：千円）　　　　　　　　　　　　　　　　（単位：千円）

資産の部			負債の部		
科目	帳簿価額	清算価値	科目	帳簿価額	清算価値
現金預金	310,500	310,500	支払手形	100,000	100,000
受取手形	40,000	40,000	買掛金	1,302,250	1,302,250
売掛金	1,751,800	1,200,000	未払金	350,000	350,000
棚卸資産	600,000	18,000	未払法人税等	3,000	3,000
前払費用	50,000	0	未払消費税等	1,500	1,500
			賞与引当金	100,000	100,000
その他流動資産	85,000	2,550	預り金	26,000	26,000
建物	1,150,000	0	その他流動負債	250,000	250,000
機械装置	1,250,000	62,500	長期借入金	6,120,000	6,120,000
土地	500,000	250,000			
その他有形固定資産	400,000	4,000	退職給付引当金	765,000	765,000
ソフトウェア	10,000	0	その他固定負債	205,600	205,600
その他無形固定資産	4,500	0			
投資有価証券	50,000	43,000			
関係会社株式	100,000	50,000			
長期貸付金	500,000	350,000			
差入保証金	50,000	0			
長期前払費用	10,000	0			

			負債合計	9,223,350	9,223,350
投資その他の資産	42,000	0			
			純資産合計	△2,319,550	△6,892,800
資産合計	6,903,800	2,330,550	負債・純資産合計	6,903,800	2,330,550

換価資産合計	2,330,550	① ＝ 清算価値合計
別除権合計額	755,500	②
租税債権	30,500	③
労働債権	865,000	④
破産債権	8,327,850	⑤ ＝ 負債合計 － ③ － ④
破産債権（別除権控除後）	7,572,350	⑥ ＝ ⑤ － ②
換価資産合計（別除権控除後）	1,575,050	⑦ ＝ ① － ②
清算費用	50,000	⑧（仮定）
弁済原資	629,550	⑨ ＝ ⑦ － ③ － ④ － ⑧
破産配当率	8.31%	＝ ⑨ ／ ⑥

㈢　債権者の一覧表

　A 精工の金融債権者およびその貸付残高の一覧は、〔表 3 - 7 〕のとおりである。

〔表 3 - 7 〕　債権者リスト（2017年 3 月末現在）

（単位：千円）

債権者名	借入金
S 銀行	2,970,000
T 銀行	1,665,000
U 銀行	585,000
V 銀行	450,000
W 銀行	225,000
X 信用金庫	144,000
Y 銀行	45,000
Z 銀行	36,000
	6,120,000

㈣　各金融債権者の保全状況

　A 精工の金融債権者ごとの担保による保全状況は、〔表 3 - 8 〕のとおりである。

〔表 3 - 8〕　担保一覧表（2017年 3 月末現在）

金融機関	借入金残高			担保による	
		資産種類	資産名称	担保種類	順位
S 銀行	2,970,000	土地	**千葉工場**	根抵当権	1
		建物	**千葉工場**	根抵当権	1
		機械装置	**千葉工場**	質権	
		長期貸付金	**中国現地法人 1**	質権	
		関係会社株式	**中国現地法人 1**	質権	
		投資有価証券	甲株式	質権	
T 銀行	1,665,000	土地	関西工場	根抵当権	1
		建物	関西工場	根抵当権	1
		機械装置	関西工場	質権	
		土地	**千葉工場**	根抵当権	1
		建物	**千葉工場**	根抵当権	1
		長期貸付金	タイ現地法人	質権	
		関係会社株式	タイ現地法人	質権	
U 銀行	585,000	土地	九州工場	根抵当権	1
		建物	九州工場	根抵当権	1
		機械装置	九州工場	質権	
		土地	**千葉工場**	根抵当権	2
		建物	**千葉工場**	根抵当権	2
V 銀行	450,000	土地	**新潟工場**	根抵当権	1
		建物	**新潟工場**	根抵当権	1
		機械装置	**新潟工場**	根抵当権	
		長期貸付金	中国現地法人 2	質権	
		関係会社株式	中国現地法人 2	質権	
W 銀行	225,000	長期貸付金	タイ現地法人	質権	
X 信用金庫	144,000	土地	九州工場	根抵当権	2
		建物	九州工場	根抵当権	2
		投資有価証券	乙株式	質権	
Y 銀行	45,000				
Z 銀行	36,000				
合計	6,120,000	土地			
		建物			
		機械装置			
		長期貸付金			
		関係会社株式			
		投資有価証券			
		合計			

（単位：千円）

保全状況				
極度額	評価額	保全額	保全不足額	担保余力
1,000,000	1,000,000	500,000		
	340,000	340,000	1,510,000	0
	500,000	500,000		
	100,000	100,000		
	20,000	20,000		
650,000	200,000	200,000		
	250,000	250,000		
1,000,000	1,000,000	500,000	715,000	0
	0	0		
	0	0		
500,000	200,000	200,000		
	250,000	250,000	135,000	0
200,000	1,000,000	0		
	0	0		
550,000	150,000	150,000		
	280,000	280,000	20,000	0
	0	0		
	0	0		
	0	0	225,000	0
150,000	0	0	121,000	0
	23,000	23,000		
			45,000	0
			36,000	0
	1,550,000	1,550,000		
	1,120,000	1,120,000	2,807,000	
	500,000	500,000		
	100,000	100,000		
	43,000	43,000		
	3,313,000	3,313,000		

㈺　弁済計画の内容

A 精工の弁済計画策定にあたっての主な内容は以下に記載のとおりである（〔図 3 - 1 〕参照）。

〔図 3 - 1 〕　スキーム概要図

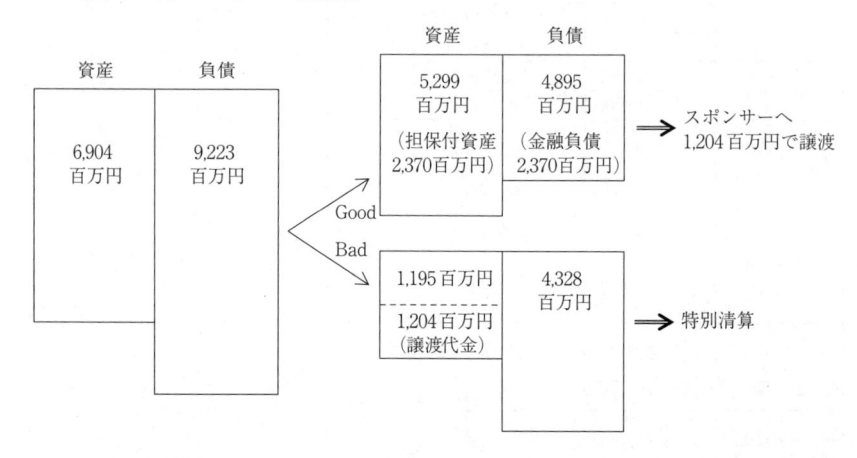

① 継続事業に関する資産に担保が設定されている場合、当該資産の担保価値評価額を算出し、当該資産とともに担保価値評価額に相当する負債を新会社に承継する。

② 新会社に承継する負債については、上場会社であるスポンサーの信用力の下で、対象債権者（担保権者）からリファイナンスを受けて新会社が将来収益で弁済する。

③ 新会社の株式は、スポンサーに対して承継資産の評価額から承継負債（金融債権のうちの上記承継分および全商取引債権）を控除した純資産額403.75百万円にのれん800百万円を加算した1203.75百万円で譲渡する。

④ 閉鎖予定の国内製造拠点 2 拠点、中国およびタイの海外子会社 2 社等の処分予定の担保物件に関する金融負債については処分代金を当該負債に対する弁済にあてる。

⑤ その他の負債については、新会社株式の譲渡代金、その他の資産等の売却代金を弁済原資として特別清算手続の中でプロラタ弁済を行う。

㈹　計画貸借対照表・損益計算書・弁済計画

　A 精工（新法人）の将来貸借対照表・将来損益計算書・弁済計画（簡易キャッシュ・フロー計算書）は、〔表 3 - 9〕のとおりである。

　計画の主な骨子は以下のとおりである。

① 説明を簡略化するため、2017年 3 月期末時点において、会社分割によって新会社が設立されたものと仮定する。資本金は10,000千円、資本剰余金は393,750千円。

② 長期借入金2,370,000千円は、2019年 3 月期末から15年分割弁済する。利率は1.5%で固定。

③ 子会社に対する長期貸付金500,000千円は、2019年 3 月期末から15年分割回収する。利率は 4 ％で固定。

④ 2024年 3 月期末に、機械装置400,000千円の設備投資を行う。また、計画期間最終年度の2033年 3 月期末に、機械装置全額借入れにより2,000,000千円の設備投資を行う。

⑤ 建物は耐用年数32年、機械装置、その他有形固定資産は耐用年数16年とする。

⑥ 簡便的に、税効果会計は適用しない。

⑦ 簡便的に、売掛金は年間売上げの 2 カ月分、棚卸資産は売上原価の 1 カ月分、買掛金は原価のうち原材料費・その他固定費の 2 カ月分として計算している。

⑧ 法人税、住民税および事業税合計の実効税率は、30％とし、税務調整項目がないものとして税引前当期純利益にこれらの実効税率を乗じて法人税、住民税および事業税を計算している。上場企業であるスポンサーの100％子会社であることを想定しており、中小法人の軽減税率については使用できないものと仮定している。

⑨ 売上原価のうち、原材料費は変動費であるため売上高の20.4％とし、これ以外の費目は固定費とする。労務費については工場閉鎖により人員数を348名まで削減し、これに予測年収を乗じて労務費とする。

〔表3-9〕　計画損益計算書・貸借対照表

①計画損益計算書（新会社）

科目名	2017年3月期 （分割時点）	2018年 3月期	2019年 3月期	2020年 3月期	2021年 3月期	2022年 3月期	2023年 3月期
売上高		8,000,000	8,500,000	8,542,500	8,585,213	8,628,139	8,628,139
売上原価		7,369,862	7,477,701	7,649,020	7,697,733	7,846,860	7,853,194
（うち原材料費）		1,632,000	1,734,000	1,742,670	1,751,383	1,760,140	1,760,140
（うち労務費）		1,167,940	1,173,780	1,186,428	1,226,428	1,266,798	1,273,132
（うち減価償却費）		69,922	69,922	69,922	69,922	69,922	69,922
（その他固定費）		4,500,000	4,500,000	4,650,000	4,650,000	4,750,000	4,750,000
売上総利益		630,138	1,022,299	893,480	887,480	781,279	774,945
（売上総利益率）		7.88%	12.03%	10.46%	10.34%	9.06%	8.98%
販売費及び一般管理費		567,813	568,363	583,915	584,471	595,029	595,590
（うち給与・役員報酬）		110,000	110,550	111,103	111,658	112,217	112,778
（うち減価償却費）		7,813	7,813	7,813	7,813	7,813	7,813
（その他諸経費）		450,000	450,000	465,000	465,000	475,000	475,000
営業利益		62,326	453,936	309,565	303,009	186,250	179,355
営業外収益							
受取利息		20,000	19,333	18,000	16,667	15,333	14,000
その他		1,000	1,000	1,000	1,000	1,000	1,000
営業外費用							
支払利息		35,550	34,365	31,995	29,625	27,255	24,885
その他		1,308	1,247	1,210	1,155	1,110	1,057
経常利益		46,467	438,657	295,360	289,895	174,218	168,413
特別利益							
特別損失							
税引前当期純利益		46,467	438,657	295,360	289,895	174,218	168,413
法人税、住民税及び事業税		13,940	131,597	88,608	86,969	52,265	50,524
当期純利益		32,527	307,060	206,752	202,927	121,953	117,889

②計画貸借対照表（新会社）

科目	2017年3月期 （分割時点）	2018年 3月期	2019年 3月期	2020年 3月期	2021年 3月期	2022年 3月期	2023年 3月期
【流動資産】							
現金預金	280,500	253,907	532,555	584,922	777,378	834,235	924,183
売掛金	1,751,800	1,333,333	1,416,667	1,423,750	1,430,869	1,438,023	1,438,023
棚卸資産	540,000	614,155	623,142	637,418	641,478	653,905	654,433
前払費用		15,000	15,000	15,000	15,000	15,000	15,000
その他	76,500	1,500	1,500	1,500	1,500	1,500	1,500
流動資産計	2,648,800	2,217,895	2,588,863	2,662,590	2,866,225	2,942,664	3,033,139
【固定資産】							
有形固定資産							
建物	747,500	724,141	700,781	677,422	654,063	630,703	607,344
機械装置	620,000	581,250	542,500	503,750	465,000	426,250	387,500
土地	402,500	402,500	402,500	402,500	402,500	402,500	402,500
その他	250,000	234,375	218,750	203,125	187,500	171,875	156,250
小計	2,020,000	1,942,266	1,864,531	1,786,797	1,709,063	1,631,328	1,553,594
投資その他の資産							
関係会社株式	100,000	100,000	100,000	100,000	100,000	100,000	100,000
関係会社長期貸付金	500,000	500,000	466,667	433,334	400,001	366,668	333,335
差入保証金	30,000	30,000	30,000	30,000	30,000	30,000	30,000
小計	630,000	630,000	596,667	563,334	530,001	496,668	463,335
固定資産計	2,650,000	2,572,266	2,461,198	2,350,131	2,239,064	2,127,996	2,016,929
資産合計	5,298,800	4,790,161	5,050,062	5,012,721	5,105,288	5,070,660	5,050,068

（単位：千円）

2024年 3月期	2025年 3月期	2026年 3月期	2027年 3月期	2028年 3月期	2029年 3月期	2030年 3月期	2031年 3月期	2032年 3月期	2033年 3月期
8,628,139	8,628,139	8,628,139	8,628,139	8,628,139	8,628,139	8,628,139	8,628,139	8,628,139	8,628,139
7,859,559	7,890,957	7,897,386	7,953,848	7,960,342	7,966,868	7,973,427	7,980,019	7,986,644	7,993,302
1,760,140	1,760,140	1,760,140	1,760,140	1,760,140	1,760,140	1,760,140	1,760,140	1,760,140	1,760,140
1,279,497	1,285,895	1,292,324	1,298,786	1,305,280	1,311,806	1,318,365	1,324,957	1,331,582	1,338,240
69,922	94,922	94,922	94,922	94,922	94,922	94,922	94,922	94,922	94,922
4,750,000	4,750,000	4,750,000	4,800,000	4,800,000	4,800,000	4,800,000	4,800,000	4,800,000	4,800,000
768,579	737,182	730,752	674,291	667,797	661,270	654,711	648,119	641,495	634,837
8.91%	8.54%	8.47%	7.82%	7.74%	7.66%	7.59%	7.51%	7.43%	7.36%
596,154	596,721	597,290	602,863	603,438	604,016	604,597	605,181	605,768	606,358
113,342	113,908	114,478	115,050	115,625	116,204	116,785	117,368	117,955	118,545
7,813	7,813	7,813	7,813	7,813	7,813	7,813	7,813	7,813	7,813
475,000	475,000	475,000	480,000	480,000	480,000	480,000	480,000	480,000	480,000
172,425	140,461	133,462	71,428	64,359	57,254	50,114	42,939	35,727	28,479
12,667	11,333	10,000	8,667	7,333	6,000	4,667	3,334	2,000	667
1,000	1,000	1,000	1,000	1,000	1,000	1,000	1,000	1,000	1,000
22,515	20,145	17,775	15,405	13,035	10,665	8,295	5,925	3,555	1,185
1,004	951	898	848	794	741	687	634	580	527
162,573	131,698	125,789	64,842	58,863	52,849	46,799	40,713	34,592	28,434
162,573	131,698	125,789	64,842	58,863	52,849	46,799	40,713	34,592	28,434
48,772	39,509	37,737	19,453	17,659	15,855	14,040	12,214	10,378	8,530
113,801	92,189	88,052	45,389	41,204	36,994	32,759	28,499	24,214	19,904

2024年 3月期	2025年 3月期	2026年 3月期	2027年 3月期	2028年 3月期	2029年 3月期	2030年 3月期	2031年 3月期	2032年 3月期	2033年 3月期
591,768	653,204	723,884	733,170	762,939	778,946	790,763	798,363	801,721	800,816
1,438,023	1,438,023	1,438,023	1,438,023	1,438,023	1,438,023	1,438,023	1,438,023	1,438,023	1,438,023
654,963	657,580	658,116	662,821	663,362	663,906	664,452	665,002	665,554	666,108
15,000	15,000	15,000	15,000	15,000	15,000	15,000	15,000	15,000	15,000
1,500	1,500	1,500	1,500	1,500	1,500	1,500	1,500	1,500	1,500
2,701,254	2,765,307	2,836,522	2,850,514	2,880,824	2,897,375	2,909,738	2,917,887	2,921,797	2,921,447
583,984	560,625	537,266	513,906	490,547	467,188	443,828	420,469	397,109	373,750
748,750	685,000	621,250	557,500	493,750	430,000	366,250	302,500	238,750	2,175,000
402,500	402,500	402,500	402,500	402,500	402,500	402,500	402,500	402,500	402,500
140,625	125,000	109,375	93,750	78,125	62,500	46,875	31,250	15,625	0
1,875,859	1,773,125	1,670,391	1,567,656	1,464,922	1,362,188	1,259,453	1,156,719	1,053,984	2,951,250
100,000	100,000	100,000	100,000	100,000	100,000	100,000	100,000	100,000	100,000
300,002	266,669	233,336	200,003	166,670	133,337	100,004	66,671	33,338	0
30,000	30,000	30,000	30,000	30,000	30,000	30,000	30,000	30,000	30,000
430,002	396,669	363,336	330,003	296,670	263,337	230,004	196,671	163,338	130,000
2,305,861	2,169,794	2,033,727	1,897,659	1,761,592	1,625,525	1,489,457	1,353,390	1,217,322	3,081,250
5,007,115	4,935,101	4,870,249	4,748,173	4,642,416	4,522,900	4,399,195	4,271,277	4,139,120	6,002,697

科目	2017年3月期 （分割時点）	2018年 3月期	2019年 3月期	2020年 3月期	2021年 3月期	2022年 3月期	2023年 3月期
【流動負債】							
支払手形	100,000						
買掛金	1,302,250	1,022,000	1,039,000	1,065,445	1,066,897	1,085,023	1,085,023
未払金		42,000	42,000	42,000	42,000	42,000	42,000
未払法人税等		13,940	124,627	22,809	42,665	8,781	24,391
未払消費税等		76,683	58,180	41,830	46,691	42,141	43,952
賞与引当金	100,000	98,000	96,040	94,119	92,237	90,392	88,584
預り金	7,800	8,000	8,000	8,000	8,000	8,000	8,000
その他	250,000						
小計	1,760,050	1,260,623	1,367,847	1,274,204	1,298,489	1,276,338	1,291,950
【固定負債】							
長期借入金	2,370,000	2,370,000	2,212,000	2,054,000	1,896,000	1,738,000	1,580,000
退職給付引当金	765,000	723,261	726,877	734,429	757,783	781,353	785,260
その他							
小計	3,135,000	3,093,261	2,938,877	2,788,429	2,653,783	2,519,353	2,365,260
負債合計	4,895,050	4,353,884	4,306,724	4,062,632	3,952,273	3,795,691	3,657,211
【純資産】							
資本金	10,000	10,000	10,000	10,000	10,000	10,000	10,000
資本剰余金	393,750	393,750	393,750	393,750	393,750	393,750	393,750
利益剰余金		32,527	339,587	546,339	749,266	871,218	989,107
純資産合計	403,750	436,277	743,337	950,089	1,153,016	1,274,968	1,392,857
負債・純資産合計	5,298,800	4,790,161	5,050,062	5,012,721	5,105,288	5,070,660	5,050,068
借入金利率	1.5%						
貸付金利率	4.0%						

③弁済計画（簡易キャッシュ・フロー計算書）

科目		2018年 3月期	2019年 3月期	2020年 3月期	2021年 3月期	2022年 3月期	2023年 3月期
当期純利益		32,527	307,060	206,752	202,927	121,953	117,889
減価償却費		77,734	77,734	77,734	77,734	77,734	77,734
その他運転資本増減		(136,855)	18,521	(107,452)	36,462	(18,163)	18,991
新規設備投資支出							
貸付金回収収入			33,333	33,333	33,333	33,333	33,333
借入金収入							
借入金返済支出			(158,000)	(158,000)	(158,000)	(158,000)	(158,000)
キャッシュ・フロー		(26,593)	278,648	52,367	192,456	56,857	89,947
期首現金預金残高		280,500	253,907	532,555	584,922	777,378	834,235
期末現金預金残高		253,907	532,555	584,922	777,378	834,235	924,183

2024年 3月期	2025年 3月期	2026年 3月期	2027年 3月期	2028年 3月期	2029年 3月期	2030年 3月期	2031年 3月期	2032年 3月期	2033年 3月期
1,085,023	1,085,023	1,085,023	1,093,357	1,093,357	1,093,357	1,093,357	1,093,357	1,093,357	1,093,357
42,000	42,000	42,000	42,000	42,000	42,000	42,000	42,000	42,000	42,000
23,510	15,124	17,982	584	7,933	7,025	6,112	5,194	4,271	3,341
43,925	43,899	43,872	41,153	42,472	42,446	42,419	42,392	42,365	42,338
86,813	85,076	83,375	81,707	80,073	78,472	76,902	75,364	73,857	72,380
8,000	8,000	8,000	8,000	8,000	8,000	8,000	8,000	8,000	8,000
1,289,271	1,279,122	1,280,252	1,266,801	1,273,835	1,271,299	1,268,790	1,266,307	1,263,849	1,261,416
1,422,000	1,264,000	1,106,000	948,000	790,000	632,000	474,000	316,000	158,000	2,000,000
789,186	793,132	797,098	801,084	805,089	809,114	813,160	817,226	821,312	825,418
2,211,186	2,057,132	1,903,098	1,749,084	1,595,089	1,441,114	1,287,160	1,133,226	979,312	2,825,418
3,500,457	3,336,254	3,183,350	3,015,885	2,868,924	2,712,414	2,555,950	2,399,533	2,243,161	4,086,835
10,000	10,000	10,000	10,000	10,000	10,000	10,000	10,000	10,000	10,000
393,750	393,750	393,750	393,750	393,750	393,750	393,750	393,750	393,750	393,750
1,102,908	1,195,097	1,283,149	1,328,538	1,369,742	1,406,736	1,439,495	1,467,994	1,492,209	1,512,112
1,506,658	1,598,847	1,686,899	1,732,288	1,773,492	1,810,486	1,843,245	1,871,744	1,895,959	1,915,862
5,007,115	4,935,101	4,870,249	4,748,173	4,642,416	4,522,900	4,399,195	4,271,277	4,139,120	6,002,697

2024年 3月期	2025年 3月期	2026年 3月期	2027年 3月期	2028年 3月期	2029年 3月期	2030年 3月期	2031年 3月期	2032年 3月期	2033年 3月期
113,801	92,189	88,052	45,389	41,204	36,994	32,759	28,499	24,214	19,904
77,734	102,734	102,734	102,734	102,734	102,734	102,734	102,734	102,734	102,734
716	(8,820)	4,560	(14,170)	10,498	946	990	1,033	1,076	1,119
(400,000)									(2,000,000)
33,333	33,333	33,333	33,333	33,333	33,333	33,333	33,333	33,333	33,338
									2,000,000
(158,000)	(158,000)	(158,000)	(158,000)	(158,000)	(158,000)	(158,000)	(158,000)	(158,000)	(158,000)
(332,415)	61,436	70,680	9,286	29,769	16,007	11,816	7,600	3,358	(905)
924,183	591,768	653,204	723,884	733,170	762,939	778,946	790,763	798,363	801,721
591,768	653,204	723,884	733,170	762,939	778,946	790,763	798,363	801,721	800,816

㈔　各金融債権者に対する返済状況

A精工の各金融債権者に対する返済の状況は、〔表3-10〕のとおりである。

〔表3-10〕　金融機関別弁済表

		S銀行	T銀行	U銀行
①	残高	2,970,000	1,665,000	585,000
	不動産売却		200,000	200,000
	機械売却		250,000	250,000
	長期貸付金売却		0	
	関係会社株式売却		0	
	投資有価証券売却	20,000		
	新会社へ移管（収益弁済）	1,440,000	500,000	
②	保全額合計	1,460,000	950,000	450,000
③＝①－②	保全額控除後残高（無担保債権）	1,510,000	715,000	135,000
	（無担保債権の割合）	53.79%	25.47%	4.81%
④	旧会社営業債務弁済後資産	472,016	223,504	42,200
⑤＝③－④	差引残高（債権放棄額）	1,037,984	491,496	92,800
⑥＝④／③	無担保債権部分の弁済率	31.26%	31.26%	31.26%
⑦＝⑤／①	当初債権に占める放棄割合	34.95%	29.52%	15.86%

S銀行、T銀行およびV銀行の有する千葉工場・新潟工場の不動産・機械相当長期貸付金）は、新会社に時価で移管されるため、新会社にて収益弁済されるこ

（単位：千円）

V銀行	W銀行	X信用金庫	Y銀行	Z銀行	合計	割合
450,000	225,000	144,000	45,000	36,000	6,120,000	100.00%
		0	0	0	400,000	
			0	0	500,000	
0	0		0	0	0	
0			0	0	0	
		23,000	0	0	43,000	
430,000					2,370,000	
430,000	0	23,000	0	0	3,313,000	
20,000	225,000	121,000	45,000	36,000	2,807,000	45.87%
0.71%	8.02%	4.31%	1.60%	1.28%	100%	
6,252	70,334	37,824	14,067	11,253	877,450	14.34%
13,748	154,666	83,176	30,933	24,747	1,929,550	31.53%
31.26%	31.26%	31.26%	31.26%	31.26%	31.26%	
3.06%	68.74%	57.76%	68.74%	68.74%	31.53%	

額に対応する債権、S銀行の中国現地法人 1 に対する投融資（関係会社株式・
とになる。

Ⅱ　事業再生計画案策定の手順

　事業再生計画案は、将来にわたってその達成度を測定されるものであるから、当然ながら実現可能なものでなければならない。

　そのためには、過去の数値を分析し、窮境に至った原因を明らかにしつつ、その原因が除去されたことを計画に織り込んでいく必要がある。

　その一方で、計画は10年、15年という長期にわたるものになることが多いため、ある程度の割り切りをしないと作成できない部分も多い。ポイントは、計画としてあらゆる点で整合性がとれ、期間内に無理なく債務の弁済ができるような計画になっていることであろう。

　以下では、事例に基づいた具体的な策定手順を解説することとする。

1　財務実態の分析

(1)　財務実態把握の必要性

　会社の財務諸表は、一般に公正妥当と認められる会計基準（以下、単に「会計基準」という）に従って作成されるのがあるべき姿である。上場企業や、会社法上の大会社（資本金5億円以上または負債総額200億円以上の会社）であれば、監査法人または公認会計士の会計監査を受けることが義務づけられているので、原則としてそうした会社の財務諸表は会計基準に従って作成されていると考えてよい。

　しかし、多くの中小企業のように会計監査を受ける義務がない会社の場合、その財務諸表が必ずしも正確に作成されているとは限らない。銀行から融資を受けるため、あるいは官公庁から受注を受けるために粉飾が行われることもある。たとえば、売上げの水増しによって架空の売掛金が計上されていたり、在庫の水増しで架空在庫が計上されていたりすることにより、実際には存在しない資産が財務諸表に計上されていることがある。

　また、意図的に財務諸表の正確性がゆがめられた場合でなくても、会計監

査を受けていない会社の場合、財務諸表が会計基準を厳密に適用しないで作成されている場合は非常に多い。たとえば、従業員の退職金制度があるにもかかわらず、退職給付引当金が負債として全く計上されていない場合や、有形固定資産である不動産の収益性が低下しているにもかかわらず、減損会計の適用を行っていないケースなどがこれに該当する。私的整理にあたっては、このような財務諸表の不正確性を除去する必要があり、これが、財務の実態を把握しなければならない第1の理由である。

　次に、きちんと会計基準に従って財務諸表が作成されていたとしても、私的整理においてはそれだけの情報では足りない。なぜならば、会計基準に従って作成された財務諸表のみでは、債権者が最も必要とする時価情報が十分ではないからである。会計基準に従って作成された財務諸表において時価が適用されている部分は限定的である。たとえば、上場金融資産は通常時価で評価されるが、非上場の有価証券は、時価が著しく下落して回復可能性が認められない場合に減損されるケースを除けば、通常、取得価額で評価される。また、土地・建物等の有形固定資産も、収益性が低下して減損損失が計上され、回収可能価額まで減額されない限りは取得価額（建物等の減価償却資産は減価償却後の価額）で計上されている。このように、より厳密な時価情報が求められる私的整理にあっては、財務諸表における時価情報の不足を補うことが要求される。これが、私的整理において財務の実態を把握しなければならない第2の理由である。

(2)　窮境に陥った原因の分析

　私的整理において事業再生計画を策定するにあたり、なぜその会社が窮境に陥ったのか、その原因について明確にする必要がある。当然のことながら、その原因が除去されていなければ、事業の状況が改善することがなく、計画どおりに債務の弁済が行われないおそれが生じるからである。

　窮境に陥った原因の例としては、たとえば下記のような事象が考えられよう。

　①　売上高の大幅な減少

② 過大設備投資

③ デリバティブ投資の失敗

④ 高コスト体質

⑤ 経営多角化の失敗

　事業再生計画の策定にあたっては、上記の原因が十分に取り除かれていることがわかるようにしなければならない。

(3) 財務デューディリジェンスの実施～実態貸借対照表の把握

　財務実態の把握が必要な点については(1)で述べたが、通常、私的整理の際は実態貸借対照表が作成される。

　実態貸借対照表はたとえば中小企業再生支援協議会スキームでは、「中小企業再生支援協議会の支援による再生計画の策定手順」にてその作成にあたっての評価基準が記載されているが、そのポイントは下記のとおりである。

① 　売上債権については、相手先別に信用力の程度を評価し、回収可能性に応じて減額する額を決定する。〔表3-5〕の事例では、売掛金については通常の会計処理において回収可能額まで評価が落とされているという前提であり、帳簿価額と評価額は同額になっている。また、関係会社宛売上債権については、清算予定会社宛債権は全額減額し、その他の債権は財務内容を把握し、回収可能性に応じて減額する額を決定する。

② 　棚卸資産について、陳腐化したり破損した棚卸資産について評価損を計上していないことが判明した場合には、評価損相当額を減額する。不良在庫、評価損のある在庫等は適切な評価額に調整する。〔表3-5〕の事例では、評価時点において再度評価額を見直した結果、評価損相当額の減額を行っている。

③ 　貸付金は、売上債権等に比較して固定化する可能性が高いことに鑑み、原則として、貸付先の決算書入手等により財務内容を把握する。そのうえで、回収可能性に応じて減額する額を決定する。具体的には、関係会社宛売上債権に準じて調整を行う。〔表3-5〕の事例では、関係会

社長期貸付金については通常の会計処理において回収可能額まで評価が落とされているという前提であり、帳簿価額と評価額は同額になっている。

④　有形固定資産については、再建計画において継続して使用予定の物件は時価（鑑定評価額、またはそれに準じた評価額）に調整する。売却予定の物件は、早期売却を前提とした価格等に調整する。〔表3-5〕の事例では、新法人に移管される不動産は鑑定評価額で、移管されずに閉鎖して売却予定の事業所の不動産は早期売却減価率として2割減額した金額で、それぞれ評価されている。なお、早期売却減価率は通常2、3割を見込むことが多い。

⑤　前払費用・長期前払費用は、原則として全額減額する。〔表3-5〕の事例ではともにゼロ評価されている。

⑥　有価証券・投資有価証券について、市場性のある有価証券は含み損益の調整を行う。市場性のない株式（出資金）は関係会社株式の調整方法に準ずる。〔表3-5〕の事例では、投資有価証券について評価時点における時価に置き換えている。

⑦　関係会社株式（出資金を含む）は、原則として財務内容の把握を行い、業況不振先の株式は原則全額減額、その他の株式は、簿価と簿価ベースの持分法評価額のいずれか低いほうの金額とする（債務超過の株式は評価ゼロとなる）。なお持分法評価額とは、出資先の［純資産額（自己資本額）／発行済株数］×持株数にて算定した株式・出資金の評価額である。〔表3-5〕の事例では、通常の会計処理において簿価ベースの持分法評価額まで減損処理されている前提であり、帳簿価額と評価額は同額になっている。

⑧　投資その他の資産のうち、ゴルフ会員権のように市場価格があるものは、時価で評価し、投資用不動産は有形固定資産の評価に準ずる。その他については、原則として簿価で評価し、調整は行わない。〔表3-5〕の事例では、その他投資は帳簿価額で評価されている。

⑨　退職給付引当金について、退職給付債務の積立不足は全額反映させる。〔表3-5〕の事例は積立不足がないものと仮定されている。

⑩　保証債務については、原則として、保証先の決算書入手等により財務内容を把握し、履行可能性に応じて調整額を決定する。〔表3-5〕の事例では、保証債務は存在しないことになっている。

過去に売上げの水増しや在庫の過大計上などに代表される不適切な会計処理を行っている場合、実態貸借対照表を作成すると、資産超過だったものが一気に債務超過に転落するケースも多い。

なお、私的整理の局面においては、会社が仮に事業継続を中止し、破産した場合を仮定した「清算貸借対照表」が作成されるのが通常である（〔表3-6〕参照）。これは、債権者からみて、会社が破産して事業を停止するよりも、私的整理によって債務者が事業継続したほうがより多額の回収が可能になることを明らかにするために作成されるものであり、同時に破産配当率が試算されるのが通常である。

清算貸借対照表の作成にあたっては、すべての資産について処分価値（スクラップバリュー）で評価する。会社が破産した場合の処分価値は、かなり低い金額になることが多い。たとえば棚卸資産は正常な営業循環で販売できなくなるので、まさしく二束三文になることが多い。不動産についても、たとえば工場などの場合、工場としての用途で転売する場合はそれなりの金額で売却できるが、買い手がつかない場合は工場の解体を前提として売却しなければならず、解体費用・汚染除去費用等が余分にかかることから、売却代金額がかなり低くなる可能性がある。〔表3-6〕では、工場解体費用は買主が負担することを前提に現状有姿で売却することが想定されている。

(4)　窮境に至った直前の損益計算書の分析

〔表3-4〕の2017年3月期の実績の損益計算書によれば、売上高が当初計画に比較して1,200,000千円減少しているのに対して、労務費、販管費に占める人件費が期待したほど削減できなかったため、営業利益は当初計画の622,000千円から347,000千円と大幅に減少している。これは、人件費が固定

費であり、売上げの増減に比例せずに発生するためである。このことからも、売上げが見込めない状況にあってはこれら固定費の削減が急務であることがわかる。

　一方特別損失に目を向けると、工場の土地建物の収益性低下に伴う減損損失計上350,000千円、海外子会社における有形固定資産の収益性低下に伴う減損損失の計上により、海外子会社の実質価額が著しく低下したために計上することになった関係会社株式評価損1,400,000千円、同じく海外子会社に対する長期貸付金が実質的に回収不能と判断されたために計上された貸倒損失1,705,000千円が発生し、結果として最終損益は当初予定の516,175千円から、△3,214,825千円と大幅に転落している。

(5)　**営業キャッシュ・フローの把握**

　債務者が過剰債務圧縮後の債務を、将来の事業から何年で弁済できるかを把握するために、会社の営業キャッシュ・フローを把握することが重要になってくる。

　営業キャッシュ・フローは、会社がその本業およびそれに付随する活動から得られるキャッシュを表す。事業再生計画においては、窮境に至った原因が除去されていることが前提であり、当然に営業キャッシュ・フローはプラスになる。

　営業キャッシュ・フローを大まかに把握する場合は、下記の算式による。

> 営業キャッシュ・フロー＝営業利益＋減価償却費

2　事業計画の策定

　では、実際に事業計画はどのようにして作成するのか、以下では計画貸借対照表・損益計算書〔表3-9〕に掲げたモデルケースに従って、その作成方法について解説する。

　なお、以下の計画はすべて相互に関連性があるため、すべてを並行して作業を進め、その過程で修正・相互間の調整を行って完成させるのが一般的である。

　ここで大事なのは、随時修正があることを前提として、ある部分の修正が、他の場所のどの数字に影響していくのかを、作成過程において十分に理解しておくことである。実務的には、表計算ソフトで各計画を作成し、数字の変更があった場合に、影響を及ぼす部分の数字が自動的に変わるように算式をあらかじめ組んでおくのがよい。

⑴　**将来損益計画**

　言うまでもなく、各計画の中で要となる重要な計画である。実際に数字をつくり上げるのが会社の経理担当者の場合であれ、会計・税務の専門家である公認会計士・税理士に外注する場合であれ、将来の事業について責任を負っている事業の責任者に対するヒアリングをベースにして作成しなければならない。

　また、過去の数値を参考にすることはもちろん有用であるが、あくまでも事業計画であるから、過去の趨勢に過度に依存するのではなく、可能な限りゼロベースで積み上げ計算をすべきである。

　なお、策定する期間は債務の返済期間ということになるが、当然ながら現時点に近い当初3年〜5年程度はより精緻な予測が求められる。計画初期の段階で、計画数値と実績数値があまりに乖離していると、計画全体の信頼性に疑義をもたれてしまうからである。

　以下では、メーカーを前提にその策定方法を解説する。

㋐　**売上高**

　売上高については、P（価格）×Q（数量）の積み上げで計算する。メーカーの場合で単純化するならば、製品別、あるいは製品群別に価格と数量を積み上げていく（〔表3-11〕参照）。

　これを、計画期間にわたって作成する。もちろん、新製品の開発などがある場合は予測値で数字を作成していくことになる。

〔表 3 -11〕　売上高の積み上げ計算

	P 単価（円）	Q 数量（個）	金額（円）
A 製品	4,500	55,000	247,500,000
B 製品	6,300	25,000	157,500,000
C 製品	2,500	60,000	150,000,000

⋮

2018年 3 月期売上高	8,000,000,000

㈠　売上原価

　売上原価は売上げを上げるのに直接要したコストをいう。メーカーの場合は製造原価ということになるが、原価についてはできるだけ細目までブレイクダウンして算定することが大事であろう。そのためには、まず原価の内容を変動費と固定費に分解するのが有益である。

　変動費は、売上高の増減に伴って増減する費用をいい、固定費は売上高の増減にかかわらず一定額発生する費用をいう。ただし、これらの分類はある程度割り切りでよい。どの費用にも、変動費的要素と固定費的要素が混在しているからである。たとえば、材料費、水道光熱費などは変動費、人件費（労務費）、減価償却費、地代家賃などは固定費というように分ける。

　そして、変動費については過去の実績に今後の予想を加味して対売上高の割合を算出し、売上高に連動して算出する。もちろん、より精緻に、製品ごとに必要な材料費を集計して積み上げる方法でもよい。

　一方、固定費については売上高連動ではなく、別個に計算する。たとえば、固定費のうち労務費は人員の構成や年齢別の平均年収などを加味して計算するが、より精緻な予測が可能であればもちろんそれに超したことはない（〔表 3 -12〕参照）。

　有形固定資産・無形固定資産の減価償却費は過去の償却台帳をベースに新規取得予定資産の償却を加味して算定する。

　その他の原価項目についても、元帳などで過去の発生態様を調べたうえで、ゼロベースで見直して算出する。

〔表3-12〕　労務費の想定計算

（単位：円）

	想定人員数（人）	想定平均年収	法定福利費（15%仮定）	合計
20代	210	2,700,000	405,000	652,050,000
30代	90	3,100,000	465,000	320,850,000
40代	30	3,400,000	510,000	117,300,000
50代	10	4,200,000	630,000	48,300,000
60代	8	3,200,000	480,000	29,440,000
	348		2018年3月期労務費	1,167,940,000

㈡　販売費および一般管理費

　販売費および一般管理費についても、原価と同じように変動費と固定費に分解し、それぞれの費目についてゼロベースで積み上げる。

　人件費については、上記原価における労務費と同様に計算する。事務所の家賃、交通費、消耗品費、福利厚生費など、人員の増減に伴って変動する可能性がある費目は人員の増減と整合性をもたせるようにする。

㈢　営業外損益・特別損益

　営業外損益で最も重要なのは支払利息である。支払利息については、後述⑶「将来キャッシュ・フロー計画」の策定において作成する借入金の返済計画からリンクさせるようにする。

　特別損益には、現時点で計画されている固定資産の売却・除却に係る損益、リストラ計画による早期退職金などを可能な限り正確に反映させるようにする。

㈣　法人税等

　税引前当期純利益に法人税等の法定実効税率を乗じて、法人税等を計算する。法人税等とは、法人税、地方法人税、住民税、事業税（地方法人特別税を含む。以下同じ）を指す。事業再生計画案の策定においては、欠損金の繰越控除制度の利用など、タックスプランニングについても検討する必要がある（私的整理における税務は第9章参照）。

　ただし、税引前当期純利益＝課税所得、ということではないので、税務調

整が必要であると判断される場合は、これをも考慮して法人税等を算定することが望ましい。たとえば、毎期に交際費が一定額発生するのであれば交際費の損金不算入額を考慮して課税所得を算出する。また、計画の初年度などで債権の有税償却（実質的に回収困難なため、会計上は貸倒損失処理あるいは大部分について貸倒引当金を計上しているが、税務上は一定の要件を満たしていないため、損金とは認められないもの）がある場合なども、税引前当期純利益に加算して課税所得を算定する。こうした税務調整に重要性がないのであれば、単純に税引前当期純利益に法定実効税率を乗じて計算するということでもよいであろう。

　法定実効税率は、下記算式にて計算される。

$$\text{法定実効税率} = \frac{\text{法人税率} \times (1 + \text{住民税率}) + \text{事業税率}}{1 + \text{事業税率}}$$

　分母がこのようになるのは、事業税が法人税の計算上、損金に算入されるためである。

　住民税率、事業税率を標準税率とすると、期末資本金の額が1億円超の法人で3月決算の場合、2016年3月期の法定実効税率は32.11%であったが、2017年3月期および2018年3月期は29.97%、2019年3月期以降は29.74%となる。なお、住民税率・事業税率は自治体や、法人の規模によっても異なるので、実際に適用される際は十分注意されたい。

　なお、期末資本金の額が1億円以下である中小法人（資本金の額が5億円以上の法人完全子会社等を除く）の場合は、法人税について所得800万円以下の部分については軽減税率が設けられているので、中小法人の場合はこちらも考慮に入れることが望ましい。この制度には本則と特例があり、所得800万円以下の法人税率は本則19%、ただし2013年3月期から2019年3月期は特例で15%となっているので、これを加味した法定実効税率を算出することになろう。

⑵　バランスシート改善計画

　将来の損益計画と平行して、貸借対照表（バランスシート）の計画を作成

する。

　経営不振企業においては、貸借対照表に「ぜい肉」がついているケースが多く見受けられる。

(ア)　価値がない資産が貸借対照表に載っているケース

　たとえば、下記のようなケースがあげられる。

① 回収できない売掛金や貸付金がそのまま残っている

② 長期間売れずに滞留している在庫が残っている

　こうした資産は貸借対照表から実際の価値まで「落とす」ほか方法はなく、その場合、その差額は損失として損益計算書に計上され、結果として貸借対照表の純資産を減額させることとなる。これは、前述の実態貸借対照表の作成における作業と同じである。

　将来の貸借対照表作成にあたっては、売掛金や貸付金で回収できないものについては貸倒損失を計上し、貸借対照表から落とすことになるし、滞留在庫については時価で評価して、簿価との差額を売上原価に計上することになる。この際に注意しなければならないのは、これらの損失や費用が税務上損金にならない場合があるということである。損金にならない場合、前述(1)(オ)に記載したとおり、税額計算の際に注意が必要である。

(イ)　回転期間が長く資金繰りが悪化しているケース

　たとえば、下記のようなケースである。

① 売上債権の回転期間が長い。すなわち、売上げが計上されてから代金を回収するまでの期間が長い。

② 棚卸資産の回転期間が長い。すなわち、商品が仕入れられてから（製品が完成してから）販売されるまでの期間が長い。

　このうち①であれば、売上債権の早期回収努力をすることによって回転期間を短縮し、②であれば商品・製品の需要予測をよりきめ細かくすることによって、手持ち在庫を最小化して回転期間を短縮することができる。

　上記のような改善策を、貸借対照表の計画に反映させていく。

　売上債権（売掛金、受取手形など）は売上げに、棚卸資産（商品、製品、原

材料、仕掛品など）は仕入高や当期製造総費用に、仕入債務（買掛金、支払手形など）は仕入高に、それぞれリンクしている。また、経費の未払金は販管費などにリンクしている。

ここで必要になる指標としては、下記のものがある。

① 売上債権回転期間

$$売上債権回転期間 = \frac{売上債権}{月あたり売上高} \quad （月）$$

② 棚卸資産回転期間

$$棚卸資産回転期間 = \frac{棚卸資産}{月あたり仕入額} \quad （月）$$

③ 仕入債務回転期間

$$仕入債務回転期間 = \frac{仕入債務}{月あたり仕入額} \quad （月）$$

貸借対照表の将来の各年度ごとにおいて、売上債権（売掛金、受取手形など）、棚卸資産の各科目ごとに適正な回転期間になるような金額を割り付ける。資金繰り改善のため、回転期間が短縮されるほうが望ましいといえるが、回転期間の短縮を検討するにあたっては、実現可能性の裏付けが必要であることはいうまでもない。

　㈡　遊休資産が存在するケース

これは、使用していないゴルフ会員権や保養施設、保有目的が明確でなくなった投資有価証券などがある。事業に直接関係のない遊休資産については、これを売却し、その結果、もし余剰資金ができた場合は、その余剰資金によって可能な限り借入金を返済し、金利の発生を減少させることができるのである。

遊休資産については、売却予定年度において貸借対照表に計上されている簿価を落とし、売却予定価額との差額を損益計算書の特別損益に計上する（モデルケース当初計画参照）。

　⑶　将来キャッシュ・フロー計画（記載項目）

　損益計画・貸借対照表計画の概略が完成したら、これらをベースに将来キャッシュ・フロー計画を策定する。これは、資金計画、弁済計画と言い換えることもできよう。

　キャッシュ・フロー計画を作成するためには、本来、作成対象期および前期の貸借対照表と、作成対象期の損益計算書、そして付加情報（借入金や貸付金の期中増減など）が必要になってくるが、貸借対照表計画・損益計算書計画と同時に表計算ソフトを用いて作成することで、より簡便的に作成することも可能である。

　将来キャッシュ・フロー計画にどのような項目を記載するかであるが、〔表3-9〕では当期純利益からスタートしている。要は、損益計算書上の当期純利益を、キャッシュ・フローに直す作業をするのである。わが国の正式なキャッシュ・フロー計算書は税引前当期純利益からスタートし、営業・投資・財務の3区分に分かれているが、事業計画において作成するキャッシュ・フロー計画は、そこまで形式にこだわる必要はないものと考えられる。

　〔表3-9〕ではまず、当期純利益に、非資金項目である減価償却費を加算している。減価償却費以外にも、資金支出を伴わない引当金繰入額がある場合は加算、固定資産の売却損益などがある場合は加減算することになる。固定資産の売却損益は加減算するが、固定資産売却収入の総額は、別途項目を設けて記載することになる。

　次に、最も大事な借入金の弁済スケジュールを反映させる。貸借対照表計画上、借入金は当然ながら弁済期間にわたって減少していくことになるが、その毎年の減少額をキャッシュ・フロー計画上も反映させることになる。〔表3-9〕では、「借入金返済支出」という項目で、15年にわたり、毎年158,000千円ずつ返済するスケジュールになっている。

　その他、大型の新規設備投資などが見込まれる場合は、項目を設けてその支出額を記載する。〔表3-9〕では、2024年3月期に機械装置400,000千円の設備投資を、計画の最終年度である2033年3月期に機械装置2,000,000千円

の設備投資（同時に、2,000,000千円の借入れによる資金調達）を行う計画となっている。

　〔表3-9〕においては、これに加えて、子会社への長期貸付金が15年にわたって回収されるため、これについても項目を分けて記載されている。

　本来、これら以外の運転資本（売掛金、買掛金、未収入金、未払金など）の増減についても、期首と期末の差額を用いて厳密に計算すべきであるが、ここでは簡便的に、「その他運転資本の増減」という項目を設け、最後に差額で金額を集計する方法を紹介する。

　将来の貸借対照表計画において、売上債権・棚卸資産・仕入債務の金額は損益計算書の売上げ、仕入れと、想定される回転期間からあるべき金額が算定されることになる。その他の貸借対照表上の項目、たとえば建物などの減価償却資産についても、減価償却を加味したあるべき残高を計算する。また、利益剰余金は、配当等がなければ、前期の利益剰余金＋当期純利益で計算が可能である（他方、配当等があれば、このような方法はとり得ない）。こうして貸借対照表のあるべき各項目を計算し、最後に現金預金の額を差額で算出する。

　キャッシュ・フロー計画の各年度における計算は、前期末現金預金＋当期キャッシュ・フロー＝当期末現金預金で計算される。よって、この式に前期末と当期末の現金預金残高を、貸借対照表計画に連動させると、自動的に「その他運転資本増減」の金額も差額で算出されることになる。

(4)　弁済可能額の把握

　前述の貸借対照表、損益計算書、キャッシュ・フローの各計画はすべてリンクしているので、これらの作成作業を試行錯誤で実施していくと最終的におおよその返済可能額がみえてくる。すなわち、毎年の弁済額を高めに設定したうえで計画を策定すると、現金預金の額がマイナスになってしまい、計画が成り立たないことになるし、毎年の弁済額が少なすぎる場合は、現金預金の残高が、運転資金として必要な額を上回ってしまうことになり、より多くの弁済が必要となろう。

　おおよその毎年の弁済可能額は、営業キャッシュ・フローの説明で述べた
とおり、当期純利益＋減価償却費に近似するので、この数字からあたりをつ
けていくとよいであろう。

3　対象債権の検討

　前述の方法により事業計画を策定し弁済可能額を把握したあとは、債権者
に対してどのような支援を要請するかということを検討することになる。
もっとも、その前提として、「誰に」支援を要請するかという観点から、対
象債権者を決定する必要がある。

　一般的に、私的整理手続において対象債権とされるのは、銀行等金融機関
からの借入金である。これは証書貸付であっても、手形貸付であっても異な
らない。また、取引債権者ではあるものの、特に大口債権者については例外
的に対象債権者とする場合もある。

　対象債権とするかどうかが問題となる債権としては、債務者企業が発行し
ている社債や、金融機関との間のデリバティブ取引に基づく解約金支払請求
権等がある。また、債務者企業の子会社・関連会社の金融機関からの借入れ
について対象債権に含むかということも問題となる。以下、これらの取扱い
について解説する。

(1)　社　債

　債務者企業が金融機関に対して私募債を発行している場合には、貸付債権
と社債とで特段の区別をすべき合理的理由もないことから、私募債も対象債
権として金融支援を要請する対象とすべきである。

　問題となるのは、債務者企業が公募社債を発行している場合に、個々の個
人投資家など社債権者を対象債権者として金融支援要請の対象とするべきか
否かである。

　公募社債の社債権者は、一般の個人投資家等が多く、かつ、極めて多数に
のぼるため、個別に同意を取得することが困難であることから、全員から同
意を取得することが必要とされる私的整理手続において、対象債権者にする

ことは現実的ではない。

　他方で、金融債権者の私募債のみを対象とし、一般投資家の社債を金融支援要請の対象としないこととすると、公平性を欠くことにもなりかねない。このような場合には、そもそも私募債を対象債権としないというケースと、一般投資家が保有する分も含めて私募債を対象債権とするというケースがある。後者の場合、債権者数が多数にのぼり全員の同意を取得することが困難なケースが多いが、そのような場合には、会社法所定の手続を経て、支払いの猶予や債務免除を求めることも行われている。すなわち、社債権者集会を開催し、議決権総額の３分の２以上の議決権を有する者の同意を得たうえで（法724条２項１号、706条１項１号）、裁判所の認可決定を経ることによって（法734条１項・２項）、債務の減免等を行うという取扱いがなされることがある。

(2)　デリバティブ取引に基づく解約金支払請求権等

　債務者企業が金融機関とデリバティブ取引を行っており、当該取引により債務者企業が損失を被っている場合には、当該デリバティブ契約を期限前解約して損失を確定させることがある。この場合、金融機関は債務者企業に対して解約金支払請求権等を取得することになる。

　当該債権については、金融債権とは異なる性質を有することから、一般取引債権と同様に取り扱い、対象債権から除外することも考えられるが、デリバティブ取引を行っていない他の金融機関から反発を受けることもあるため、一般的には、デリバティブ契約を解約したうえで、当該債権を貸付債権に振り替え、他の貸付債権と同様に対象債権として条件変更の対象とすることが多い。また、窮境原因が過大なデリバティブ取引にあるようなケースでは、当該債権については他の貸付債権よりも劣後して取り扱う場合もある。

(3)　子会社・関連会社の債権者

　債務者企業に子会社・関連会社があり、同社にも金融機関からの借入れがある場合、当該金融機関も対象債権者とするかが問題となる。

　この点については、当該子会社・関連会社の借入れにつき親会社（債務者

企業）が連帯保証をしているか、親会社（債務者企業）からの資金供与等の支援なく、当該子会社・関連会社の事業継続が可能か、資本関係や人的関係等を踏まえて、親会社（債務者企業）に貸付をしている金融機関が、どの範囲の子会社・関連会社を含めて与信を管理しているかといった観点から検討することになる。基本的には、子会社・関連会社の借入れに親会社（債務者企業）の連帯保証はなく、親会社（債務者企業）の支援なく子会社・関連会社の事業継続が可能なのであれば、当該子会社・関連会社の債権者は、対象債権には含めないというケースが多い。

　なお、子会社・関連会社の債権者を対象債権に含める場合には、当該子会社・関連会社も金融支援を求める当事者に加えたうえでこれらも含めた事業計画を策定することになる。

4　金融支援要請内容の検討

(1)　リスケジュール

　金融機関への要請の最初のステップとして、リスケジュールの要請がある。これは、営業キャッシュ・フローが当初借入れをした時点よりも減ってしまったために約定弁済を行うことが困難になってしまった場合に、期間を延長して1回あたりの弁済金額を減らして債務の全額を返済することを要請するものである。

　しかし、単に返済が苦しいからというだけでリスケジュールを依頼しても金融機関は応じてくれない。たとえば、役員報酬・従業員給与の削減、早期退職制度の導入による人員削減、遊休資産の売却による財務リストラ、一定の原価低減策、事業用資産のセールアンドリースバックなどにより、営業キャッシュ・フローを捻出したり、一時的なキャッシュ・インを増やしたりする努力が当然に要請される。これらの自助努力は、計画策定前から実施するのが望ましいが、事業再生計画においても具体的に明記することになる。

　モデルケースでは、第一次再建計画によるリスケジュール依頼の際に、2013年3月期において投資有価証券・ゴルフ会員権の売却、生命保険の解約

等により一時的なキャッシュ・インを捻出し、それによって一時的な弁済を行う一方、希望退職制度の導入・役員報酬の返上・削減によってランニングコストを削減するという計画を立てている（〔表3-3〕）。

(2)　DES・DDS、債権放棄

将来の損益計画や資金計画上、返済リスケジュールのみでは無担保債権を全額弁済できない場合など過剰債務問題を解消できない場合には、債務の減免といった抜本的なデットリストラクチャリング（金融支援）が必要になる。

当然ながら、金融機関から金融支援を受けるのは容易ではない。一般的に、金融支援が行われるのは、メイン行など主要金融機関が金融支援の必要性について理解を示している場合に限定される。また、手続の公平性・適正性の担保や税務処理の関係で、事業再生ADR等の手続を利用するか、第二会社方式で特別清算手続を用いる場合以外には、債務者主導で金融支援を受けることは困難である。

以下では、メイン行など主要金融機関が、金融支援の必要性について理解を示していることを前提として、金融支援の要否や金額、内容を検討するうえでのポイントについて解説する。

⑦　実質債務超過解消年数、債務償還年数との関係

金融機関に金融支援を受ける以上、債務者企業としては最大限の自助努力をすることが大前提である。その前提をもとに策定した損益計画・資金計画により、将来見込まれる利益や弁済可能額（余剰キャッシュ・フロー）を把握し、返済リスケジュールで対応ができるのか、あるいは金融支援が必要なのか、必要な場合、どの程度の金融支援額が必要になるのかということを検討することになる。その際に重要なポイントとなるのが、①実質債務超過を解消するのに何年かかるか（実質債務超過解消年数）と、②計画終了時の有利子負債が余剰キャッシュ・フロー（弁済可能原資）の何年分か（債務償還年数）という点である。

これは、現行の金融検査マニュアルにおいて債務者区分の判定基準として、実質債務超過解消年数と債務償還年数の2つの要素が考慮されているか

〔表３-13〕　債務者区分の形式基準（イメージ）[1]

債務償還年数		～10年	10～20年	20～30年	30～50年	50年超
自己資本プラス		正常先	要注意先	要管理先	要管理先～破綻懸念先	
自己資本マイナス	債務超過解消年数 ～５年	要注意先	要注意先～要管理先		破綻懸念先	
	５～10年	要管理先～破綻懸念先				
	10年超	破綻懸念先～実質破綻先			実質破綻先	

出典：藤原敬三『実践的中小企業再生論〔改訂版〕』（きんざい、2013年）40頁

らである。

　この点、金融庁は、平成30年度の終了をもって金融検査マニュアルを廃止し、自己査定にあたっては、より多様な要素を加味した事業性評価を行うことを求めている。そのため、金融支援を要請するにあたっても、多様な要素での分析が必要となるが、債務超過解消年数と債務償還年数も考慮すべき点は今後も変わらないであろう。

　もっとも、金融機関としては、この２つの要素のみで債務者区分を判定するわけではないし、中小企業基本法に定義される中小企業に関しては、最大で10年以内に債務超過を解消する再生計画もいわゆる合実計画として許容されるようになった。

　そうとはいえ、たとえば、中小企業再生支援協議会（協議会）スキームでは、①５年以内の実質債務超過の解消、②計画終了年度（原則５事業年度後）における債務償還年数が原則10年以内というのが、事業計画の目安となって

1　あくまでもイメージであり、金融庁が公表したものではない。
2　①製造業その他：資本金の額または出資の総額が３億円以下の会社または常時使用する従業員の数が300人以下の会社および個人、②卸売業：資本金の額または出資の総額が１億円以下の会社または常時使用する従業員の数が100人以下の会社および個人、③小売業：資本金の額または出資の総額が５千万円以下の会社または常時使用する従業員の数が50人以下の会社および個人、④サービス業：資本金の額または出資の総額が５千万円以下の会社または常時使用する従業員の数が100人以下の会社および個人

138

いる。また、私的整理ガイドラインや事業再生 ADR では、３年以内での実質債務超過解消が再生計画の要件として求められている。地域経済活性化支援機構（Revic）スキームでは、原則５年以内の実質債務超過の解消と、債務償還年数を10年以内とすることが求められている。

　そこで、財務分析を経て事業計画を策定した結果、返済リスケジュールのみでも３年〜５年で実質債務超過が解消でき、また、５年後の債務償還年数が10年以内となるのであれば金融支援を求めない方向になるが、これができないような場合には金融支援を求める方向になると考えるべきである。そして、金融支援を求める場合の支援額（債権放棄等の金額）の目安としては、３年〜５年後の債務超過額や余剰キャッシュ・フローの10倍を超える部分の金額が１つの目安となる。

(イ)　対象債権者の経済合理性、過剰支援、二次破綻リスクとの関係

　対象債権者にとっては、DES や債権放棄といった金融支援を行う場合、それによって債務者企業の事業が再生することによって、破産した場合よりも高い回収が望めるという経済合理性が確保されていなければならない。また、債務者企業の弁済可能額や債務超過額に比して過大な金融支援を行うことは、金融機関にとって過剰支援であるとの評価がなされ、金融機関の役員に善管注意義務違反の問題が生じることから、過剰支援にならないようにする必要もある。

　他方で、支援が不十分であり、債務者企業が二次破綻をしてしまえば、見込んでいた回収ができず、結果的に経済合理性が確保できなくなるという事態を招きかねない。

　したがって、対象債権者に金融支援を求める計画を作成する場合には、債務者企業の業種や個々の具体的な状況に鑑みつつ、対象債権者にとって経済合理性が確保されているか、過剰支援にならないか、他方で二次破綻のおそれはないかを常に考慮することになる。言い換えれば、債務者企業としては、金融機関のこういった目線を理解した計画策定が必要となる。

(ウ)　DES・DDS と債権放棄の区別・選択

　策定した事業計画を前提に実質債務超過解消年数や債務償還年数等を考慮して、金融機関に対して金融支援を求める必要がある場合には、次に、どのような内容の金融支援を求めるかを検討することになる。

　債務超過・過剰債務解消のためには、債権放棄を受けることが債務者企業にとっては最も簡便である。しかし、対象債権者にしてみれば回収可能性を確定的に放棄することになるので、それが適切な金額なのか（過剰支援にならないか）の判断が容易ではなく、その承諾を得るのはハードルが高い。

　DES（第2章Ⅰ2(3)参照）については、将来の回収可能性は残ることから、その意味では債権放棄よりは金融機関の理解を得やすい方法ではある。もっとも、債務者企業が非上場会社の場合、DESにより取得した株式を換価処分することは困難である。そのため、金融機関にしてみれば、DESに応じた後のエグジットが不透明であるという問題がある。エグジットの確保という観点からは、取得請求権付株式の活用が考えられるが、近時、金融機関がDESを活用しているケースはあまり多くないのが実情である。

　DDS（第2章Ⅱ2(4)参照）は、超長期の分割弁済となるものの、金融機関としては債権として保有を継続することになるので債権放棄やDESよりも比較的受け入れやすい面がある。しかし、DDSにより、当該借入れが資本性借入れとみなされ金融機関内の債務者区分が維持・改善されるとしても、実際の貸借対照表上は「長期借入金」として負債に計上されたままになり、債務超過が解消されることにはならない。そのため、たとえば、建設業における経営審査事項のように財務の健全性が求められるような場合にはDDSでは意味がない。また、そもそもDDSは問題の先送りであるという面は否めない。

　以上の観点を考慮しつつ、債務者企業としては、メイン行等と協議しながら、債権放棄、DES、DDSのいずれの支援（組み合わせる場合もある）を求めるのかを検討することになる。

5　弁済計画の策定

(1)　概　論

上記のように検討された弁済可能額、金融支援額の内容を踏まえて、次に、具体的な弁済計画の内容を策定することになる。

具体的には、対象債権について、有担保債権（担保価値の範囲内の債権）と無担保債権（担保価値の範囲を越える債権）とに分けて、それぞれの弁済計画を策定することになるが、有担保債権に関してはその全額を支払うことができるような弁済計画を策定しなければならない。無担保債権に関しては、事業再生計画期間中の弁済可能限度額を前提に弁済スケジュールを検討し、弁済可能額を越える部分については金融支援を受けることになる。

(2)　有担保債権と無担保債権の区分

担保権付きの債権は、破産手続や民事再生手続等の法的整理手続においても担保価値の範囲内において全額の回収が見込まれる債権である。このため、私的整理手続においても担保価値相当部分については、全額回収を前提とした事業再生計画案を作成しなければならない。対象債権者に対して債権放棄や DES 等の金融支援を求める場合には、通常は無担保債権部分についての金融支援を求めることになる（〔図3-2〕参照）。

〔図3-2〕　有担保債権・無担保債権の区分

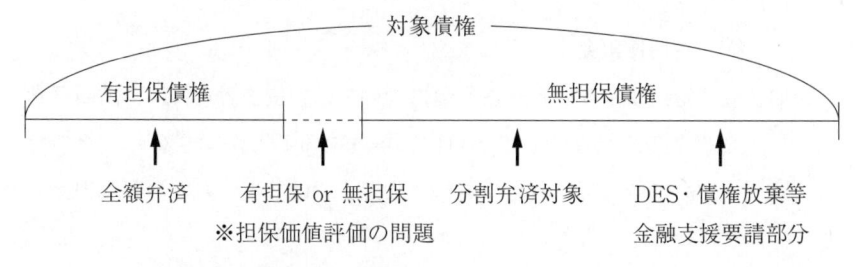

(ア)　不動産～担保価値の評価

担保不動産に関しては、売却処分予定であれ、継続保有予定であれ、事業再生計画作成時までに、債務者企業において不動産鑑定書を取得するなどし

て、不動産鑑定評価額を基準として有担保債権額を算定する必要がある（ただし、事業再生計画案作成時点においてすでに売却価額が決定している場合には売買代金額を基準とすれば足りる）。

　不動産鑑定評価額には、正常価格（市場価値を表示する鑑定評価額）と特定価格（早期売却処分を前提とした鑑定評価額）があるが、担保権者にとっては正常価格ベースのほうが多く回収ができ、債務者企業にとっては特定価格ベースのほうが多く金融支援を要請でき、その後の弁済の負担が軽くなる。

　有担保債権額の算定にあたって正常価格を基準とするか特定価格を基準とするか、あるいはその中間的な価格を基準とするかについては、当該不動産の特性、債務者企業の弁済能力、担保権者間の衡平等の事情を勘案しながら、担保権者および債務者企業間で協議し、合意していくことになる。

⑷　預金～預金類型別の取扱い

　債務者企業が、対象債権者に対して預金を預け入れている場合で、当該預金に対して質権等を設定している場合は、通常、預金相当額を有担保債権として取り扱う。

　また、質権等の担保権を設定していない預金についても、事実上、担保として積み立てられた定期性預金や、対象債権者が相殺権（民法505条1項）を行使することによって対象債権の回収を図ることが可能な預金等については、預金相当額を有担保債権として取り扱うこともある。以下、預金の種類ごとに解説する。

(A)　定期性預金

　定期預金・定期積金等の定期性預金については、債務者企業は、満期日到来前に金融機関の承諾なくして、自由に解約することができない。そのため、定期性預金についてはあえて質権の設定まではしないものの実質担保として機能しているものも多い。

　そこで、定期性預金については、事業再生計画案においても、預金相当額について有担保債権とされることが多い。

(B)　流動性預金

普通預金等の流動性預金については、本来、債務者企業が自由に引き出すことが可能な預金であるから、相殺の対象とされるべきではない。また、流動性預金については運転資金として使用することが予定されていることから、これが金融機関によって拘束されると事業の継続が不可能となる。そのため、私的整理においては、金融機関に対して、相殺しないように要請し、金融機関もそれに応じているのが一般的である。

ただし、債務者企業が預金預入行から期限の利益喪失通知を受け取るなど、明確に期限の利益を喪失している場合や返済期限を徒過したいわゆる期流れの場合には、法的には預金預入行は流動性預金についても借入金との相殺が可能である。そこで、このような場合には、事業再生計画案においても、当該債権額のうち流動性預金によってカバーされる部分に関しても有担保債権として取り扱うことはある。もっとも、上記のとおり、流動性預金は事業の継続に必要不可欠なケースも多いことから、特に、期流れの場合については、金融機関に対して預金を使用する必要性を説明し、解放を要請して応じてもらうケースは多い。

(C)　通知預金

通知預金とは、通常、預け入れ後7日間程度の据置期間を必要とし、最低限2日前までに、解約日を金融機関に通知しないと、引き出すことができない預金のことをいう。一般的に、通知預金は流動性預金の一種とされるが、預金の拘束性という観点からは、流動性預金と定期性預金との中間に位置する。

通知預金については、債務者企業が解約の通知をした場合は、預入行としては、引き出しを制限することはできないから、基本的には流動性預金と同様の取扱いをすべきである。したがって、債務者企業がすでに期限の利益を喪失している場合や期流れの場合でない限りは、借入行による相殺の対象とされるべきではない。

(ウ)　その他の担保（有価証券・動産・債権譲渡担保等）

その他の担保（有価証券・動産・債権譲渡担保等）についても、基本的には

評価額に応じて、対応する債権を有担保債権と無担保債権に区分する。いずれの資産についても、私的整理手続開始時の時価を評価額とするのが通常であるが、評価の困難性等の問題から直近の一時点の評価額を基準にする場合もある。

有価証券の場合、上場株であれば、私的整理手続の開始時点の市場価格を評価額にすることになる。一方、非上場株の場合、市場価格がないため、株式評価書を取得するなどして評価額を算出することになる。

動産の場合は、必ずしも画一的な評価手法がないため、処分先候補者から見積書を取得する等して評価額を決めていくことになる。集合動産譲渡担保の場合には、日々、集合動産の中身が入れ替わるため、時点を特定したうえで、当該時点での評価を行うことになる。通常は、私的整理手続の開始時点の評価をすることになろう。

債権譲渡担保の場合は、当該債権の回収可能性や回収可能時期を具体的に検討することになる。期限の利益が付与され分割弁済となっている場合は現在価値に置き換えることも必要である。評価にあたっては、これらを考慮したうえで、債権評価書を取得するか、複数の債権買取業者より買取価格の見積書を取得するなどして評価額を算出することになる（実際には、サービサーは私的整理中の会社から金融債権以外の取引債権等を買い取ることができないため、見積書は参考価格にとどまることに注意が必要である）。

その他の担保（有価証券・動産・債権譲渡担保等）の評価にあたって、正常価格（市場価値を表示する評価額）を基準とするか、特定価格（早期売却処分を前提とした評価額）を基準とするかについては担保不動産の考え方と同様である。

(3)　無担保債権の弁済計画

㋐　弁済期間の検討

無担保債権に対しては、債務者企業が策定する損益計画や資金計画に基づき、毎期の収益から生じる余剰キャッシュ・フローを弁済原資として、毎年あるいは毎月ごとに分割で弁済することになる。

　分割弁済の期間については、実現可能な範囲内での弁済の極大化という観点から、5年〜10年程度、最大でも15年程度とするケースが多い。もっとも、中小企業再生支援協議会を利用した事案において、最大で20年間といった長期の弁済期間が設定されたものもある。しかし、あまりに長期の弁済とすると、その実現可能性に疑義が生じる。上記のとおり、計画終了時の債務償還年数が10年となることが1つの目安になっていることからすると、有担保債権も含めたプロラタ弁済にする前提で、たとえば、計画終了までに最大5年、そこから完済まで10年として最大でも15年程度とすべきと思われる。

　なお、モデルケースのように第二会社方式の場合、スポンサーから拠出される資金（事業の譲渡対価）と旧会社の残存資産を原資として一括で弁済することが多い。

㈥　弁済額の確定方法

　弁済額の確定方法としては、計画期間中の弁済額を確定額として決定する方法が一般的である。たとえば、毎年1000万円を10年間、合計1億円を弁済するといった方法である。弁済額を確定する場合には、確実に実現可能な計画でなければ二次破綻するおそれがある。このため、事業計画の実現可能性については、より慎重な検討が必要となる。

　一方、確定的な弁済額は定めずに、弁済額の計算方式を定めたうえで、実際の弁済額は毎年度計算式に基づいて算定する方法もある。たとえば、毎年期末の余剰キャッシュ・フロー（例：経常利益−法人税等支払額＋減価償却費）の8割を無担保債権残高に応じてプロラタ弁済するといった方法である。この場合、余剰キャッシュ・フローが生じる範囲内で弁済をすればよいことから、債務者企業にとってはデフォルトリスクを負わないというメリットがある。もっとも、たとえば、計画とは異なる支出等があれば弁済額が減ることになるので、この方法をとる場合には、より厳しいコベナンツが定められ、また、金融機関（特にメイン行）が債務者企業の財務状況や資金管理状況等に対して適切なモニタリングができるような手当てが必要である。

　いずれの方法をとるかは、業績予想の難易度等によってケースバイケース

で検討することになるが、計画期間中の弁済額を確定額として決定する方法のほうが一般的である。また、業績予想が可能な当初数年は確定額の弁済をしたうえで、残りの数年はその時点で別途協議するという方法も考えられる。

なお、第二会社方式でも、モデルケースとは異なり、一定程度の資金を拠出するスポンサーが確保できなければ、新会社に無担保債権も承継して、新会社にて収益による分割弁済を行うケースもある。その場合には、承継する負債額を確定する必要があるため、弁済額を確定額として決定する方法がとられることになる。

㈡　少額債権者に対する弁済

弁済計画を策定するにあたっては、債権者間の公平性を確保することが重要な課題であるが、実質的衡平を害しない範囲で少額債権を保護することもある。民事再生法や会社更生法においても、実質的衡平を害しない場合には、少額債権を保護することが可能とされていることから（民事再生法155条1項ただし書、会社更生法168条1項ただし書）、私的整理の場面でも少額債権者を一定程度優遇すること自体については、他の対象債権者からも理解を得られることが多い。

たとえば、全対象債権者に対して、一定金額以下の部分については、一律に全額を支払うといった弁済計画案は、実質的衡平を害さないものとして、実務上、広く採用されている。具体的には、全対象債権者に対して1000万円以下の債権部分については全額を弁済し、1000万円超の債権部分にはプロラタ弁済を行うといった内容の弁済計画案である。

また、一定金額以下の少額債権者に対しては、早期に弁済を行うといった計画案も考えられる。具体的には、債権総額が1000万円以下の債権者についてのみ早期に全額を弁済するといった内容の弁済計画案である。

前者は、形式的には全債権者一律の取扱いであるのに対し、後者は債権総額が1000万円以下と1000万円超の債権者の取扱いが異なることになる。ここでの問題は、こういった取扱いが実質的衡平を害するか否かである。その判断にあたっては、少額債権とする金額の多寡、債務者企業の規模、対象債権

者の経営への関与の度合い等諸般の事情が考慮される。計画が成立するには全対象債権者の同意が必要であるから、債務者企業としては、全対象債権者に「その差異であれば同意する」と納得してもらえるような根拠を考えて計画を策定することになる。

　なお、少額債権者を一定程度優遇するとしても、各債権者の債権総額と実際の弁済金額との間に逆転現象が生じていないことは最低限必要な条件である。たとえば、対象債権額が1000万円以下の債権者には全額を弁済し、1000万円超の債権者には結果的に少なくとも1000万円以上の弁済を行う計画になっている場合は、逆転現象は生じていない。しかし、対象債権額が900万円の債権者と1100万円の債権者がいるにもかかわらず、対象債権額が1000万円以下の債権者には全額を弁済し、1000万円超の債権者には80％の弁済を行うという計画にした場合、前者は900万円の弁済を受けられる一方、後者は880万円の弁済しか受けられず、対象債権額と弁済額に逆転現象が生じることになる。このような逆転現象が生じる計画は、債権者間の実質的衡平を害するため、通常、同意を得ることはできない。

⑷　有担保債権の弁済計画

　有担保債権は、担保によって保全されている債権であるため、その全額を弁済することを前提とした事業再生計画案を作成しなければならない。

　有担保債権の弁済方法としては、大きく分けて、担保物件を売却処分したうえで処分代金によって弁済を行う方法と、担保物件を継続保有したうえで担保物件の評価額を分割で弁済する方法がある。以下では、目的ごとに有担保債権の弁済計画について解説する。

㈠　売却処分する不動産

　売却処分する予定の不動産（たとえば遊休不動産等）に関しては、通常、売却処分時に処分代金から売却に伴う諸費用（仲介手数料、登記費用、司法書士報酬、登録免許税・消費税等の公租公課など）を控除した金額を弁済することになる。

　また、対象不動産が収益物件の場合、当該売却までに債務者企業が収受す

る賃料・地代を担保権者への返済にあてることもある。本来、担保権者は、当該賃料・地代に対しても優先権を有しているからである（物上代位による差押えが可能）。もっとも、当該差押えには一定の手続コストがかかることも考慮して、賃料・地代の全額ではなく一部のみを返済にあてるということが多い。

　なお、モデルケースでは、売却処分する不動産については旧会社に残し、旧会社にて処分して担保権者への弁済にあてるという計画になっている。

(イ)　継続保有する不動産

　継続保有する不動産（たとえば、事業継続に必要な工場等）については、担保不動産の売却代金を原資として有担保債権を弁済することができないため、担保不動産の評価額（原則として鑑定評価額）を将来の収益で分割弁済するか、スポンサー等から拠出される資金で一括弁済することが多い。このため、当該不動産の評価が極めて重要である。

　なお、モデルケースのように、スポンサーがいる場合でも、新会社に担保不動産の評価額（原則として鑑定評価額）に相応する負債も承継して新会社にて収益による分割弁済を行うケースもある。

(ウ)　有価証券

　有価証券については、原則として売却処分することになる。したがって、売却処分する不動産と同様、売却代金から諸経費を控除した残金を弁済にあてる。

　ただし、業態によっては稀に事業継続のために保有が必要であるというケースもある。そのようなケースでは、継続保有する不動産と同様、評価をしたうえで評価額を一括または分割で弁済することになる。

(エ)　定期性預金

　定期性預金については、担保の意味合いもあることから、対当額について有担保債権として扱うことになる。そして、弁済計画においては、当該定期性預金は対当額での相殺または弁済充当で処理することになる。

　なお、流動性預金については、もともと対当額について有担保債権として

扱わないことから、運転資金として利用し、弁済計画で相殺や弁済充当をすることはない。

㈲　将来債権譲渡担保や集合動産譲渡担保（ABL）

　将来債権譲渡担保や集合動産担保（いわゆる ABL）が設定されている場合の取扱いは個別事案ごとで異なってくる。

　ABL で担保の対象となる売掛金や商品といった事業用資産については、不動産や有価証券と異なり、事業を継続することで日々増減する。そのため、担保権者（金融機関）からすると、一時停止時に担保実行していれば優先弁済を受けられたものが、担保実行しなかった結果、弁済額が減少したとなれば、自らの善管注意義務の問題になりかねない。そこで、ABL が設定されている場合、たとえば、売掛金については入金時に当該入金額を、また、商品（在庫）についても販売して入金した後に当該入金額を、それぞれ預金担保に変換することで私的整理期間中の債権保全を図ることになる。

　もっとも、入金額全額を預金担保に変換すると、債務者企業の資金繰りは当然タイトになる。担保対象となっている売掛金や商品が多い場合には、資金繰りが回らないというケースもある。そのような場合には、担保権者（金融機関）と交渉して入金額の一部を資金繰りに使えるよう了解を得るしかない。その交渉のポイントとなるのは、少なくとも、一時停止時に担保実行した場合に金融機関が回収できたであろう金額と同額を有担保債権として扱うことである。たとえば、①一時停止時にすでに発生していた売掛金については、担保実行は比較的容易で、回収コストもそれほどかからないことから、入金額の８割を預金担保として２割は債務者企業が資金繰りとして使用する、②一時停止時に保有していた商品については、担保実行した場合には相応の販売コストがかかることを踏まえ、販売して入金された金額の５割を預金担保として、残りの５割を債務者企業が資金繰りとして使用するなどといったことも考えられる。他方で、③一時停止以降に仕入れた商品については、会社更生の更生担保権については開始決定時に存在した目的物のみで評価されており（松下淳一ほか編『新・更生計画の実務と理論』（商事法務、2014

年）185頁〜186頁）、開始決定後に仕入れた在庫等は担保対象と扱われていないことも示しつつ、①および②で一定の掛け目を許容してもらうバーターとして、販売して入金された額の2割を預金担保として、8割を債務者企業が資金繰りとして使用するといった譲歩をすることも考えられる。

　このような分類や掛け目については基準があるわけではないので、個別事案に応じて交渉して決定することになるが、債務者企業としては、ABL は事業が継続して初めて担保としての価値が維持できるという特徴があることを理由に、事業を継続するため（＝担保価値を維持するため）には資金繰りを確保する必要があるとして、預金担保に変換する金額と資金繰りに使用する金額とを担保権者と合意して決定していくことになろう。

(5)　有担保債権と無担保債権の優劣

　上記からわかるとおり、事案によっては、有担保債権と無担保債権のいずれも収益による分割弁済をすることがある。その場合、両者の優劣をどうするかという問題がある。

　この点、法律上は、有担保債権は無担保債権に優先するので、有担保債権を優先的に弁済し、その後、無担保債権を弁済するということが考えられる。もっとも、一般に、有担保債権はメイン行がほとんどであるため、有担保債権を優先的に弁済することは他行からメイン行優遇であるとして理解を得られないケースも多い。また、有担保債権は、あくまで「保全」されているので、その後、債務者企業に万が一のことがあっても回収可能であるから、まずは無担保債権から返済すべきであるという考え方もある。

　これはケースバイケースであり、個別の事案における対象債権者の数、各対象債権者の債権額の多寡、担保の設定状況等を踏まえて、どうすれば同意が得られるかという観点から決めることになる。たとえば、メイン行・準メイン行しか担保を有していない場合には、メイン行・準メイン行の理解を得て無担保債権を優先的に返済することが多い。他方、対象債権者のほとんどが担保を有しており、債権額もさほど大きく変わらない場合には、有担保債権と無担保債権の合算をベースにプロラタ弁済を行うこともある。

6　経営責任

　窮境に陥った原因にもよるが、その原因に関与した取締役に対しては経営責任を明確にするようにとの要請がなされることが多い。

　経営責任のとり方は、窮境に陥った原因に対する寄与度等に応じてさまざまであるが、具体的には、役員の辞任、私財提供（連帯保証責任の履行、報酬の返還）、役員保有株式の債務者企業への無償譲渡、報酬の減額等の方法があげられる。

　以下では、金融支援要請内容の違い（リスケジュールのみの事案か債権放棄等を求める事案か）から、経営責任のとり方についての一般論を解説する。ただし、経営責任のとり方は事案によってケースバイケースであり、一概にはいえないことに留意されたい。特に、債権放棄を伴う事案の場合には、経営者保証ガイドライン（後記第4章Ⅱ参照）を活用することが一般的であり、主債務者（企業）の再生と密接に関連することから、事業再生実務に精通した専門家から、事案に沿った適切なアドバイスを受ける必要がある。

⑴　リスケジュールのみの事案

　リスケジュールのみの事案については、計画策定後の事業収益から金融負債全額の弁済を行うことが予定され、現任の取締役が事業再生計画を履行することで経営責任を果たすという意味もあり、一般的には、取締役の辞任までは求められない。

　他方で、収益の改善は喫緊の課題になることから、たとえば、報酬の減額や個人所有の担保物件（遊休資産等）の任意売却による負債の圧縮への協力などが求められることはある。また、粉飾決算がなされていたケースなどでは、窮境に陥った原因を直接つくった取締役（代表取締役や財務担当の取締役など）については、辞任を求められることもある。

⑵　債権放棄等を求める事案

⑦　取締役の辞任

　債権放棄等を求める事案は、債権者に対して直接的な負担を強いるもので

あり、経営責任も大きいことから、報酬の減額にとどまらず、代表取締役や窮境に陥る原因を直接つくった取締役については辞任を求められることが多い（その他の取締役については辞任までは求められないことが多い）。

もっとも、中小規模の会社では、現任の取締役が営業や経営に関与していないと、事業再生計画の数値計画が達成できず、その後の事業再生にも支障が生じる場合が多い。このため、その後の事業再生のために、代表取締役がそのまま留任することもあるし、取締役からは辞任するものの、相談役・顧問といった役職や、一従業員として、引き続き債務者企業の事業再生にあたり、経営に関与する場合もある。

たとえば、事業再生 ADR においては、上記の考え方に則り、債権放棄を求める事案においては事業再生計画案が取締役の退任を含むものでなければならないとされつつ、事業の継続に著しい支障を来すおそれがある場合には例外的に取締役が辞任することを内容としないことも認められている。協議会スキームでも、「経営者の退任を必須とするものではありません」とされており、また、経営者保証ガイドラインでも、「私的整理に至った事実のみをもって、一律かつ形式的に経営者の交代を求めないこととする」とされている。

(イ)　連帯保証責任の履行等

債務者企業の代表取締役は、金融機関からの借入れについて個人で連帯保証をしていることが多く、役員責任の一環として、連帯保証責任を履行するように求められるのが通常である。この連帯保証責任の追及をおそれ、経営が窮地に陥った場合、事業再生に躊躇するという問題があるという指摘がされてきた。

このような指摘を踏まえ、平成25年12月に公表されたのが「経営者保証ガイドライン」である。同ガイドラインでは、法的整理によらない保証債務の免除、経営者の手元に残す資産の範囲の拡大、信用情報登録機関へ報告・登録しないことを規定し、経営者に早期の事業再生を促すインセンティブを付与している。近時の私的整理では連帯保証については、同ガイドラインに

則って債務者企業の負債（主たる債務）と一体で再建計画、弁済計画に織り込むことが多い（同ガイドラインの詳細については後記第4章Ⅱ参照）。

7　株主責任

　私的整理手続も、対象債権者に対して一定の負担を課すものであり、理論的には、本来は債権者に劣後すべき株主が責任をとるべきであるという要請があることから、株主責任を果たすように求められることも多い。

　株主責任のとり方も事案によってケースバイケースであるが、以下では、経営責任と同様、金融支援要請内容の違いから、株主責任のとり方についての一般論を述べる。

(1)　リスケジュールのみの事案

　リスケジュールのみの事案の場合には、債権者は債権全額の弁済を受けることが予定されており、理論的にも、債権者に劣後すべき株主が責任をとることが必須というわけではない。また、債権者からも、特に株主責任をとるように求められることもない。このため、原則として、株主責任に関する規定を定める必要はない。

　ただし、リスケジュールのみの事案でも、スポンサーから第三者割当増資を受けるというようなケースでは、既存株主の権利は希釈化するため、結果的に株主責任をとった形になることもある。

(2)　債権放棄等を求める事案

(ア)　既存株主の権利の消滅（無償譲渡・消却）または希釈化

　債権放棄等を求める事案の場合には、債権者は債権全額の弁済を受けることができないのであるから、本来は債権者に劣後すべき株主が責任を果たすべき要請が強い。

　まず、支配株主がいる場合には、債務者企業に株式を無償で譲渡させて消却するなどして、株主責任を明確化することが多い。特に、スポンサー企業が選定されている場合には、100%減増資や第二会社方式による旧会社の特別清算により既存株主の権利を消滅させるという方法も多く用いられる。

他方で、従業員や取引先などの一般株主の場合には、経営への関与度が支配株主に比べると極めて希薄である。加えて、そのような一般株主には株式を継続して保有してもらったほうが再生に向けたインセンティブにもつながる。このため、一般株主の場合には、支配株主と異なり、第三者割当増資による希釈化といった形で株主責任を果たすということもある。

なお、事業再生 ADR においては、債権放棄を求める事案においては事業再生計画案が株主の権利の消滅などを含むものでなければならないとされている。また、協議会スキームでは、既存株主については割合的地位の減少または権利を消滅させることでの株主責任を明確化することが求められている（ただし、支配株主については権利を消滅させつつ、一般株主は別に取り扱うことは認めている）。

㈠　新株主の確保

上記のとおり、債権放棄等を求める事案では、株主責任という観点から既存株主の権利を消滅または希釈化させることが求められるが、それを実現するには新たな株主が必要である。しかし、必ずしもすべての債務者企業において新株主となるようなスポンサーが確保できるわけではない。

そのようなケースでは、たとえば、窮境原因に直接関与していないとして取締役に留任する者が私財から新たに出資をして株主になったり、従業員から新たに取締役に就任する者が従業員退職金を原資に出資して株主となったり、あるいは、従業員が少しずつ資金負担をして持株会を組成して株主になるといった方法で、新株主を確保するなどの工夫が必要となる。

8　スポンサー選定

債務者企業としては、第一次的には自助努力による再建をめざすものの、これと並行してスポンサー探索活動を行うことが多い。窮境にある債務者企業は、通常、資金繰りがタイトになっていることが多く、自助努力だけでは資金繰りが破綻してしまう可能性もあるため、早期に資金支援をしてくれるスポンサーが必要となることもある。また、スポンサーから出資をしてもら

うことができれば早期に財務体質を改善することもできる。他方、対象債権者としても、債務者企業にスポンサーがついたほうが再建の確実性が増し、弁済計画の履行可能性が確保されるという利点がある。

　以下では、スポンサー探索活動の一般的な進め方について解説する。

(1)　ファイナンシャルアドバイザーの選任

　スポンサーの探索にあたっては、より好条件を提示してくれるスポンサーを探索するため、幅広く募集活動を行うほうが望ましい。また、スポンサー探索手続の守秘性およびスポンサー探索手続の適正性を確保しつつ、スポンサー探索戦略の立案やスポンサー候補者と交渉を継続する必要がある。

　このような場合に、豊富な人脈を駆使して幅広くスポンサー探索活動を行い、債務者企業の代理人的立場でスポンサー選定手続に関与するのがファイナンシャルアドバイザー（FA）である。

　FAは、人脈と経験を活かしながら、タッピング（内々の打診）から、債務者企業の情報分析、スポンサー候補者に開示する情報の整理、スポンサー候補者からの質問事項の整理や回答、スポンサー契約締結に至るまでの支援などを行う。

　なお、債務者企業自身が探索活動を行う場合には、同業者や主要取引先であれば独自に声をかけることが可能だが（もっとも、これらが最もよいスポンサー候補になることも多い）、面識のある同業者といっても範囲が限定的であるし、ファンド等の投資家には通常は債務者企業自身にはつながりがない。そのため、FAを活用したほうが、より広範囲にスポンサー候補者を探索することができる。

(2)　スポンサー候補者に対する募集案内

　まず、FAは、債務者企業から事業内容や財務状況等の情報を取得し、債務者企業の情報をまとめた資料を作成する（インフォメーション・パッケージと呼ばれる）。並行して、スポンサー候補者となるリストを作成し（ロングリストと呼ばれる）、債務者企業と協議をしながら、スポンサー候補者を絞っていく（ショートリストと呼ばれる）。そして、FAは、そのショートリストの

スポンサー候補者に、まずは債務者企業の名前を明かさずに業種や業績の概要、スポンサーとしての希望条件等を伝えながら、興味の有無を打診していく。

スポンサー候補者が興味を示した場合には、当該スポンサー候補者と債務者企業とで守秘義務契約を締結したうえで、インフォメーション・パッケージを開示し、スポンサー候補者に一次的な検討をさせることになる。

(3) 意向表明書の取得

スポンサー候補者において一次的な検討が完了し、スポンサーになる意向が示された場合には、意向表明書を提出してもらうことになる。通常、この段階では、当該意向表明書は法的拘束力のないものとなる。その意向表明書を踏まえて、さらにスポンサー候補者によって事業、財務、税務および法務等のデューディリジェンスが実施され、最終意向表明書の提出を受けるという流れになる。

(4) 入札手続

ところで、多くのスポンサー候補者から意向表明書が提出されることが予想され、支援条件の比較検討が必要になると思われる場合、また、スポンサー選定プロセスの透明性が特に求められる場合などには、入札手続が実施されることもある。

この場合には、(2)の募集案内にあたって各候補者の条件を比較検討しやすいように、債務者企業としてポイントになる項目、重要な項目などを提示し、各項目ごとに支援条件等を記載してもらうようにするなどの工夫を行う。また、スポンサー候補者間の公平性を保つため、入札期限を決めるなどして各候補者を一律に取り扱い、デューディリジェンスにおいて実施するインタビューの時間や開示資料等は、基本的に同一にして公平性を図ることになる。

そして、各スポンサー候補者から最終意向表明書を受領した後、各スポンサー候補者の条件を比較検討し、候補者を絞ることとなる（なお、スポンサー候補者があまりにも多い場合にはデューディリジェンス対応ができないこと

から、法的拘束力のない意向表明書の段階で３社〜４社程度に絞り、その３社〜４社に、デューディリジェンスをしてもらったうえで、最終意向表明書を提出してもらい１社に絞るというプロセスにすることもある）。

(5)　条件交渉

スポンサー候補者から最終意向表明書が提出されたら、債務者企業は支援の条件等について最終交渉を行うことになる。

具体的には、支援の対象（全事業が対象なのか、一部の事業のみが対象なのか）、支援金額（金融支援の金額はどの程度なのか）、支援の方法（増減資か第二会社方式か）、対象債権者に求める金融支援の内容（リスケジュールのみで足りるのか、一定の債権放棄等まで求めるのか）などについて、債務者企業自身の要望および対象債権者から主張されている要望等をスポンサー候補者に伝えながら、条件交渉をすることになる。

(6)　スポンサー契約、基本合意書等の締結

支援の具体的な内容について、スポンサー候補者との間で合意ができた場合には、スポンサー契約を締結することになる。

ただし、追加のデューディリジェンスに時間を要し、支援条件を詰めるのにさらに時間を要する場合などには、支援内容に関する中間的な合意として、基本合意書を締結する場合もある。この場合、債務者企業としては基本合意書もできる限り法的拘束力を有する内容にするべきである。基本合意書の締結後、最終的なスポンサー契約の締結に向けて、債務者企業とスポンサー候補者との間で、（時には対象債権者の要望をヒアリングするなどしながら）より詳細な条件を詰めていくことになる。

9　経済合理性・履行可能性の検証

(1)　経済合理性〜弁済率の検証

事業再生計画において、最終的に、各債権者の回収可能金額が明示されることになるが、注意すべきはその際の弁済率である。もし仮に、債務者企業が破産し、その際の対象債権者に対する破産配当率と比べてあまり変わらな

い弁済しかできないような内容の事業再生計画であれば、対象債権者の賛同を得ることはできない。事業再生計画案に基づく弁済は、清算価値保証原則が確保されたものでなければならない。

　モデルケースでは、〔表3-6〕で、A精工が破産した場合の破産債権に対する配当率（担保によって保全されている部分を除いた弁済率）は8.31%であるとされている。一方、事業再生計画においては、〔表3-10〕の⑥から、無担保債権部分の弁済率は31.26%となっているので、事業再生計画のほうが明らかに対象債権者にとって有利といえる内容になっている。

(2)　履行可能性の検証

　事業再生計画が絵に描いた餅ではなく、履行可能な計画であることは当然重要なポイントである。債権者はもちろん、第三者アドバイザーの視点に立った場合、あまりに急激な売上げの増加や、合理的裏付けのない経費の削減、実態を無視した人件費の抑制は当然指摘の対象となる。計画上の数値は、可能な限りゼロベースで積み上げ計算を行い、安易な推測で作成することは避け、無理なく実行できる計画の作成を心がけるべきであろう。

Ⅲ　事業再生計画成立後の実務

1　同意書等による条件変更

事業再生計画においては、金融支援要請の内容を明確に記載し、当該事項について、金融機関から同意書を取得する必要がある。具体的には、金融支援要請の内容に応じて、以下の事項を記載する必要がある。

① 　返済リスケジュール：弁済金額、弁済期間、弁済時期、利率等

② 　DES：DES の対象となる債権額、DES 株式の具体的内容等

③ 　DDS：DDS の対象となる債権額、DDS の具体的内容等

④ 　債権放棄：債権放棄の対象となる債権額、債権放棄の時期等

これらの点が明確に合意されていないと、後日、金融機関との間で紛争に発展する可能性もあるため、記載内容については事業再生に精通した弁護士などの専門家に依頼して、慎重に検討する必要がある。

また、同意書の提出にあたり、金融機関から、事業再生計画の内容にあわせて、個別の金銭消費貸借契約等について条件変更契約書や覚書の締結を求められることもある。事業再生計画の成立までにこれらの契約書等を締結することは時間的にも困難であることから、これらについては、事業再生計画の成立後、個別に金融機関と協議を行い対応をしていくことになる。

2　モニタリング

対象債権者から同意を得て事業再生計画が成立した後も、対象債権者としては、当該事業再生計画が適切に履行されているかどうかをモニタリングしたいという要望がある。債務者企業としては、基本的には、計画値の達成状況や一定の重要事項、あるいはコベナンツの遵守状況等についてのモニタリングに応じるべきであろう。

モニタリングの方法としては、債務者企業から各対象債権者に個別に報告

する方法、対象債権者を集めて債務者企業が主催して報告会を開催する方法、対象債権者のみならず第三者機関によるチェックも行われる方法等が考えられる。

　また、モニタリングの頻度としては、四半期に1回とする場合、半期に1回とする場合、1年に1回とする場合がある。また、期間としても、事業再生計画の対象全期間とする場合もあれば、3年間とか5年間といった期間に限定し、その後は見直すという場合もある。

　実務的には、当初2年〜3年間は四半期〜半期に1回、主要債権者（メイン行、準メイン行）が債務者企業から報告を受け、重要事項が明らかになった場合には、他の対象債権者にも報告を行う、2年〜3年経過後のモニタリングの方法・頻度等は、その時点で協議して決定するといった運用がなされることが多い。

　なお、債務者企業の規模が大きい場合には、第三者機関によるモニタリングまで求められることもある。しかし、債務者企業にとってコスト負担も大きく、対象債権者としても債権管理について効率化の要請もあることから、そこまでのモニタリングを求めることは多くない。

第4章
経営者保証の取扱い

I　保証債務の取扱い

　わが国における中小企業に対する金融機関からの借入れについては、ほぼ必ずといってよいほど、経営者（代表者または企業の実質的経営者）が借入債務について連帯保証を行ってきた。

　中小企業については、一般に、①経営者の規律付けによるガバナンスの強化の必要性、②企業の信用力の補完の必要性、③情報不足等に伴う債権保全の必要性があるといわれており、経営者保証はこれらを補完するものとして一定の有用性が認められ、金融機関による融資慣行として定着してきたのである。

　もっとも、経営者による個人保証については、主たる債務者である企業がその債務の履行が困難となり、債務整理手続を行う場合、①保証債務の履行を行う場合においてどのような範囲でその責任を追及するか、また、②保証債務履行後の保証債務を免除するとしても、どのような条件で免除するか、③リスケジュールを行う場合であっても、どのようなときにこれを認めるか等、債務整理が必要となった事案や金融機関により、その取扱いがかなり区々となっていた。

Ⅱ　経営者保証に関するガイドライン

　中小企業・小規模事業者等（以下、「中小企業等」ということがある）の経営者による個人保証に対しては、平成26年2月1日から「経営者保証に関するガイドライン」（以下、本章において単に「ガイドライン」ということがある）が適用されている。以下、本書の内容である債務者の私的整理と関連のある範囲で、ガイドラインの解説を行う。

1　ガイドラインの策定経緯および概要

(1)　策定経緯

　前述のとおり、わが国の中小企業に対する融資においては、ほとんどの場合に経営者が保証人とされている。近年、中小企業・小規模事業者等の経営者による個人保証については、経営者が失敗を恐れて思い切った事業展開ができなくなることや、経営が窮地に陥った場合にも早期の事業再生を躊躇する等の問題点が指摘されていた。

　こうした問題意識を踏まえ、日本商工会議所と全国銀行協会を共同事務局とする「経営者保証に関するガイドライン研究会」は、平成25年12月5日、中小企業金融における経営者保証について、合理性が認められる保証契約のあり方を示すとともに、主債務者の整理局面における保証債務の整理を公正かつ迅速に行うための準則を定めるものとして、「経営者保証に関するガイドライン」を策定・公表した。

　ガイドラインは、平成26年2月1日から適用が開始され（同日以前に締結された保証契約にも適用あり）、法的拘束力はないものの、中小企業・経営者・金融機関等によって、自発的に尊重され遵守されることが期待されている。金融機関については、取組みが不十分な場合には、報告が求められたり、業務改善命令がなされる可能性もある。

(2)　概　要

　ガイドラインは、大きく分けて、①保証契約時等の対応（ガイドライン 4 項～ 6 項）と、②保証債務の整理時の対応（同 7 項）から構成される（後記 2 以下では、本書の性質上、②を中心に解説を行う）。

(ア)　保証契約時等の対応

　まず、ガイドラインでは、経営者保証に依存しない融資の一層の促進の方策として、経営者保証なしの資金調達を行うために企業側に求められる経営状況（①企業と経営者の関係の明確な区分・分離、②財務基盤の強化、③財務状況の正確な把握、適時適切な情報開示等による経営の透明性確保）が明確にされたうえで、それを踏まえた金融機関の適切な対応（経営者保証を求めない可能性や代替的な融資手法等の検討）が求められている（ガイドライン 4 項）。

　また、やむを得ず保証契約を締結する場合には、契約時において、保証の必要性等の丁寧かつ具体的な説明や、適切な保証金額の設定などの対応が金融機関に求められる（ガイドライン 5 項）。

　すでに締結された保証契約についても、事業承継時等において、保証契約の見直し等の対応が必要とされる（ガイドライン 6 項）。

(イ)　保証債務の整理時の対応

　一定の要件を満たした保証人は、ガイドラインに基づく保証債務の整理を申し出ることができ、その際にはガイドラインで示された①経営者の経営責任のあり方、②保証人の手元に残す資産の範囲、③保証債務の一部履行後に残った保証債務の取扱い等に沿った対応が債権者等に求められる（ガイドライン 7 項）。

2　ガイドラインの適用対象となりうる保証契約

　ガイドラインは、以下のすべての要件を満たす保証契約に関して適用されることとされている（ガイドライン 3 項）。

---

　(1)　保証契約の主たる債務者が中小企業であること……法定中小企業

に限定されない、個人事業主でもよい。

(2)　保証人が個人であり、原則として、主たる債務者の経営者であること。

(3)　主たる債務者および保証人の双方が弁済について誠実であり、対象債権者（中小企業に対する金融債権を有する金融機関等。以下同じ）の請求に応じ、それぞれの財務状況等（負債の状況を含む）について適時適切に開示していること。

(4)　主たる債務者および保証人が反社会的勢力ではなく、そのおそれもないこと。

　ただし、(2)の要件については、経営者以外の以下の者が保証人となる場合には、例外的にガイドラインの適用対象となる（ガイドライン3項(2)ただし書）。

①　実質的な経営権を有している者

②　営業許可名義人

③　経営者の配偶者（当該経営者とともに当該事業に従事する配偶者に限る）

④　事業承継予定者（経営者の健康上の理由による場合に限る）

　これらの者は、経営者と実質的に同視できるため、その保証についても経営者保証と同視して、ガイドラインを適用すべきものとされた。

3　保証債務の整理

　次に、ガイドラインに基づく保証債務の整理について、概説する。

(1)　ガイドラインに基づく保証債務の整理の対象となりうる保証人

　ガイドライン7項(1)によれば、ガイドラインに基づく保証債務の整理の対象となりうるのは、以下のすべての要件を充足する保証人である。

イ）対象債権者と保証人との間の保証契約がガイドライン3項のすべての要件を満たすこと。

ロ）主たる債務者が破産手続、民事再生手続、会社更生手続もしくは

特別清算手続（以下、「法的債務整理手続」という）の開始申立てまたは利害関係のない中立かつ公正な第三者が関与する私的整理手続およびこれに準ずる手続（中小企業再生支援協議会による再生支援スキーム、事業再生 ADR、私的整理ガイドライン、特定調停等をいう。以下、「準則型私的整理手続」という）の申立てをこのガイドラインの利用と同時に現に行い、または、これらの手続が係属し、もしくはすでに終結していること。

ハ）主たる債務者の資産および債務並びに保証人の資産および保証債務の状況を総合的に考慮して、主たる債務および保証債務の破産手続による配当よりも多くの回収を得られる見込みがあるなど、対象債権者にとっても経済的な合理性が期待できること。

ニ）保証人に破産法252条1項（10号を除く）に規定される免責不許可事由が生じておらず、そのおそれもないこと。

　ここで、ロ）の準則型私的整理手続について具体例をあらためて整理をすると、〔表4-1〕のとおりである（各手続の詳細は、第5章を参照）。

〔表4-1〕　準則型私的整理手続の一覧

名称	利害関係のない中立かつ公正な第三者	根拠法令等
中小企業再生支援協議会スキーム	中小企業再生支援協議会（各都道府県に設置）	産業競争力強化法
事業再生 ADR 手続	事業再生実務家協会が推薦し、対象債権者が選任する手続実施者	産業競争力強化法
私的整理ガイドライン	対象債権者が選任する専門家アドバイザー	私的整理ガイドライン
RCC 企業再生スキーム	株式会社整理回収機構（RCC）	株式会社整理回収機構法
地域経済活性化支援機構スキーム	株式会社地域経済活性化支援機構（REVIC）	株式会社地域経済活性化支援機構法
特定調停手続	裁判所	特定調停法

上記イ）〜ニ）のすべての要件を満たす保証人は、当該保証人が負う保証債務について、ガイドラインに基づく保証債務の整理を対象債権者に対して申し出ることができる（ガイドライン7項(1)）。当該保証人の申出を受けた対象債権者は、誠実に対応する必要がある。

(2)　保証債務の整理の手続

ガイドラインに基づく保証債務の整理を実施する場合においては、①主たる債務と保証債務の一体整理を図るときと、②主たる債務について法的債務整理手続が申し立てられ、保証債務のみについて、その整理を行う必要性があるとき等、主たる債務と保証債務の一体整理が困難なため、保証債務のみを整理するときがある。

(ア)　主たる債務と保証債務の一体整理の場合（一体型）

まず、主たる債務者について準則型私的整理手続を利用する場合、主たる債務と保証債務の一体整理が可能であるため、原則として、保証債務についても準則型私的整理手続を利用し、主たる債務と保証債務の一体整理を図ることとされている（ガイドライン7項(2)イ)）。具体的には、準則型私的整理手続に基づき主たる債務者の弁済計画を策定する際に、保証人による弁済もその内容に含めることとする。保証債務整理の手続としては、特定調停等の別途の手続が必要とならない「一体型」のほうがガイドラインの趣旨に合致する。

(イ)　保証債務のみの整理の場合（単独型）

次に、主債務者が民事再生手続等の法的整理手続を申し立てた場合など、主たる債務と保証債務の一体整理が困難な場合には、保証債務のみを整理することになる。

このような場合としては、たとえば、主たる債務についての債務整理手続がすでに終結し、または終結間近であるなど、保証債務との一体整理が時間的に困難な場合が考えられる。保証債務のみを整理する場合、原則として、適切な準則型私的整理手続を利用する（ガイドライン7項(2)ロ)）。なお、保証債務のみを整理することが可能な手続は、特定調停や個人債務者の私的整

理ガイドラインに限定される。

　他方、保証人が所定の要件を満たす弁済計画を策定し、合理的理由に基づき、準則型私的整理手続を利用することなく、支援専門家等の第三者の斡旋による当事者の協議等に基づき、すべての金融機関等との間で合意に至った場合、同弁済計画に基づく保証債務の整理が可能となる（ガイドライン7項(3)④ロ））。

　保証債務のみを整理する場合、実際にはこの方式か、特定調停を利用するかのいずれかが選択されることが多いと考えられる。特定調停の手続は裁判所ごとに運用が異なるが、①債務者のみからの聴取、②債権者が出頭しての意見聴取期日、③債権者が出頭しての意思確認のための期日（特定調停成立）の3回となることが多い。

⑶　保証債務の整理を図る場合における対応

　ガイドライン上、主たる債務者、保証人および対象債権者は、保証債務の整理にあたり、以下に述べる定めに従うものとされている。対象債権者は、合理的な不同意事由がない限り、当該債務整理手続の成立に向けて誠実に対応する必要がある（ガイドライン7項(3)）。

　ここで合理的な不同意事由とは、保証人が、ガイドライン7項(1)の適格要件を充足しない、一時停止等の要請後に無断で財産処分をした、必要な情報開示を行わないなどの事由により、債務整理手続の円滑な実施が困難な場合をいう（「経営者保証に関するガイドライン」Q&A（以下、本章において単に「Q&A」という）7-7）。

⑦　一時停止等の要請に対する対応

　保証人は、対象債権者に対し、一時停止や返済猶予を要請する。一時停止とは、債権者による個別的な権利行使や債権保全措置を一時的に差し控えることをいう。返済猶予とは、一時停止のうち、債務者に対し期限の利益を付与し、債務の返済を猶予することをいう。

　ガイドラインによれば、対象債権者は、保証債務に関する一時停止や返済猶予（以下、「一時停止等」という）の要請に対して、誠実かつ柔軟に対応す

るよう努めるものとされる（ガイドライン7項(3)①）。対象債権者が当該要請について応諾すると、そのときから一時停止等が開始されることになる（Q＆A7-11）。

① 原則として、一時停止等の要請が、主たる債務者、保証人、支援専門家（弁護士、公認会計士、税理士等の専門家であって、すべての対象債権者がその適格性を認めるものをいう（ガイドライン5項(2)ロ））が連名した書面によるものであること。ただし、すべての対象債権者の同意がある場合および保証債務のみを整理する場合で当該保証人と支援専門家が連名した書面がある場合はこの限りでない。

② 一時停止等の要請が、すべての対象債権者に対して同時に行われていること。

③ 主たる債務者および保証人が、手続申立て前から債務の弁済等に関して誠実に対応し、対象債権者との間で良好な取引関係が構築されてきたと対象債権者により判断され得ること。

一時停止等の要請後に、保証人が、資産の処分や新たな債務の負担を行った場合、対象債権者が、当該処分等に同意しないときには、処分等を行った保証人に関する債務整理に異議を申し立てることが可能である（Q＆A7-12）。

(イ) 経営者の経営責任のあり方

中小企業等においては、その事業の再生につき従来の経営者が携わる必要性が高いケースが多く、私的整理に至ったことのみをもって一律かつ形式的に経営者の交代を求めることは妥当ではない。したがって、準則型私的整理手続申立て時の経営者が引き続き経営に携わることの許否については、法的債務整理手続における経営責任の議論も踏まえ、以下の点を総合的に勘案し、一定の経済合理性が認められるかどうかにより判断する（ガイドライン7項(3)②）。

① 主たる債務者が窮境に陥った原因およびそれに対する経営者の帰責性

② 経営者および後継予定者の経営資質、信頼性

③　経営者の交代が主たる債務者の事業の再生計画等に与える影響

④　準則型私的整理手続における対象債権者による金融支援の内容

　上記判断の結果、経営者が留任する場合については、その責任の明確化を図ることが求められる。具体的には、上記①の帰責性等を踏まえた総合的な判断の中で、保証債務の全部または一部の履行、役員報酬の減額、株主権の全部または一部の放棄、会社に対する債権の放棄、代表者からの退任等により明確化を図る必要がある（ガイドライン7項(3)②）。

(ｳ)　保証債務の履行基準（残存資産の範囲）

　対象債権者は、保証債務の履行にあたり、保証人の手元に残すことのできる資産の範囲について、以下のような点を総合的に勘案して決定することになる。保証人の残存資産の拡張としては、「一定期間の生計費に相当する額」や「華美でない自宅」等を残存資産として含めることを検討する必要がある（ガイドライン7項(3)③）。

①　保証人の保証履行能力や保証債務の従前の履行状況

②　主たる債務が不履行に至った経緯等に対する経営者たる保証人の帰責性

③　経営者たる保証人の経営資質、信頼性

④　経営者たる保証人が主たる債務者の事業再生、事業清算に着手した時期等が事業の再生計画等に与える影響

⑤　破産手続における自由財産の考え方や民事執行法に定める標準的な世帯の必要経緯の考え方との整合性

　なお、対象債権者は、保証債務の履行請求額の経済合理性については、主たる債務と保証債務を一体として判断するものとされる（ガイドライン7項(3)③）。

　たとえば、主たる債務者が再生型手続の場合、以下の⒜の額が⒝の額を上回る場合には、ガイドラインに基づく債務整理により、破産手続による配当よりも多くの回収が得られる見込みがあるため、⒜と⒝の差額を上限として、早期事業再生等に着手した保証人の残存資産を検討することについて、

一定の経済合理性が認められると考えられている（Q＆A7-13）。

ⓐ　主たる債務および保証債務の弁済計画（案）に基づく回収見込み額の合計金額

ⓑ　主たる債務者および保証人が破産手続を行った場合の回収込額の合計金額

㈢　保証債務の弁済計画

(A)　保証債務の弁済計画案の記載事項

弁済計画に記載すべき事項は、原則として以下のとおりである（ガイドライン7項(3)④イ））。

①　保証債務のみを整理する場合には、主債務と保証債務の一体整理が困難な理由および保証債務の整理を法的整理手続によらず、本ガイドラインで整理する理由。

②　財産の状況：保証人の自己申告による財産を対象として、保証人の手元に残す残存資産を除いた財産を処分するものとして、財産を評定する（基準時は、保証債務整理の申出時または一時停止等の効力発生時）。

③　保証債務の弁済計画：原則として5年以内とされているが、対象債権者との合意により、それよりも長い期間を定めることも可能である。

④　資産の換価・処分の方針：換価・処分するのか、またはその代わりに対象資産の公正な価額に相当する額を分割弁済するのかなど、換価・処分の方針を定める。

⑤　対象債権者に対して要請する保証債務の減免、期限の猶予その他の権利変更の内容：保証債務について求める減免や期限の猶予の内容を具体的に記載する。

また、これらのほかにも、経営責任の明確化の内容等、対象債権者に同意を得るうえで必要な事項について記載する必要がある。

(B)　保証債務の減免を要請する場合の弁済計画

保証人が保証債務の減免を要請する場合、保証人の手元に残す残存資産を除いた保証人のすべての資産を処分・換価し、得られた金銭をもって、まず

担保権者や租税債権者等の優先権を有する債権者に弁済し、その残額を全対象債権者に債権額の割合に応じて按分弁済し、その余の保証債務について免除を受けることになる。

保証人が保証債務の減免を要請する場合の弁済計画には、その内容を記載する必要がある（ガイドライン7項(3)④ロ）。

㈲　保証債務の一部履行後に残存する保証債務の取扱い

以下のすべての要件を充足する場合には、対象債権者は、保証人からの一部履行後に残存する保証債務の免除要請について、誠実に対応しなければならない（ガイドライン7項(3)⑤）。

① 　保証人が全対象債権者に対し、保証人の資力に関する情報を誠実に開示し、開示した情報の内容の正確性について表明保証を行い、支援専門家が対象債権者からの求めに応じて、当該表明保証の適正性について確認を行い、対象債権者に報告すること。

② 　保証人が、自らの資力を証明するために必要な資料を提出すること。

③ 　ガイドラインに基づく主たる債務および保証債務の弁済計画が、対象債権者にとっても経済合理性が認められるものであること。

④ 　保証人が開示し、その内容の正確性について表明保証を行った資力の状況が事実と異なることが判明した場合、免除した保証債務および免除期間分の延滞利息も付したうえで、追加弁済を行うことについて、保証人と対象債権者が合意し、書面での契約を締結すること。

4　「経営者保証に関するガイドライン」の活用に係る参考事例集

金融庁は、「経営者保証に関するガイドライン」の活用に関して、金融機関等により広く実践されることが望ましい取組事例を収集したうえ、取りまとめ、平成26年6月に公表した。また、同年12月、平成27年7月、同年12月、平成29年4月、同年12月、平成30年6月には、取組事例を追加した。[1]

金融庁の公表する事例は、〔表4-2〕の4項目で構成されている。

〔表 4 - 2 〕　ガイドラインの活用に係る参考事例集の構成

Ⅰ経営者保証に依存しない融資の一層の促進（23事例） ○経営者保証を求めなかった事例 ○経営者保証の機能を代替する融資手法を活用した事例	Ⅱ適切な保証金額の設定（4事例） ○経営者保証以外の手段による保全状況等を考慮して、保証金額の設定、減額を行った事例
Ⅲ既存の保証契約の適切な見直し（11事例） ○保証契約の期限到来に伴い、経営者保証を解除した事例 ○経営者の交替に際し、前経営者の保障を解除し、新経営者から保証を求めなかった事例等	Ⅳ保証債務の整理（27事例） ○中小企業再生支援協議会を活用して保証債務を整理した事例 ○特定調停を活用して保証債務を整理した事例 ○REVIC を活用して保証債務を整理した事例 ○中小企業再生支援協議会および特定調停を活用して保証債務を整理した事例　　等

　以下、金融庁が公表している事例のうち、保証債務の整理に関する事例を 2 例紹介する。

〔表 4 - 3 〕　事例49．保証人の将来の高度医療費等を残存資産に含めた事例

1 ．整理の申し出を行うに至った経緯・状況等
・電子部品製造業の当社は主販売先の製造拠点の海外シフトや販売単価の低下等の影響により、業績低迷・過剰債務となった。 ・主債務者については相応の雇用を抱え地域経済への影響があることを勘案し、抜本的な再建案検討を目的として中小企業再生支援協議会へ支援要請し、第二会社方式による再建を目指すこととした。 ・保証人は、代表者、前代表者（同族外）、前々代表者（代表者の親族）の 3 名。

<hr>

1　金融庁「『経営者保証に関するガイドライン』の活用に係る参考事例集（平成29年12月改訂版）の公表について』」〈http://www.fsa.go.jp/news/29/ginkou/20171227.2.html〉。

・前々代表者の保証債務は中小企業再生支援協議会の支援を受けて整理した。一方、代表者及び前代表者は、中小企業再生支援協議会が関与しない関連会社に係る保証債務も負っていること、金融債権者が多数であったことから、より公平性、透明性を確保するべく裁判所が一定程度関与している特定調停を活用することとした。

2．当該整理の具体的内容

・早期再生に伴う回収見込額は、法的整理の場合より約3,000万円増加。
・保証人2名（代表者及び同族外の前代表者）については、特定調停により債務整理を行い、以下の資産を残存資産とした。

　①代表者：私財を返済に充てた上、破産手続における自由財産（99万円）を残存資産とした。なお、今後は従業員として新会社に留まり、また、残存資産に自宅は含まれていないものの、親族から提供を受けることができた。

　②前代表者（同族外）：代表就任期間中の当社の経営状況とその後の経営悪化との関連性が薄いこと等を総合的に勘案し、以下の資産を手元に残し、それ以外の資産を返済に充てた。
　　　　　　　　　－自由財産及び一定期間の生計費約250万円
　　　　　　　　　－自宅及び火災保険、車両
　　　　　　　　　－医師の診断書に基づく既往症治療資金（将来の高度医療費）約1,200万円

なお、当社に係る保証債務については、保証付で再生ファンドへ債権譲渡したことから、再生ファンドにおいて解除を行った。
・前々代表者（代表者の親族）については、中小企業再生支援協議会スキームに基づき保証債務を整理し、破産手続における自由財産（99万円以下）を残存資産とした。なお、残存資産に自宅は含まれないものの、親族から提供を受けることができた。

〔表4-4〕　事例55．第二会社方式により保証債務を整理した事例

1．整理の申し出を行うに至った経営・状況等

・小売業を営む当社グループは、事業拡大に伴う過大投資等により債務超

過に転落。

・メインバンクである当行は、当社が再生を図るためには、取引金融機関の調整を行い、債権放棄を含む抜本的な金融支援が必要であると考え、地域経済活性化支援機構（以下、「REVIC」という。）を活用することが有効と判断し、当社と協議し REVIC に相談にいった。

2．当社整理の具体的内容

・REVIC での再生支援決定後、債権放棄を含む抜本的な再建計画が提示され、取引全行が本計画に合意した。

・主債務者の支援スキームは以下の通り。

➤ 当社グループの事業受皿会社として100％出資子会社を設立し、REVIC が必要資金を出資するとともに新会社の全株式を取得。会社分割により当社グループの事業用資産等を新会社へ譲渡し、分割会社（旧会社）は、非事業用資産売却後に特別清算を行う。

➤ 新会社の社長は外部から招聘するとともに、REVIC から 2 名以上の取締役を派遣し、経営体制を強化。REVIC による人的支援の他、REVIC と当行による資金支援の下で再生を図っていく計画。

・保証人（旧会社社長）の保証債務の整理の概要は以下の通り。

➤ 保証人が、保有する財産に関する表明保証を行い、保証人と利害関係のない弁護士が確認を行った。一定期間の生計費に相当する資産及び自宅を残存資産とし、その他の資産で保証債務の一部履行を実施し、残存する保証債務について免除した。

・メイン行として主導して REVIC へ相談を行い、当社再建に積極的に取り組んだ結果、地元従業員の雇用維持に貢献したほか、「経営者保証に関するガイドライン」に基づいた対応により、保証人の生計維持および今後の再チャレンジに大きく寄与することとなった。

5　ガイドラインの活用・実践編

　以下では、ガイドラインの活用に関するより実践的な論点について、末尾の表記載の事例も踏まえながら、説明を行う（なお、以下の解説中の A 社、B 社等は〔表 4 - 5〕の記載に対応している）。

〔表4-5〕　経営者保証ガイドライン適用事例

【主債務者の再生スキーム等】

主債務者名	A（①A₁、②A₂）	B	C	D
主債務者の再生スキーム	①任意の私的整理による第二会社方式＋特別清算 ②事業譲渡＋破産	中小企業再生支援協議会による第二会社方式＋特別清算	中小企業再生支援協議会による第二会社方式＋特別清算	任意の私的整理による第二会社方式＋特別清算
スポンサーの有無	あり	なし	あり	あり
業種	運輸業	製造業	製造業	小売業
年商	約20億円、約1億円	約30億円	約8億円	約100億円
金融負債の総額	①約26億1千万円 ②約500万円	約27億2千万円	約3億2千万円	約28億6千万円
金融機関数（信用保証協会の有無）	①4（信用保証協会なし） ②1（信用保証協会あり）	9（信用保証協会あり）	5（信用保証協会あり）	9（信用保証協会あり）
再生計画における無担保弁済率・弁済総額	①5％・約8200万円（新会社が承継して約17年で分割弁済） ②ゼロ	約43％・10億1000万円（新会社が承継して約15年で分割弁済）	約17％・約5200万円	約1.7％・2200万円（計画当初）→約12％・約1億3000万円まで増加
破産した場合の無担保弁済率・弁済総額	①0％・0円 ②0％・0円	0％・0円	約5.4％・約1600万円	0％・0円
再生スキームによる弁済額の増加（残存資産の拡張範囲）	①約8200万円 ②有担保債権について約2400万円	約10億1000万円	約3600万円	約1億3000万円

	E	F	G	H	I
	任意の私的整理による第二会社方式＋特別清算	任意の私的整理による第二会社方式＋破産	破産	民事再生（事業譲渡）	民事再生（100％減増資）
	あり	あり	なし	あり	あり
	小売業	建設業	小売業	食品製造業	観光業
	約50億円	約20億円	不詳	約70億円	約5000万円
	約25億5000万円	約14億2千万円	不詳（5億円以上）	約38億4千万円	約12億5千万円
	4（信用保証協会あり）	8（信用保証協会あり）、4（信用保証協会なし）	5（信用保証協会あり）（○○銀行・信用保証協会以外の金融債権者については、DPOにて処理）	9（信用保証協会あり）	1（信用保証協会あり）
	約21％・約3億1000万円	約7％・約7800万円	0％・0円	最低50万円＋50万円を超える額の5％（10％見込）・最低約1億7千万円（約3億4千万円見込）	最低10万円＋10万円を超える額の3％・4260万円
	0％・0円	約0.54％・約540万円	0％・0円	0％・0円	0％・0円
	約3億1000万円	約7200万円	ゼロ	約1億7000万円以上	約4260万円

【保証人のガイドライン計画等】

主債務者名	A（① A_1、② A_2）	B	C	D
保証人のスキーム	特定調停（単独型）	協議会（一体型）	協議会（一体型）	特定調停（単独型）
保証人の立場	代表取締役1名、取締役1名	代表取締役2名	代表取締役1名	代表取締役1名
再生後の立場	1名は従業員として継続	1名は第二会社の代表取締役として継続	第二会社の相談役（後に代表取締役に復帰）	継続せず
無担保弁済の総額	約790万円、約390万円	0円、0円 ※追加弁済の規定あり	約260万円	300万円
破産した場合の弁済総額	約770万円、約1200万円	不明（未検証）	約400万円	0円
残存資産（自宅）	あり（建物116.15㎡）あり（土地125㎡、建物112㎡）	なし、あり（土地約580㎡、建物約140㎡）	なし ※息子が購入	あり（土地311.14㎡、建物約130㎡）※共有持分2分の1
残存資産（現預金）	約462万円、約143万円	約440万円、約340万円	351万円	約16万円
残存資産（保険）	0円、約318万円相当	なし、0円	なし	約300万円相当
残存資産（自動車）	約0円相当、約0円相当	なし、330万円（購入価額）	0円	なし
残存資産（その他不動産）	親の住居の一部（土地39㎡、建物25㎡）	山林約15700㎡、宅地約240㎡・山林約8180㎡ ※計画合意後5年以内に売却できた場合は弁済原資とする	なし	なし

	E	F	G	H	I
	特定調停（単独型）	特定調停（単独型）	任意の私的整理（ガイドラインに準じて債務整理）	特定調停（単独型）	特定調停（単独型）
	代表取締役2名	代表取締役1名、取締役の相続人4名	代表取締役1名（破産時点では取締役退任済）	代表取締役2名	代表取締役1名
	1名は第二会社の取締役として継続	代表取締役は第二会社の取締役として継続	取締役退任	1名は従業員として継続	代表取締役として継続
	0円、0円	0円、0円（なお、相続人の固有財産は弁済原資としない）	約560万円	約1000万円、約210万円 ※追加弁済の規定あり	約140万円
	0円、0円	0円、0円	約455万円	約900万円、約380万円	約40万円
	なし、なし ※スキーム実施時に妻が購入	あり（敷地の一部約3㎡）、あり（土地約740㎡、建物約300㎡）	なし	あり（建物499㎡）、なし	あり（土地約630㎡、建物約200㎡）
	約4万円、約30万円	10万円、なし	約99万円	約40万円、0円	約16万円
	なし、約140万円相当	約300万円相当、なし	0円	約420万円相当、約460万円相当	約70万円相当
	なし、なし	なし、なし	0円相当	約0円相当、約0円相当	約10万円相当
	なし	なし、土地（田畑、山林、墓地ほか）合計約7860㎡・建物（寄宿舎、食堂ほか）合計約360㎡	0円	山林等の換価困難な不動産 ※計画合意後1年以内に売却できた場合は弁済原資とする ※その他複数の不動産を親族に売却	なし

⑴　保証債務整理のスキーム選択

㈠　「一体型」と「単独型」の差異が主債務者の再生スキームに与える影響

　保証債務の整理が主たる債務の整理手続と一体である「一体型」と、保証債務の整理が主たる債務の整理手続とは別個である「単独型」の差異（保証人についての手続の差異）は、主債務者についての再生スキーム全体に影響を与えるか。

　保証債務整理の手続としては、特定調停（第5章参照）等の別途の手続が必要とならない「一体型」のほうが簡便であることは間違いないが、特定調停の実務がかなり定着してきており、「単独型」でも大きな問題はない。

　主債務者の手続が先行し、一定のタイムラグの後に保証人の手続を行うことにより、保証人＝経営者に対する責任追及の声が徐々に収まっていくというメリットもある。

【A社のケース】

　主債務者の第二会社方式のクロージングから保証人の特定調停申立てまで約11カ月（主債務者の特別清算手続が継続中）

【B社のケース】

　主債務者の第二会社方式のクロージング（スポンサーへの譲渡）から保証人の特定調停成立まで約1年（主債務者の特別清算終結とほぼ同時）

【F社のケース】

　主債務者の第二会社方式のクロージングから保証人の特定調停申立てまで約1年10カ月、その間に一部債権者がサービサーに保証債権を譲渡

㈣　「単独型」の手続の進め方

　次に、「単独型」の手続は、どのように進めるのが適切か。

　この点については、バンクミーティングや個別訪問により事前に調整を（ほぼ）終えた後に特定調停を申し立てるのが適切である。特定調停では、簡易裁判所・調停委員会による（本格的な）調整は困難であり、裁判所では微調整のみを行うことを想定しておくのが適切である。

特定調停の手続は裁判所ごとに運用が異なるが、①債務者のみからの聴取、②債権者が出頭しての意見聴取期日、③債権者が出頭しての意思確認のための期日（特定調停成立）の３回となることが多い。

特定調停手続において、民事調停法17条に基づく決定（17条決定）が利用される場合がある。裁判所が17条決定を出した場合、送付後２週間以内に当事者から異議が出なければ成立して効力が生じる。対象債権者から積極的な賛成は得られないが、積極的な反対まではしないという場合に、17条決定を用いて保証債務の整理を成立させることが可能である（実際に成立事例もある）。

㈸　対象債権者の数やカテゴリーによる手続の成否への影響

対象債権者の数やカテゴリーによって手続の成否に影響があるか。

まず、メガバンクや地方銀行から、第二地方銀行、信用金庫、信用組合にいたるまで、日本の金融機関にはガイドラインが相当浸透しており、ガイドラインの適用に関して異論が述べられることはまずない。

次に、信用保証協会も、全国的にガイドラインの活用に関して意識が高まっており、比較的協力的な対応をとっている状況である。

一方で、外資系金融機関が存在する場合、個別交渉が必要となる可能性ある。

ただし、（主債務者の法的整理により）担当部署が再生支援部署から債権管理部署に移管されることが多く、その場合に対応が変わることがあるため、注意が必要である。

⑵　主債務者の手続が保証手続へ与える影響

㈠　主債務者が複数の場合の保証人の手続への影響

主債務者が複数の場合、保証人の手続にどのような影響が生じるか。

この点については、経営合理性、残存資産の範囲の計算式が異なることから、別個の配慮が必要となる可能性がある。

【A社のケース】

A_1社と A_2社の２社が主債務者。A_1社の金融債務は約26億円、A_2社は約

500万円。また、主債務者からの弁済が、A₂社に関しては無担保債権者にはゼロ。

↓

A₂社の債権者（信用保証協会のみ）にとっては経済合理性の確保が困難。

↓

20万円の少額弁済のバーを設ける（全債権者に一律弁済する）ことにより、A₂社の債権者の経済合理性も確保……ガイドライン7項(3)④ロ）において、保証債務の減免を要請する対象債権者が、原則として債権額20万円以上の債権者に限定されていることを踏まえ、少額のバーとして設定することが適切と判断。

(イ)　主債務者の法的手続の選択による保証人のガイドラインの成否への影響

主債務者の法的手続の選択により、保証人のガイドラインの成否に影響があるか。

この点については、主債務者が選択する法的手続が民事再生手続、特別清算手続、破産手続かによって特に異なるという印象はない。ガイドラインの利用に関してはコンセンサスが形成されており、経済合理性が確保されていれば差異はないと考えられる。

(3)　保証人の状況等とガイドラインの成否

(ア)　保証人に収入がある場合の取扱い

保証人に相応の収入がある場合、どのように取り扱われるか。

この点については、破産手続と同様、原則としてガイドラインが適用される場合に将来の収入は返済原資として想定されていない。

そのこととは無関係に、収入や支出についての明細の開示を求められることが多い。

(イ)　経営者が粉飾を行っていた場合

経営者が粉飾を行っていた場合にも、ガイドラインに基づく保証債務の整理の申出、あるいは残存資産の範囲の拡張は可能か。

　ガイドラインに基づく保証債務整理の申出の要件は、「主たる債務者及び保証人の双方が弁済について誠実であり、対象債権者の請求に応じ、それぞれの財産状況等（負債の状況を含む。）について適時適切に開示している」（ガイドライン7項(1)(ｲ)・3項(3)）ことである。

　また、残存資産の範囲の拡張を検討するにあたって考慮する要素→「主たる債務が不履行に至った経緯等に対する経営者たる保証人の帰責性」、「経営者たる保証人の経営資質、信頼性」等（ガイドライン7項(3)③）である。

　一体整理の場合、私的整理に至った事実のみをもって一律かつ形式的に経営者の交代を求めないこととするとされている。一定の経済合理性が認められる場合等には留任が可能であるが、その場合、保証債務の全部または一部の履行、役員報酬の減額、株主権の全部または一部の放棄、代表者からの退任等により経営責任を明確化する（ガイドライン7項(3)②）。

【H社のケース】

　粉飾が民事再生手続開始申立ての最大の原因であったが、ガイドライン適用にあたってはほぼ問題視されなかった。

⑷　保証人の残存資産の範囲

㋐　「華美」かどうか

　保証人の残存資産の拡張としては、「華美でない自宅」を残存資産として含めることを検討することになる。

　どのような自宅が華美か。自宅が共有の場合やオーバーローンの場合はどうか。

　この点については、「華美」かどうかの判断基準はガイドラインで示されていないが、面積や築年数、評価額等のほか、地域性、権利関係や担保設定状況等も考慮のうえ、ケースバイケースでインセンティブ資産とすることが許容されるかどうかが判断される。

【A社のケース】

・〇〇県の100㎡強の自宅。債権者から特段の指摘なし。

・「親の住居の一部」（もともと同居していたため増築した）についても、華美

でない自宅に準ずる扱いとして特に異論は出ず、残存資産とされた。

【D社のケース】

　○○の高級住宅地、土地面積約90坪、かなり立派な邸宅を、妻と2分の1ずつ共有。住宅ローンも設定。当初は、当方で取得した評価書ベースでオーバーローンであり残存資産とすることを提案。

　　　↓

　華美かどうかは明示せずに、<u>金融機関の主張する評価額からローン残高を控除した金額をベースに、一定の弁済を行う方針に変更。</u>

【H社のケース】

　○○県の（田舎の）邸宅、土地（690㎡）は妻が所有、建物（499㎡）を本人が所有。親族からの借入金の担保が設定。

　　　↓

　建物の築年数が古いこと、担保設定されていることから、特段「華美である」との指摘もなく、残存資産とされた。

㈶　貯蓄型（解約返戻金型）預金の取扱い

　貯蓄型（解約返戻金型）預金の取扱いはどうか。

　解約返戻金の存する保険契約は、実質的には預貯金に近い性質を有しており、残存資産の判定において預貯金と合算するべきとの考え方が強い。

【A社、H社のケース】

　当初は特段弁済原資として提供することなく残存資産とすることを提案。

　　　↓

　金融機関から了解が得られなかったため、預貯金と解約返戻金評価額を合算して、一定期間の生計費を上回る部分については弁済原資とする方針に変更。

㈷　自宅以外の不動産の取扱い

　自宅以外の不動産の取扱いはどうするべきか。特に、売却困難な山林等の不動産を所有している場合はどうするか。

　この点については、売却に代えて「公正な価額」に相当する額を弁済する

ことにより、残存資産とすることが可能とされているが、できれば弁済したくないとも考えられる。

　一定期間内に売却できれば弁済原資とする、売却できなければ残存資産とするという取扱いが考えられる。

【B社、H社のケース】

　B社は5年、H社は1年の売却期間を設定。売却できれば弁済原資、できなければ残存資産とすることとされた。

【F社のケース】

　一部金融機関から（特定調停申立て後に）異論が述べられたものの、残存資産とされた。

⑸　保証人の弁済の有無とガイドラインの成否

　保証人が全く弁済しなくてもガイドラインは成立するか。

　弁済ゼロの複数の事例が成立しており、経済合理性の確保がされていれば、弁済ゼロでも十分成立する。

　ただし、残存資産がどの程度あるかとの兼ね合いがポイントとなる。

　また、経済合理性があったとしても、担当者の納得感、金融機関の稟議の通しやすさのために一定の弁済を行う必要もある。

【E社のケース】

　残存資産がほとんどなく、弁済ゼロで成立した。

【F社のケース】

　「相当の収入がある」「換価可能性が乏しいものの、自宅以外の残存資産（不動産）がある」ことから、一部金融機関から（特定調停申立て後に）一定の弁済を求める要望がされていた。

【B社のケース】

　自宅以外の残存資産（不動産）の売却困難なことは金融機関のコンセンサスがあるが、単に弁済ゼロとするのではなく、5年間の売却期間を設けることで同意が得やすくなったといえる。

第5章

私的整理における
各種制度の概要

I　概　説

　私的整理は、元来、債務者企業と債権者との間の個別の合意によって行われるものであるため、従前通則的なルールは存在しなかった。しかし、数々の私的整理による再建が積み重ねられる過程において、一定の準則の必要性が生じた。

　そこで、企業の私的整理に関する基本的な考え方を整理し、私的整理の進め方、対象となる企業、再建計画案の内容等についての関係者の共通の認識を醸成するため、平成13年 6 月に私的整理に関するガイドライン研究会が、「私的整理に関するガイドライン」を取りまとめた。私的整理ガイドラインは、私的整理を公正かつ迅速に行うための準則として、金融界と産業界を代表する者が中立公平な学識経験者等とともに協議を重ねて策定したものである。

　また、その後、産業再生機構、整理回収機構、中小企業再生支援協議会が設立されたが、それらによる私的整理手続の準則はいずれも私的整理ガイドラインを参考に策定されたものである。

　平成19年には産業活力再生特別措置法が改正され、事業再生 ADR 手続が創設された。事業再生 ADR の手続も私的整理ガイドラインを参考に策定されたものである。

　私的整理の手法としては、上記のような私的整理ガイドラインやその他の各種制度を利用せずに、債務者企業と金融機関との任意の話合いで行うことも可能である。しかし、現実には、任意の話合いのみで金融機関が債権放棄等の金融支援に応じることは難しく、金融機関特にメイン行等の意向を考慮しながら各種制度を利用する等して、債権放棄や DES 等により再建を図ることになる。もっとも、各種制度の利用の可否はメイン行の意向に影響を受けることも多く、各種制度の利用が困難な場合には第二会社方式やサービサーへの債権譲渡等により貸借対照表の改善を図ることもある。

　現在では、中小企業再生支援協議会、地域経済活性化支援機構
（REVIC）、事業再生 ADR、特定調停等が主に利用されている。

　私的整理の各種制度の特徴は〔表5-1〕のとおりである。

　以下において、各スキームの手続について詳述する。

〔表5-1〕　私的整理制度特徴一覧

	中小企業再生支援協議会	地域経済活性化支援機構（REVIC）	事業再生 ADR
対象企業	中小企業	中小企業（ただし、大企業も認定を受ければ可）	制限なし。ただし、上場会社による利用が多い
手続の主催者	統括責任者または専門家アドバイザー	企業再生支援委員会	手続実施者
一時停止通知	行わない。ただし、返済猶予の要請を行うことはある	機構が回収等停止要請を行うことがある	事業再生実務家協会と連名で行う
金融機関等との協議の主体	中小企業再生支援協議会	REVIC	債務者（代理人弁護士）
所要期間	6カ月（検証型の場合は4カ月）	―	3〜6カ月程度
手続費用	協議会の手数料はなし。専門家アドバイザー報酬は債務者負担　デューディリジェンス費用は債務者負担（一部補助あり）	機構の手数料は債務者負担　デューディリジェンス費用は債務者負担	事業再生実務家協会への手数料は債務者負担　デューディリジェンス費用は債務者負担
公表	公表しない	公表しない（ただし、大企業については公表される）	公表しない

Ⅱ　中小企業再生支援協議会

1　制度の概要

⑴　中小企業再生支援協議会とは

　中小企業再生支援協議会（以下、「協議会」という）とは、商工会議所、商工会連合会、政府系金融機関、地域の金融機関、中小企業支援センターおよび自治体等から構成され、関係者間の日常的な連携を図ることで、地域の実情に応じたきめ細かな中小企業の再生への取組みを支援するために設置された機関である。産業競争力強化法127条および128条に基づく経済産業大臣の認定により設置されている。

　平成15年に各都道府県に 1 カ所ずつ協議会が設置され、企業再生に関する知識と経験をもつ専門家（公認会計士、税理士、弁護士、中小企業診断士等）が常駐しており、中小企業の再生に係る相談等に対応している。

　平成20年には「中小企業再生支援全国本部」が設置され、同全国本部は、全国の協議会における私的整理の進め方、再生計画案の内容等についての統一的なルールを定めるため、「中小企業再生支援協議会事業実施基本要領」（以下、「協議会基本要領」という）およびその Q&A を公表した。

　その後、平成24年 4 月に内閣府・金融庁・中小企業庁により、政策パッケージが公表された。これは、金融円滑化法の期限が平成25年 3 月31日まで延長されたことを踏まえ、中小企業の経営の改善・事業再生の促進等を図るために策定されたものである。その中で、協議会については、以下の取組みを行うことによりその機能を抜本的に強化するものと定められた。

政策パッケージ 2 ⑵
①　金融機関等の主体的な関与やデューデリジェンスの省略等により、再生計画の策定支援を出来る限り迅速かつ簡易に行う方法を確

> 立する。
> ②　事業再生支援の実効性を高めるため、地域金融機関や中小企業支援機関等の協力を得て、専門性の高い人材の確保及び人員体制の大幅な拡充を図る。
> ③　経営改善、事業再生、業種転換、事業承継等が必要な中小企業にとって相談しやすい窓口としての機能を充実し、最適な解決策の提案や専門家の紹介等を行う。

また、協議会と企業再生支援機構（平成25年3月に地域経済活性化支援機構に改組）の連携強化についても定められた。

そして、上記政策パッケージの具体化を図るため、平成24年5月に協議会基本要領および Q&A が改訂された。改訂のポイントは次のとおりである。

①　財務面および事業面の調査分析（デューディリジェンス）を必要不可欠な場合に限り実施

②　再生計画策定支援にかかる標準処理期間の設定（原則2カ月）

③　協議会における事業計画の策定

これにより、従来からの協議会の個別支援チームの外部専門家が財務および事業デューディリジェンスを行うスキームではなく、個別支援チームが金融機関等の保有する債務者の財務面および事業面の情報や必要な調査等により状況把握を行い、再生計画の策定支援を実施する迅速かつ簡易なスキームでの再生支援が行われるようになった。この簡易なスキームにおける標準処理期間（第二次対応開始から再生計画策定支援の完了まで）は2カ月が想定されていた。

その後、平成26年5月に協議会基本要領が改訂され、保証債務の整理支援については経営者保証ガイドラインに従うものとされた。

また、平成30年7月13日付でさらに改訂され、標準処理期間の見直しが行われ、再生計画策定支援にかかる標準処理期間（第二次対応開始から再生計画策定支援の完了まで）は原則として6カ月（検証型（従前の迅速かつ簡易なスキーム）の場合は4カ月）とされる等の変更が行われた。

　中小企業庁の発表によれば、協議会による支援が開始された平成15年2月から平成29年度末までにおいて、4万0248社からの窓口相談に応じ、1万3140社について再生計画策定支援を完了したとのことである。特に、平成29年度の再生計画策定支援の完了件数は1042件であり、数多くの再生計画策定支援を完了させたとのことである。

　近年、金融機関による持ち込みが大幅に増加しており、企業による持ち込み件数を超えており、全体の約6割となっている。相談企業の業種としては、製造業、卸売・小売業が全体の約6割を占めている。

　再生計画策定支援を完了した企業としては、売上高1億超〜5億円以下の割合が最も高く、4割を超えている。再生の手法としては、大部分が金融機関によるリスケジュールを内容とするものである。債権放棄によるものは少ないが、そのうちの大部分が直接放棄ではなく、第二会社方式によるものとなっている。またDESやDDSが行われた事例もある。

(2)　他のスキームとの連携

　平成21年12月に施行された金融円滑化法は、平成25年3月末日をもって終了した。金融円滑化法により貸付条件等の変更を受けていた中小企業の経営状況が悪化することが見込まれたことから、上記のとおり、協議会と地域経済活性化支援機構（以下、本章では「機構」ともいう）が連携して中小企業の事業再生に取り組むこととする政策パッケージが公表され、協議会および機構において、以下のような取組みを行うことにより連携を強化することとされた。

政策パッケージ2⑶

①　機構又は協議会が相談を受けた案件について、他方が対応した方が効果的かつ迅速な支援が可能となる場合には、相互に案件の仲介等を行う。このため、機構と全国本部は連携して、相互仲介ルールを策定する。

②　……機構と全国本部は連携して、中小企業の経営状況の把握・分析や支援の手法等に係る改善や指針等の策定を行い、それらを協議

会とも共有する。

③　機構は、協議会が取り組む案件について、相談・助言機能を提供する。

④　機構及び全国本部は、協議会や金融機関が必要とする専門性を有する人材を紹介できる体制の構築を進める。

⑤　機構、協議会及び全国本部との間で、「連絡会議」を設置する。

(3)　中小企業再生支援協議会の特徴

協議会基本要領は、私的整理ガイドラインをベースとして、中小企業の特性や地域の特性を考慮して策定されたものである（Q&A 5）。そのため、協議会基本要領に定められた手順に準拠して実施する私的整理（「協議会スキーム」と呼ばれる）を具体的に遂行するにあたっては、私的整理ガイドラインにおける解釈を参照すべきとされている（Q&A 5）。

協議会スキームの特徴は、以下のとおりである（Q&A 6）。

①　協議会スキームは、対象企業が中小企業に限定されている（詳細は後記(4)のとおり）。

②　協議会スキームでは、相談企業が支援業務部門に対し再生計画策定支援の申込みを行い、これを受け、統括責任者が主要債権者の意向を踏まえ、認定支援機関の長と協議のうえ、再生計画策定支援（第二次対応）の開始を決定し、支援業務部門が手続を遂行する。

③　協議会スキームにおいては、一時停止の通知は行わない。もっとも、対象債権者の全部または一部に対して返済猶予の要請などを行うことはある。

④　協議会スキームでは、再生計画の内容として、再生計画成立後最初に到来する事業年度開始の日から5年以内を目途に実質的な債務超過を解消することが求められている（協議会基本要領6．(5)②）。私的整理ガイドラインに基づく再建計画の内容として3年以内に実質的な債務超過を解消することが求められることと比較して、条件が緩やかである。さらに、協議会スキームでは、再生計画の内容として、再生計画の終了年度

（原則として実質的な債務超過を解消する年度）における有利子負債の対キャッシュ・フロー比率がおおむね10倍以下となる内容が求められている（協議会基本要領 6．(5)④）。なお、協議会スキームでは、債権放棄等を要請する内容を含まない再生計画の場合には、上記の実質的債務超過解消年数や有利子負債の対キャッシュ・フロー比率の基準を満たさない再生計画の策定が許容されている（協議会基本要領 6．(5)⑨）（詳細は後記 2(4)のとおり）。

(4)　対象となりうる企業

協議会スキームの対象は、産業競争力強化法上の中小企業者（産業競争力強化法 2 条17項）のうち、以下の要件を満たす企業とされている。

協議会基本要領6．(1)

① 　過剰債務、過剰設備等により財務内容の悪化、生産性の低下等が生じ、経営に支障が生じている、もしくは生じる懸念のあること。
② 　再生の対象となる事業に収益性や将来性があるなど事業価値があり、関係者の支援により再生の可能性があること。

さらに、債権放棄等（実質的な債権放棄および債務の株式化（DES）を含む）の要請を含む再生計画の策定を支援する場合は、次の要件を満たす必要がある。

協議会基本要領6．(1)

③ 　過剰債務を主因として経営困難な状況に陥っており、自力による再生が困難であること。
④ 　法的整理を申し立てることにより相談企業の信用力が低下し、事業価値が著しく毀損するなど、再生に支障が生じるおそれがあること。
⑤ 　法的整理の手続きによるよりも多い回収を得られる見込みがあるなど、対象債権者にとっても経済合理性があること。

2　手続の概要

(1)　窓口相談（第一次対応）

協議会スキームによる再生を検討している債務者は、協議会（支援業務部門）の統括責任者または同補佐（以下、「統括責任者等」という）に対して相談することになる（窓口相談）。主要債権者が協議会に事前相談し、債務者に対して協議会に相談するよう勧めることも多い。

窓口相談が申し出られた場合、統括責任者等は当該債務者の概要、財務状況等を把握したうえで、課題の解決に向けたアドバイス等を行う。都道府県中小企業支援センター・商工会議所・専門家派遣等の支援・政府系金融機関の公的金融支援等で対応することが適切と判断した場合は、各関係支援機関に申し送りを行うこともある。また、事業の再生が極めて困難な場合などは弁護士会を通じて弁護士を紹介するなどの対応もとられている。

中小企業の場合、この窓口相談で終了するケースも多く、中小企業庁の発表によれば、平成29年度の相談企業のうち、再生計画策定支援（第二次対応）

1　産業競争力強化法上の中小企業者とは、以下のいずれかに該当するものをいう。

「一　資本金の額又は出資の総額が３億円以下の会社並びに常時使用する従業員の数が300人以下の会社及び個人であって、製造業、建設業、運輸業その他の業種（次号から第４号までに掲げる業種及び第５号の政令で定める業種を除く。）に属する事業を主たる事業として営むもの

二　資本金の額又は出資の総額が１億円以下の会社並びに常時使用する従業員の数が100人以下の会社及び個人であって、卸売業（第５号の政令で定める業種を除く。）に属する事業を主たる事業として営むもの

三　資本金の額又は出資の総額が5000万円以下の会社並びに常時使用する従業員の数が100人以下の会社及び個人であって、サービス業（第５号の政令で定める業種を除く。）に属する事業を主たる事業として営むもの

四　資本金の額又は出資の総額が5000万円以下の会社並びに常時使用する従業員の数が50人以下の会社及び個人であって、小売業（次号の政令で定める業種を除く。）に属する事業を主たる事業として営むもの

五　資本金の額又は出資の総額がその業種ごとに政令で定める金額以下の会社並びに常時使用する従業員の数がその業種ごとに政令で定める数以下の会社及び個人であって、その政令で定める業種に属する事業を主たる事業として営むもの

六　企業組合

七　協業組合

八　事業協同組合、協同組合連合会その他の特別の法律により設立された組合及びその連合会であって、政令で定めるもの」

〔図5-1〕　再生計画策定支援における支援手順のイメージ

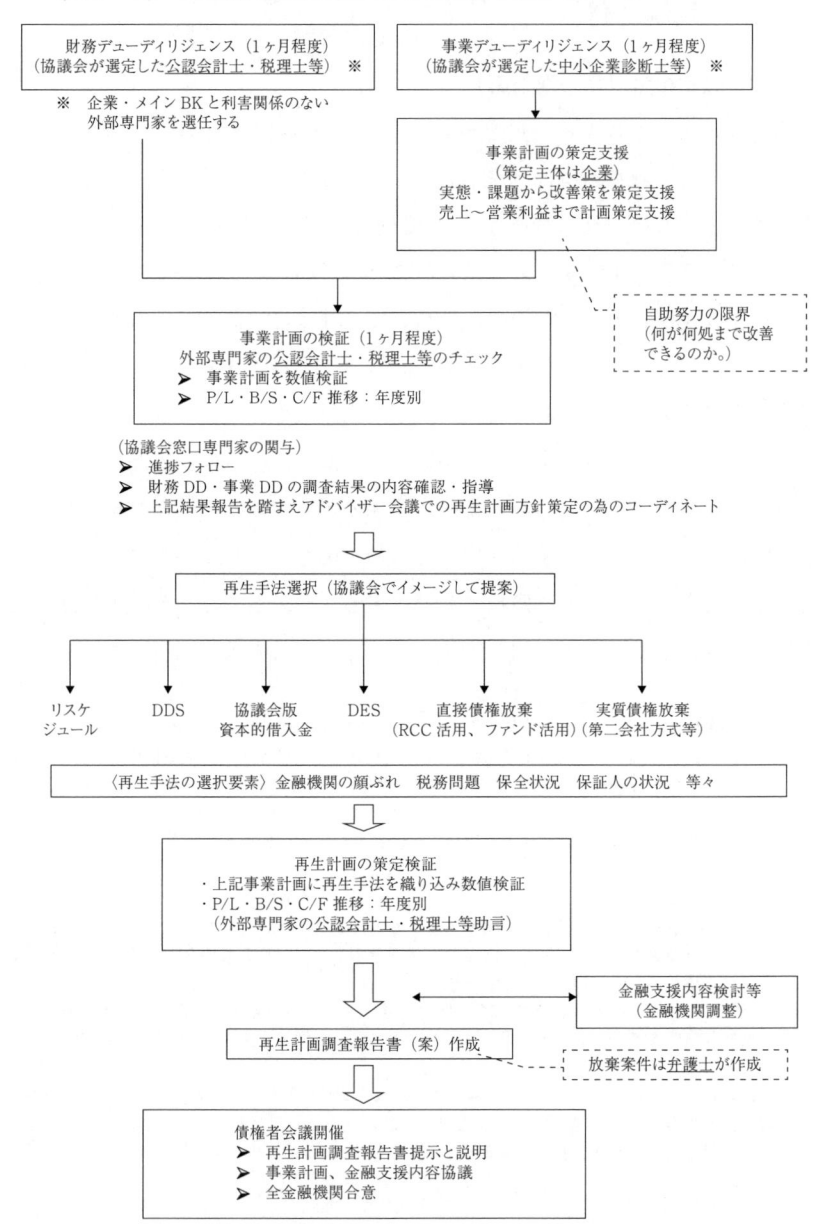

（中小企業再生支援全国本部　作成）

を実施した企業は約6割とのことである。

(2)　**再生計画策定支援（第二次対応）**

　協議会の統括責任者等は、窓口相談段階で把握した情報をもとに、再生計画の策定を支援することが適当であると判断した場合には、当該債務者の承諾を得て、主要債権者に対し、財務および事業の状況並びに再生の可能性を説明し、主要債権者の意向を確認する（協議会基本要領6．(2)①）。ここでの主要債権者の意向確認とは、具体的な再生計画への同意の可能性まで確認する必要はなく、事業性が認められない等の理由により破産的清算を求めるなど、主要債権者が当該債務者の事業の再生を検討することに対して否定的でないことが確認されれば足りる（Q&A18）。

　統括責任者は、主要債権者の意向を踏まえ、再生計画の策定を支援することを決定する。これにより、再生計画策定支援が開始することになる。そして、統括責任者は、その決定をした旨を債務者に通知するとともに、必要に応じて主要債権者および必要な対象債権者にも通知し、協力を要請する。

　なお、協議会スキームでは、私的整理ガイドラインや事業再生ADR手続において発せられる「一時停止」（対象債権者による個別的権利行使や債権保全措置等の禁止、債務者による営業過程以外での資産処分や債務負担、一部の対象債権者に対する弁済等の禁止）の通知はなされない。

　もっとも、協議会スキームによる私的整理手続の遂行に際し、債務者の資金繰り等の事情から必要性が認められる場合には、統括責任者と債務者の連名で、書面等により、対象債権者の全部または一部に対して、元本または元利金の返済の停止や猶予を求める「返済猶予の要請」や、対象債権者の個別的権利行使や債権保全措置等の差し控えを要請することもある（Q&A21）。この場合、債務者は当該要請について、個別に債権者から同意を取得することになる。

　また、債務者が税務上のメリットを得たい場合に利用される「中小企業再生支援スキーム」による場合は、私的整理ガイドラインと同様に、一時停止の通知がなされることになる。

(3)　個別支援チームによる財務および事業の状況の把握

　協議会による再生計画策定支援の開始が決定されると、統括責任者は、統括責任者等のほか、原則として外部専門家から構成される個別支援チームを編成し、再生計画の策定の支援を行う。ただし、迅速かつ簡易な再生計画の策定支援を実施する場合などには、外部専門家を含めないことも可能である。なお、個別支援チームに含める外部専門家には、公認会計士または税理士を含めることとされており、債権放棄等の要請を含む再生計画の策定を支援することが見込まれる場合には、原則として弁護士および公認会計士を含めることとされている（協議会基本要領6．(3)①）。

　個別支援チームは、原則として、個別支援チームに参画する公認会計士または税理士による財務デューディリジェンスおよび中小企業診断士等による事業デューディリジェンスを実施し、当該債務者の財務および事業の状況を把握し、それに基づき当該債務者の再生計画案の作成を支援する（協議会基本要領6．(4)①）。

　もっとも、債務者が財務および事業デューディリジェンスを実施したうえで相談を申し込み、それを個別支援チームが検証することにより、債務者の財務および事業の状況を把握することにより、再生計画案の作成支援をすることも可能とされている（当該方式を「検証型」という（協議会基本要領6．(4)④））。検証は、原則として個別支援チームに参画する財務面を公認会計士または税理士が、事業面を中小企業診断士等が検証するものとされている。ただし、事業改善や滞納公租公課の解消等のための期間として暫定的なリスケジュール計画を策定する場合や、小規模事業者において債権放棄等を含まない再生計画案を策定する場合等では、統括責任者等のみによる個別支援チームが、外部専門家を含めずに事業再生計画案の策定支援を行うことも可能であるとされている（Q&A37）。

(4)　再生計画案の作成

　当該債務者は、個別支援チームの支援を受けつつ、再生に向けて核となる事業の選定と、その事業の将来の発展に必要な対策を立案し、具体的かつ実

現可能な再生計画案を作成する。再生計画案の内容は以下を含むものでなければならない（協議会基本要領６．(5)）。

① 債務者の自助努力が十分に反映されたものであるとともに、以下の内容が含まれること。

  ・企業の概況

  ・財務状況（資産・負債・純資産・損益）の推移

  ・実態貸借対照表

  ・経営が困難になった原因

  ・事業再構築計画の具体的内容

  ・今後の事業見通し

  ・財務状況の今後の見通し

  ・資金繰り計画

  ・債務弁済計画

  ・金融支援（リスケジュール、追加融資、債権放棄等）を要請する場合はその内容

② 実質的に債務超過である場合は、再生計画成立後最初に到来する事業年度開始の日から５年以内を目途に実質的な債務超過を解消すること（企業の業種特性や固有の事情等に応じた合理的な理由がある場合には、これを超える期間を要する計画を排除しない）[2]。

③ 経常利益が赤字である場合は、再生計画成立後最初に到来する事業年度開始の日からおおむね３年以内を目途に黒字に転換すること（企業の業種特性や固有の事情等に応じた合理的な理由がある場合には、これを超える期間を要する計画を排除しない）。

④ 再生計画の終了年度（原則として実質的な債務超過を解消する年度）における有利子負債の対キャッシュ・フロー比率がおおむね10倍以下となること（企業の業種特性や固有の事情等に応じた合理的な理由がある場合に

2　実際には、債務超過解消を10年程度を目途とする計画も認められているようである。

は、これを超える比率となる計画を排除しない)。

⑤　対象債権者に対して金融支援を要請する場合には、経営者責任の明確化を図ること。

⑥　金融支援の内容として債権放棄等を要請する場合は、株主責任の明確化も盛り込むこと。

⑦　再生計画案における権利関係の調整は、債権者間で平等であることを旨とし、債権者間の負担割合については、衡平性の観点から個別に検討すること。

⑧　債権放棄等を要請する内容を含む再生計画案である場合は、破産手続による債権額の回収の見込みよりも多くの回収を得られる見込みが確実であるなど、対象債権者にとって経済的な合理性が期待できること。

なお、債権放棄等を要請する内容を含まない再生計画案であって、再生計画案の内容が上記②～④を満たさない場合であっても、再生計画策定支援の規定に準じて、再生計画の策定を支援することができるとされている。

債務者、主要債権者および個別支援チームは、財務および業務の状況の把握や、再生計画案作成の進捗状況に応じて適宜会議を開催し、協議・検討を行う。この会議において、個別支援チームは、公正中立な立場から、債務者と主要債権者の利害関係の調整を図り、再生計画案について債務者と主要債権者との合意形成に努める。この会議には、必要に応じて、主要債権者以外の対象債権者やスポンサー候補者等も参加することができる。

このように、債務者が作成する再生計画案は主要債権者の意見も盛り込んだものとなっており、その意味で完成した再生計画案については主要債権者から一応の内諾を受けているものとなる。

(5)　統括責任者による再生計画案の調査報告

債務者が、個別支援チームの支援を受け、また、主要債権者との協議も踏まえて再生計画案を策定すると、協議会の統括責任者が、対象債権者に提出するために、当該再生計画案の内容の相当性および実行可能性について調査報告書を作成する。ただし、債権放棄等を要請する内容を含む再生計画案の

場合、原則として個別支援チームに参画した弁護士が再生計画案の内容の相当性および実行可能性を検証し、調査報告を行うこととされている（協議会基本要領6.(6)①）。

調査報告書には、以下の事項が盛り込まれる。

協議会基本要領6.(6)②より抜粋

(ⅰ)　再生計画案の内容

(ⅱ)　再生計画案の実行可能性

(ⅲ)　債権放棄等を要請する内容を含む再生計画案の場合には、法的手続きと比較した経済合理性（私的整理を行うことの経済合理性）

(ⅳ)　金融支援の必要性

(ⅴ)　金融支援の合理性

---

(6)　債権者会議の開催と再生計画の成立

統括責任者（または個別支援チームに参画した弁護士）による再生計画案の調査報告書が作成されると、債務者、個別支援チームおよび主要債権者が協力して、全対象債権者による債権者会議を開催する。債権者会議では、全対象債権者に対して、再生計画案の内容が説明されるとともに、協議会から調査報告書が提出され、調査結果が報告される。そして、事業計画や金融支援の内容などについて質疑応答・意見交換などがなされた後、対象債権者が再生計画案に対する同意不同意の意見を表明する期限が定められる。

債務者、個別支援チームおよび主要債権者は、対象債権者等と協議のうえで、必要に応じて再生計画案を修正し、合意形成に努める。ここでも個別支援チームは、公正中立な第三者の調整役としての役割を担うこととなる。

再生計画は、全対象債権者が同意し、その旨を書面等により確認した時点で成立する。一部の債権者が同意しなかった場合には、再生計画は原則として不成立となるが、不同意の対象債権者を除外しても再生計画の実行上影響がないと判断できる場合には、不同意の対象債権者からの金融支援を除外した変更計画を作成し、他の対象債権者の全員から同意を得られれば、変更後

の再生計画が成立する。

　なお、対象債権者の数や事案の内容によっては、債権者会議を開催せず
に、持ち回りによって説明等を行い、対象債権者から個別に同意不同意の意
見を書面で表明してもらうことも認められており、手続の柔軟な運用が可能
となっている。

　再生計画が成立した時点で、再生計画策定支援は完了することとなる。再
生計画策定支援においては、標準処理期間（第二次対応開始から再生計画策定
支援の完了まで）は、原則として6カ月（検証型の場合は4カ月）とされてい
る。

(7)　モニタリング

　再生計画策定支援が完了した後も、協議会は主要債権者と連携して、債務
者の計画達成状況等についてモニタリングを行うことになる。モニタリング
の期間は、債務者の状況や再生計画の内容等を勘案したうえで、再生計画が
成立してからおおむね3事業年度を目途として行われる。協議会は、モニタ
リングの結果を踏まえて、必要に応じて外部専門家の協力を得て、再生計画
の着実な達成に向けた助言等も行っていくことになる。

3　協議会スキームを利用した場合の税務

(1)　債権者における税務処理

　協議会スキームにより策定された再生計画により債権放棄が行われた場合
の債権者側の税務処理に関しては、法人税基本通達9－4－2に定める「合
理的な再建計画に基づく」債権放棄に該当し、当該放棄額を損金に算入する
ことができる（国税庁平成15年7月31日付回答）。

(2)　債務者における税務処理

　協議会スキームにより策定された再生計画により債務免除が行われた場合
の債務者側の税務処理に関しては、法人税基本通達12－3－1(3)に定めると
おり、原則として、債務の免除等の決定について恣意性がなく、かつ、その
内容に合理性があると認められる資産の整理に該当し、期限切れ欠損金の損

金算入（法人税法59条）の適用がある（国税庁平成15年7月31日付回答）。

　一方、債務者側の税務処理に関する資産評価損益の計上および期限切れ欠損金の優先利用については、協議会基本要領に基づく再生計画（協議会スキーム）では認められない。

　債務者側の税務処理において資産評価損益の計上および期限切れ欠損金の優先利用が認められるためには、債務者は、中小企業庁が別途定めている「中小企業再生支援スキーム」に従って再生計画を策定する必要がある。当該手続は、協議会スキームとは異なり、①主要債権者・債務者・協議会の統括責任者の連名で対象債権者に対して一時停止通知を発し、第1回債権者会議を開催して一時停止の追認・同意を得ること、②第1回債権者会議における債権者の承認を前提として、中小企業再生支援全国本部の下部組織として外部専門家で構成される再生計画検討委員会が設置されること、③再生計画案の作成にあたり公認会計士等による財務デューディリジェンスおよび中小企業診断士等による事業デューディリジェンスを実施すること、④別途定められている「実態貸借対照表作成に当たっての評価基準」に基づいた資産評定が行われること、⑤当該資産評定および再生計画案の内容等について、再生計画検討委員会が調査報告書を提出することなど厳格な手続となっており、実際には利用数は少ないようである。

4　経営改善支援センターによる計画策定費用等の支援

　平成25年3月、経営改善計画策定支援事業（以下、「支援事業」という）を行うため、協議会に経営改善支援センター（以下、「支援センター」という）が新設された。

　支援事業では、一定の要件の下、中小企業等経営強化法に基づき認定された経営革新等支援機関（以下、「認定支援機関」という）が中小企業・小規模事業者の経営改善計画の策定を支援する場合に、計画策定費用およびフォローアップ費用の総額の3分の2（上限200万円）が支援センターにより負担される。これは、借入金の返済負担や財務上の問題により金融支援が必要で

あるが自ら経営改善計画を策定することが困難な中小企業・小規模事業者を支援する目的のものである。

　認定支援機関には、弁護士、会計士、税理士、金融機関、コンサルティング会社等が認定されており、今後の活用が期待されている。

Ⅲ　地域経済活性化支援機構（REVIC）

1　組織の概要

　地域経済活性化支援機構（以下、「機構」という）とは、産業再生機構の成功を受けて設立された企業再生支援機構が平成25年3月に改組されて設立された事業再生支援等を行う機関である。

(1)　産業再生機構

　平成15年4月、株式会社産業再生機構法が施行され、有用な経営資源を有しながら過大な債務を負っている事業者に対し、過剰供給構造その他の当該事業者の属する事業分野の実態を考慮しつつ、当該事業者に対して金融機関等が有する債権の買取り等を通じてその事業の再生を支援することを目的として、産業再生機構が設立された。

　産業再生機構においては、金融機関からの債権の買取期間が2年間とされ、買い取った債権や出資により保有した株式を買取決定から3年以内に売却することになっていた。そのため、産業再生機構は設立から5年間（平成20年3月末まで）に限定された組織であった。

　もっとも、予定よりも早く支援が終了したことから、当初の予定よりも1年早く、平成19年3月15日をもって解散し、同年6月5日をもって清算手続を結了した。

(2)　企業再生支援機構 (ETIC)

　産業再生機構による支援において、最終的に国民の負担も発生せず、利益が出たこともあり、産業再生機構が解散した後も、同様のモデルの新しい機構を設立することが検討された。

　そして、平成21年6月、株式会社企業再生支援機構法が成立し、地域における総合的な経済力の向上を通じて地域経済の再建を図り、あわせてこれにより地域の信用秩序の基盤強化にも資するようにするため、金融機関、地方

公共団体等と連携しつつ、有用な経営資源を有しながら過大な債務を負っている事業者に対し、金融機関等が有する債権の買取りその他の業務を通じてその事業の再生を支援することを目的として、同年10月、株式会社企業再生支援機構（ETIC）が設立された。

　企業再生支援機構の支援決定は、原則として平成23年10月までとされており、あらかじめ主務大臣認可を受けた事業者については平成24年 4 月まで支援決定が可能とされていた。そのため、平成23年10月に、いったん再生支援に関する相談の受付を終了した。しかしその後、平成24年 3 月に株式会社企業再生支援機構法が改正され、支援決定の期限が平成25年 3 月まで延長され、主務大臣認可を受けた事業者については平成25年 9 月までに延長された。そこで、平成24年 4 月から、再度、再生支援に関する相談の受付を開始した。

　企業再生支援機構は、地域経済を支える中堅事業者、中小企業者その他の事業者の事業再生・活性化を主たる目的としていた。もっとも、実際には、日本航空グループやウィルコム等の大企業についても支援を決定していた。

　平成25年 3 月までに28件の支援決定を行い、うち14件について支援を完了した。支援を完了しなかった案件については、下記の地域経済活性化支援機構に引き継がれることとなった。

(3)　地域経済活性化支援機構

　平成25年 3 月、金融円滑化法の期限が切れることを踏まえ、株式会社企業再生支援機構法が改正され地域経済活性化支援機構法となり、企業再生支援機構は地域経済活性化支援機構に改組された。機構は、事業の選択と集中、事業の再編も視野に入れた事業再生支援や、新事業・事業転換および地域活性化事業に対する支援により、健全な企業群の形成、雇用の確保・創出を通じた地域経済の活性化を図ることを目的としている。そのため、機構では、これまで企業再生支援機構において行われてきた事業再生支援のみならず、ファンド運営業務等を通じた地域経済の活性化に資する事業活動に対する支援も行うこととなる。

　事業再生支援については、再生支援の決定期限が5年間延長され、平成30年3月末まで（あらかじめ主務大臣の認可を受けた事業者に対しては同年9月末まで延長可能）とされ、さらに平成30年5月にさらに3年間延長され、平成33年3月末までとされた。

2　地域経済活性化支援機構の業務の概要

(1)　事業再生支援

(ア)　支援対象となる事業者

　企業再生支援機構に引き続き、機構においても、事業再生支援が主な業務となっている。再生支援対象事業者に対し、金融機関が有する債権の買取りや貸付債権の信託の引受けによる支援を行う。

　支援の対象となる事業者は、有用な経営資源を有しながら過大な債務を負っている事業者であって、債権者その他の者と協力してその事業の再生を図ろうとする者である。ただし、以下のものは除外されている（機構法25条1項各号）。

① 　大規模事業者（資本金・出資額5億円超かつ常時使用従業員数1千人超の事業者）。ただし、再生支援による事業の再生が図られなければ、当該事業者の業務のみならず地域における総合的な経済活動に著しい障害が生じ、地域経済の再建、地域の信用秩序の維持または雇用の状況に甚大な影響を及ぼすおそれがあると主務大臣が認めた場合には支援対象とすることができる

② 　地方住宅供給公社、地方道路公社、土地開発公社

③ 　第三セクター

(イ)　中小企業再生支援協議会との違い

　機構は協議会と同様に、事業者の再生支援を目的とするものであるが、協議会とは異なり以下のような特徴がある。

① 　協議会では、中小企業のみが対象とされており、大企業は利用することができない。一方、機構では、原則として中小企業が対象とされてい

るものの、主務大臣が認めた場合には、大規模事業者も対象とすること
ができる。

② 協議会では、主にリスケジュールによる事業再生が行われ、債権放棄
は第二会社方式によって行われるものもあるが、件数としては少数にと
どまっている。一方、機構では、機構自身による債権買取りが可能であ
るため、実質的にリスケジュールのみならず、債権放棄による事業再生
計画の策定も行いやすい。

③ 上記のとおり、機構では機構自身による債権買取りが可能であるた
め、債権者数が多数であったり、債権者間の意向がまとまらず任意の私
的整理では事業再生計画の策定が困難な場合であっても、事業再生を図
ることが可能な場合がある。

㈦　手続の特徴

機構を利用する手続は、公的な機関が債権者と債務者の利害調整役を担う
という点で、協議会スキームに類似する。

また、メイン行等の主要債権者との協調が前提とされている手続である点
では、私的整理ガイドラインに類似している。

他方で、機構は、企業再生支援機構と同様、公的資金を用いて対象債権者
から債権を買い取ったり、債務者に出資または融資をすることが認められて
おり、公的機関がより積極的に債務者の事業再生に関与する手続である点に
大きな特徴がある。

企業再生支援機構からの主な変更点としては、企業再生支援機構では支援
期間は3年以内とされていたが、中小企業の事業再生にはより長期の支援が
必要とされることから、5年以内へと延長された。また、企業再生支援機構
では、支援決定、買取決定等の各種決定を行った都度、事業者名の公表が義
務付けられていたが、風評被害につながるとの懸念から、機構においては、
大規模事業者以外の支援対象事業者について、その名称の公表義務がなく
なった。

⑵　地域経済活性化事業活動支援

　機構では、従来、企業再生支援機構で行われていた事業再生支援業務に加え、地域の再生現場の強化や地域活性化に資する支援業務を新たに実施することができるようになった。具体的には、①特定専門家派遣業務、②活性化ファンド業務、③再チャレンジ支援業務（特定支援）、④ファンド出資業務（特定組合出資）が実施されている。

　各支援業務の詳細については後記6を参照されたい。

3　事業再生支援業務の手続の概要

　機構における事業再生支援の手続は以下のとおりであり、機構の定める「地域経済活性化支援機構の実務運用標準」（以下、「実務運用標準」という）に詳細に規定されている。

〔図5-2〕　再生支援決定までの流れ

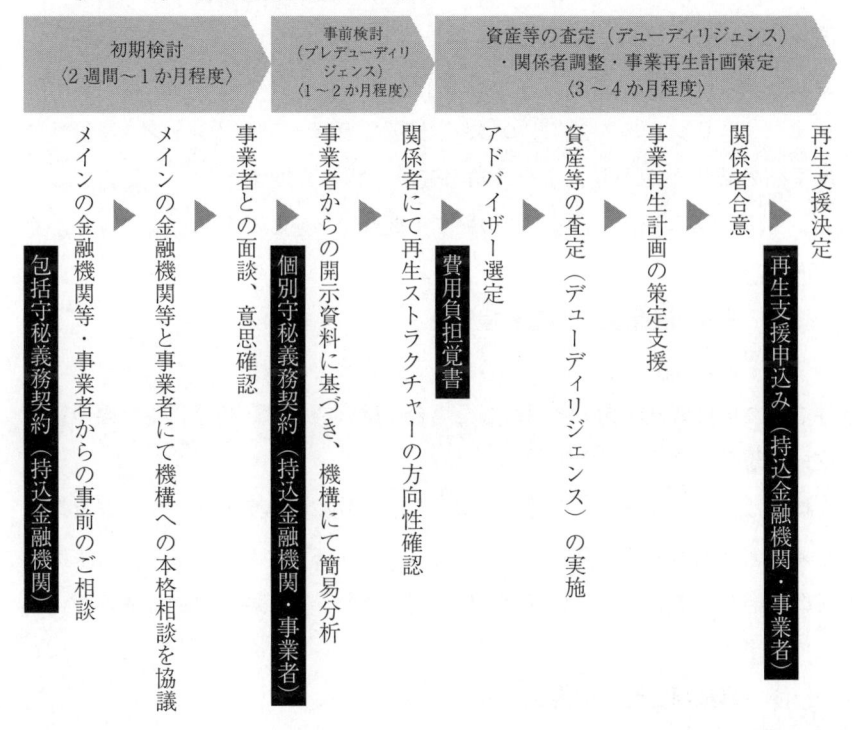

（機構HPより引用）

(1)　事業者等による事前相談

　債務者は、原則としてメイン行等の主要債権者を伴って、機構に事業再生支援の可能性について相談する。支援の申込みは、法律上は、メイン行等と連名で行うこととはされてはいない。しかし、機構の支援基準（平成21年内閣府・総務省・財務省・厚生労働省・経済産業省告示第 1 号。以下、「支援基準」という）において、①申込みがメイン行等の重要な債権者との連名によるものであること、②①の場合と実質的に同程度（スポンサーによる支援を受けられる見込みがあるまたはメイン行等から事業再生計画に対する同意を得られる見込みがある）の再生の可能性があることを書面により確認することができること、のいずれかを満たしている必要があるとされているため、実質的には、債務者はメイン行等を伴って事前相談を行うことになる。

　機構は、事業者等から事業再生に関する相談を受けたときは、関係者への聞き取り調査や簡易な資産査定（プレ・デューディリジェンス）等を実施し、当該事業者が支援対象となりうる事業者であるか否かを判断する。プレ・デューディリジェンスを行うのは、本格的なデューディリジェンスを行うには多額の費用がかかり、また人的な資源も相当程度割かれることになるため、支援の見込みがない案件について不要なコストが生じるのを避けるためである。

(2)　事業再生計画の策定支援

　プレ・デューディリジェンスの結果を踏まえ、当該事業者が支援決定の要件を満たす可能性があると判断した場合には、機構は、事業再生計画の策定支援に着手する。

　機構は、外部委託による財務、事業、法務等に係るデューディリジェンスを通じ、事業者の状況を詳しく把握する。デューディリジェンスの結果は、必要に応じて事業者や主要債権者にも開示され、事業再生計画作成の資料として活用される。

(3)　事業再生計画の内容

　デューディリジェンスと並行して、事業再生計画が策定される。事業再生

計画は、再生をめざす事業者が、機構等の協力も得つつ作成することとされている（実務運用標準4(2)）。もっとも、実際には、機構が将来的にスポンサー等として自ら事業再生にあたるという立場から、自らのノウハウを活かして事業再生計画の作成に積極的に関与することになる。

　事業再生計画の内容は、以下の事項を含むものでなければならない。

実務運用標準5

① 　再生支援対象事業者の概要

② 　支援申込みに至った経緯

③ 　事業再構築計画の具体的内容

④ 　今後の事業見通し

⑤ 　債権者への金融支援依頼事項（当該部分では、実務運用標準別紙1で定められた再生計画における資産評定基準に基づく実態貸借対照表を作成する。また、債務免除またはDESが必要な場合には、その金額を定める）

⑥ 　今後の財務状況の見通し

⑦ 　資金繰り計画

⑧ 　弁済計画

⑨ 　支援基準適合性

⑩ 　株主、経営者の責任（債務免除またはDESを受ける場合は、支配株主の支配権を消滅させるとともに、減増資により既存株主の割合的地位を消滅させるか大幅に低下させる。また、経営者は原則として退任し、債権者やスポンサーの意向により引き続き経営に参画する場合も私財の提供など相当程度の責任を追及する）

⑪ 　法的整理との比較

（変更箇所一部あり）

---

(4)　再生支援決定等

　事業再生計画の作成が進み、機構による内部検討を踏まえて支援決定が可能な状態に達したと判断されると、事業者は機構に対して、事業再生計画書とともに再生支援の申込書を正式に提出する。申込書は、上記のとおり、主要債権者と連名でなされることが一般的である。

再生支援の申込みがなされると、機構内部に設置されている企業再生支援委員会において、支援基準の再生支援決定基準に従って、再生支援を行うかどうかの決定を行う。

再生支援決定基準は以下のとおりである。

① 再生支援の申込みにあたって次のいずれかに該当すること

 ⓐ 主要債権者との連名による申込みであること

 ⓑ 重要な債権者と連名である場合と実質的に同程度の再生の可能性があること（具体的には、事業の再生に必要な投融資等（スポンサー等からの援助を含む）を受けられる見込みがあるまたは重要な債権者から事業再生計画に対する同意を得られる見込みがあること）を書面により確認することができること

② 再生支援決定が行われると見込まれる日から5年以内に、以下の「生産性向上基準」および「財務健全化基準」を満たすこと

 ⓐ 「生産性向上基準」（以下のいずれかを満たすこと）

  ㋐ 自己資本当期純利益率が2％ポイント以上向上

  ㋑ 有形固定資産回転率が5％以上向上

  ㋒ 従業員1人あたり付加価値額が6％以上向上

  ㋓ 上記に相当する生産性の向上を示す他の指標の改善

 ⓑ 「財務健全化基準」（以下のいずれも満たすこと）

  ㋐ 有利子負債（資本制借入金がある場合は当該借入金を控除）のキャッシュ・フローに対する比率が10倍以内

  ㋑ 経常収入が経常支出を上回ること

③ 再生支援決定時点で清算した場合の当該事業者に対する債権の価値を、事業再生計画を実施した場合の当該債権の価値が下回らないと見込まれること

④ 機構が、申込事業者に対する債権買取り、資金の貸付け（社債の引受けを含む）、債務の保証または出資（DESを含む）を行う場合、再生支援決定が行われると見込まれる日から5年以内に、新たなスポンサーの関

与等により申込事業者のリファイナンスが可能な状況となるなど、申込事業者に係る債権または株式もしくは持分の処分が可能となる蓋然性が高いと見込まれること

⑤　事業再生計画の内容として機構の出資が含まれる場合、次の要件をすべて満たすこと

　ⓐ　機構による出資が真に必要不可欠であること

　ⓑ　機構が出資比率に応じたガバナンスを発揮できる体制を構築すること

　ⓒ　機構の出資により、メイン行、スポンサー等からの投融資等を受けることができると見込まれること

　ⓓ　企業価値の向上により投下資本以上の回収が見込まれること

⑥　過剰供給構造にある事業分野に属する事業を有する事業者については、事業再生計画の実施が過剰供給構造の解消を妨げるものではないこと

⑦　労働組合等と事業再生計画の内容等について話し合いを行ったこと、または行う予定であること

⑧　申込事業者が、機構法25条1項各号に定める除外法人でないこと

上記のとおり、事前相談の段階で支援基準を満たすか否かは十分な検討がなされていることから、通常は、再生支援の申込書が提出されると速やかに再生支援決定が行われる。

また、再生支援決定と同時に、以下の事項についても決定が行われる。

①　関係金融機関等（支援決定の対象となった事業者の債権者のうち事業再生計画に基づく再生のために協力を求める必要があると認められる金融機関等）

②　必要債権額（関係金融機関等が債権の買取りの申込みまたは事業再生計画に従って債権の管理または処分をすることの同意をすることが必要と認められる債権の額）

③　債権の買取申込み等期間（支援決定日から3カ月以内で定める、債権の買取りの申込みまたは事業再生計画に従って債権の管理または処分をするこ

との同意をすることの回答期間）

④　回収等停止要請（買取申込み期間等が満了するまでの間、全関係金融機関等に対して、回収など債権者としての権利行使をしないように要請すること）をすべきか否か

(5)　**買取申込み等の求め・回収等停止要請**

機構は、再生支援決定を行ったときは、直ちに、関係金融機関等に対し、再生支援決定の日から起算して3カ月以内で機構が定める期間内（買取申込み等期間）に、当該金融機関等が再生支援対象事業者に対して有するすべての債権につき、以下の①の申込みまたは②の同意をする旨の回答（買取申込み等）をするように求める。

①　債権の買取りの申込み

②　事業再生計画に従って債権の管理または処分（リスケジュールや債権放棄等）をすることの同意（再生支援対象事業者に対する貸付債権を信託財産とし、事業再生計画に従ってその管理または処分を機構に行わせるための信託の申込みを含む）

また、機構は、関係金融機関等が再生支援対象事業者に対し、債権の回収その他債権者としての権利の行使をすることにより、買取申込み等期間が満了する前に再生支援対象事業者の事業の再生が困難となるおそれがあると認められるときは、すべての関係金融機関等に対し、買取申込み等期間が満了するまでの間、回収等をしないことの要請（回収等停止要請）を行う。

(6)　**債権者説明会等**

機構は、回収等停止要請の通知を行った日から極力早期に、関係金融機関等に対する説明会を開催する。その説明会において、関係金融機関等に対して、検討に必要な事業再生計画等の資料一式が配布され、機構が中心となって、金融支援の内容を含む事業再生計画の内容および支援決定日以降の諸手続等の説明や協力要請などが行われる。

その後は、機構が交渉当事者となり、各関係金融機関等との個別協議、利害調整を行い、事業再生計画に定める金融支援の内容について各関係金融機

関等から理解を得られるように努める。

(7)　買取決定および債権買取りの実行等

機構は、買取申込み等期間内にすべての関係金融機関等から買取申込み等があったときは、速やかに、それぞれの買取申込み等に対し、支援基準に従って、債権の買取りまたは再生支援対象事業者に対して金融機関等が有する貸付債権の信託の引受け（債権買取り等）をするか否かの決定を行う。

買取決定の基準は以下のとおりであり、①〜⑤のすべてを満たさなければならない。

①　買取申込み等に係る債権のうち、買取りをすることができると見込まれるものの額および事業再生計画に従って債権の管理または処分をすることに同意した債権額の合計額が必要債権額を満たしていること

②　買取決定の対象となる買取申込み等をした関係金融機関等が回収等停止要請に反して回収等をしていないこと

③　買取価格は、再生支援決定に係る事業再生計画を勘案した適正な時価を上回らない価格であること

④　買取決定時点においても、再生支援決定基準を満たすこと

⑤　再生支援決定までに、再生支援対象事業者が労働組合等と事業再生計画の内容等について話合いを行っていなかった場合には、当該話合いを行ったこと

関係金融機関等の一部からしか買取申込み等がなされなかった場合であっても、支援決定時に決定した必要債権額を満たす債権を保有する関係金融機関等から買取申込み等がなされた場合には、機構は債権買取り等を決定することができる。

買取決定等がなされると、債権買取りを実行するため、当該債権に関するデューディリジェンスを行ったうえで、買取申込みをした関係金融機関等との間で、債権譲渡契約を締結する。

また、事業再生計画に従ってリスケジュールや債権放棄等について同意をした関係金融機関等との間では、各関係金融機関等の債権・担保権の確認、

当該債権に対する弁済方法、債権放棄、新規融資・一定の貸付けに関する弁済方法（優先弁済）、債権者会議の開催、債務者の制約事項（コベナンツ）や報告事項などを定めた債権者間協定を締結する。

(8)　債権等の譲渡その他処分決定

債権の買取りの実行、出資の実行後、機構はモニタリングや場合によっては専門家を派遣して、対象事業者の事業活動に対する助言を行う。

そして、機構は、支援決定の日から5年以内で、かつできるだけ短い期間に、再生支援対象事業者にかかる債権または株式の譲渡その他の処分の決定を含め、再生支援対象事業者に対するすべての再生支援を完了するように努める。

(9)　支援決定等の公表

上記のとおり、機構においては、中小企業者等については、名称の公表義務がなくなり、四半期ごとに、中小企業者等の概要を公表することが義務付けられた。ただし、大規模事業者については、従来どおり、各決定の都度、事業者の名称の公表が義務付けられている。

4　社債の元本減免に関する確認

債務者が公募社債を発行している場合、多数の社債権者が存在し、しかも社債権者の特定が困難であることから、すべての社債権者から減免の同意を得ることは極めて困難である。さらに、会社法上、社債権者集会の決議で社債の減免まで可能かとの論点もある。

そこで、社債を含む多額の負債を抱える事業者が、事業再生に取り組みやすい環境を整備する観点から、「社債権者集会の決議に基づき償還すべき社債の金額について減額を行う旨が記載された事業再生計画に従って事業の再生を図ろうとする再生支援対象事業者は、機構に対し、当該減額が再生支援対象事業者の事業の再生に欠くことができないものとして主務大臣が定める基準に該当するものであることの確認を求めることができる」とされた（機構法34条の2第1項）。また、裁判所は、機構が確認を行った償還すべき社債

の金額について減額を行う旨の社債権者集会の決議に係る認可の申立て（法732条）が行われた場合には、機構による確認が行われていることを考慮したうえで、当該社債権者集会の決議について不認可事由（決議が社債権者の一般の利益に反するとき（法733条4号））に該当するか否かを判断しなければならないこととされた（機構法34条の3第1項）。

　これにより、機構が必要性を確認した社債の元本減免であれば、社債権者集会の決議が裁判所に認可される蓋然性が高くなると考えられる。

　機構による確認については、以下の事項をすべて満たすことが求められている。[3]

平成25年内閣府、総務省、財務省、経済産業省告示第2号

一　当該減額の目的が、当該減額に係る確認を求めた再生支援対象事業者の事業の再生のために合理的に必要となる償還すべき社債の金額についての減額を行うためであること。

二　当該減額に係る確認を求めた再生支援対象事業者を当該確認時点で清算した場合の当該社債の償還すべき金額を、当該減額を行った場合の当該社債の償還すべき金額が下回らないと見込まれること等、当該減額が、当該社債の社債権者にとって経済的合理性を有すると見込まれるものであること。

　また、機構が確認を行うに際しては、当該再生支援対象事業者の事業再生計画における当該社債に係る債務以外の債務の免除の状況その他の事情に鑑み、当該事業再生計画における当該社債に係る債務以外の債務の取扱いとの実質的な衡平についても十分に考慮しなければならないとされている。

3　機構法34条の2第1項の規定に基づき、「事業再生計画に記載された社債権者集会の決議に基づき行う償還すべき社債の金額についての減額が当該再生支援対象事業者の事業の再生に欠くことができないものであることを確認するための基準を定める件」（平成25年内閣府、総務省、財務省、経済産業省告示第2号）が定められている。

5　地域経済活性化支援機構を利用した場合の税務

機構の手続を利用して債権放棄が行われた場合の債権者側の税務処理に関しては、事業再生 ADR 手続等を利用した場合と同様、当該債権放棄は、法人税基本通達9-4-2に定める「合理的な再建計画に基づく」債権放棄に該当し、当該放棄額を損金に算入することができる。

また、債務者側の税務処理に関しても、事業再生 ADR 手続等を利用した場合と同様の要件を満たす場合には、資産評価損益の計上（法人税法25条3項および33条4項）および期限切れ欠損金の損金算入（同法59条2項）が認められる。詳細は第9章を参照されたい。

6　地域経済活性化事業活動支援業務の概要

⑴　特定専門家派遣業務

地域における事業再生・地域経済活性化の支援の担い手（金融機関、事業再生子会社および事業再生・地域活性化ファンドの運営会社）は、その業務を行

〔図5-3〕　特定専門家派遣業務の概要

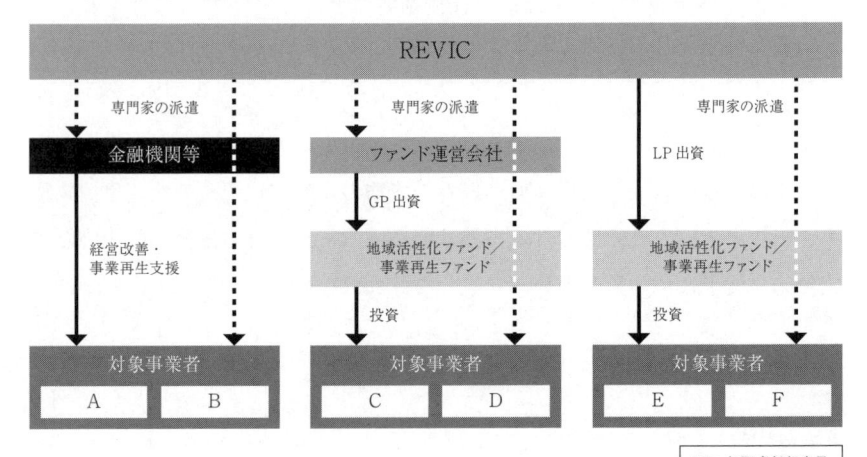

（機構 HP より引用）

うために必要があると認めるときは、機構に対し、特定専門家の派遣の申込みをすることができるとされている（機構法32条の11第1項）。

　これにより、機構に結集されたノウハウが専門家の派遣を通じて各地域に提供されていくことにより、地域における事業再生・地域経済活性化の支援の担い手である金融機関・ファンド運営会社等の支援能力が向上することが期待されている。

　なお、平成26年10月の制度改正により、新たに、これら支援の担い手が支援、資金供給等を行う事業者に対しても、機構の専門家を派遣し、事業再生等に係る支援・助言等を行うことが可能となった。

　特定専門家派遣決定は、平成33年3月31日までに行わなければならず、機構は、平成38年3月31日までに特定専門家派遣に係る業務を完了するように努めなければならないとされている。

(2)　活性化ファンド業務

　機構は、単独でまたは民間事業者、金融機関等と共同して、事業再生・地域活性化ファンドの運営会社の設立およびその経営管理（特定経営管理）を

〔図5-4〕　活性化ファンド業務の概要

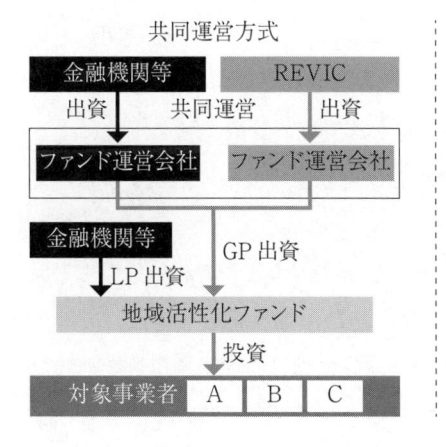
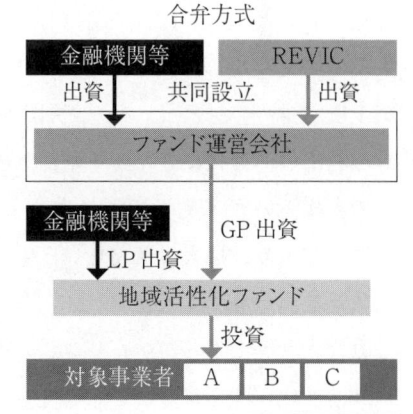

GP：無限責任組合員
LP：有限責任組合員

（機構 HP より引用）

行うことができる（機構法32条の13第 1 項）。

　これにより、機構が民間事業者とともに、機構に蓄積されたノウハウを活用して事業再生・地域活性化ファンドの運営に携わることにより、民意を中心とした地域経済活性化に向けた取組みを支援しつつ、地域における事業再生・地域経済活性化事業活動の支援の担い手の支援能力の向上等が期待されている。

　ファンド運営子会社として、平成25年 6 月に REVIC キャピタル株式会社、平成27年 1 月に NCB キャピタル株式会社、同年 3 月に REVIC パートナーズ株式会社、平成29年 7 月にいよぎん・REVIC インベストメンツ株式会社が設立された。

　特定経営管理決定は、平成33年 3 月31日までに行わなければならず、機構は、平成38年 3 月31日までに特定経営管理に係る業務を完了するように努めなければならないとされている。

⑶　再チャレンジ支援業務（特定支援）

　過大な債務を負っている事業者の代表者等であって、当該事業者の事業に係る債務を保証し、地域経済の活性化に資する事業活動の実施に寄与するために、その保証に係る債権を有する金融機関等と協力して、自らの債務の整理を行おうとする者は、機構に対し、当該事業者および当該金融機関等と連名で、特定支援の申込みをすることができるとされている（機構法32条の 2 第 1 項）。特定支援とは、金融機関等が有する債権の買取業務の実施による地域経済の活性化に資する事業活動の実施に寄与するために必要な債務の整理の支援をいう（機構法24条 1 項）。

　これにより、過大な債務を負っている中小企業等の代表者等が負担する保証債務を機構が買い取ることにより、主債務と保証債務を一体として整理し、代表者等による再チャレンジの支援、地域における雇用創出等を通じた地域活性化が図られることが期待されている。平成26年 2 月から経営者保証ガイドラインが適用されることになったことに伴い、新たに機構の業務として追加されたものである。

　上記３記載の機構の事業再生支援業務との相違点は、①事業者（主債務者）、経営者（保証人）、金融機関等（メインでなくても可能）の三者連名での申込みとなること、②弁済原資は現存資産となるため資産等の査定（デューディリジェンス）は簡易なものとなること、③少なくとも金融機関の１社からの債権買取りが必要であること、④機構は融資、出資、保証を行わないこと等である。

　特定支援決定は、原則として平成33年３月31日までに行わなければならず、機構は、特定支援決定をした日から５年以内でかつできる限り短い期間内に業務を完了するように努めなければならないとされている。

〔図５-５〕　再チャレンジ支援業務（特定支援）の概要

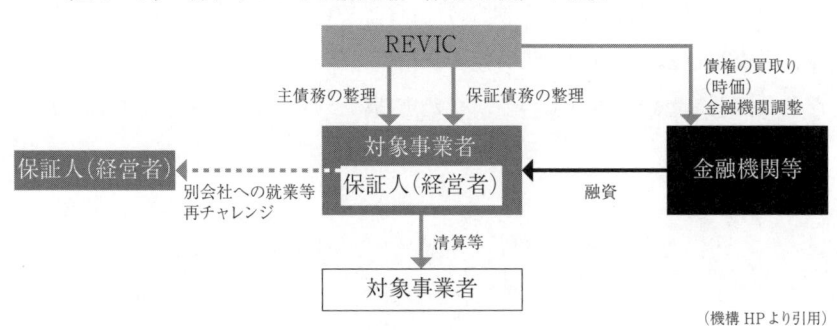

（機構 HP より引用）

⑷　ファンド出資業務（特定組合出資）

　事業の再生を図ろうとする事業者や地域経済活性化事業活動を行う事業者に対して、地域経済の活性化に資する資金供給を行う投資事業有限責任組合の無限責任組合員は、機構に対し、有限責任組合員として出資を行うよう申込みをすることができる（機構法32条の12第１項）。

　上記⑵活性化ファンド業務においては機構がファンドを運営することが想定されているが、これに対し、ファンド出資業務（特定組合出資）においては、機構が出資者として資金供給を行うことにより、民間資金の出資の呼び水となり、民間によるリスクマネーの供給や事業再生・地域経済活性化ファンドの組成が促されることが期待されている。

〔図 5 - 6 〕　ファンド出資業務（特定組合出資）の概要

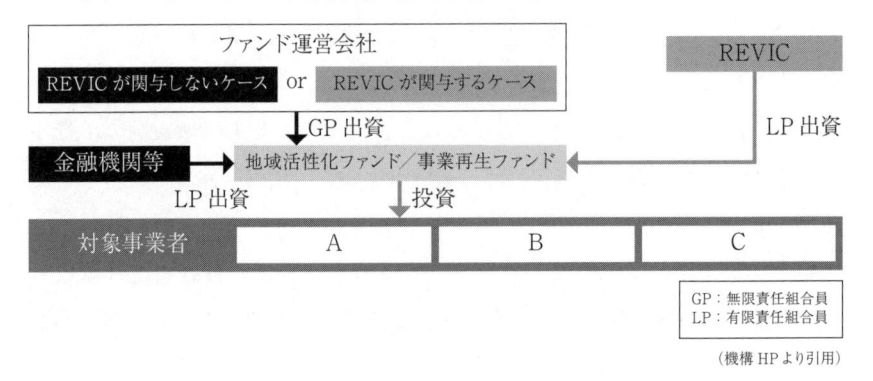

（機構 HP より引用）

　特定組合出資決定は平成33年 3 月31日までに行わなければならず、機構は、平成38年 3 月31日までに特定組合出資に係る業務を完了するように努めなければならないとされている。また実績についても公表することとされている。

Ⅳ　事業再生 ADR

1　制度の概要

⑴　事業再生 ADR とは

　事業再生 ADR 手続とは、当事者間の協議をベースとして合意により紛争を解決する裁判外紛争解決手続（ADR 手続）の一類型である。

　ADR 手続は、ADR 法の施行によって法制度として整備され、法務大臣の認証を受ければ民間事業者も裁判外紛争解決手続を取り扱うことができるようになった。

　また、平成19年 8 月には産業活力再生特別措置法が改正施行され、法務大臣の認証を受けたうえで、さらに事業再生に係る紛争を取り扱う事業者としての特別な要件を満たす者として経済産業大臣の認定を受ければ、民間事業者が中立公正な第三者として、私的整理手続を取り扱うことができるようになった。

　これを受けて、事業再生に携わる弁護士・公認会計士・金融機関関係者等が中心となった事業再生実務家協会が、法務大臣の認証および経済産業大臣の認定を受け、特定認証紛争解決事業者として事業再生 ADR 手続を取り扱うことができるようになった。

　その後、平成26年 1 月に産業競争力強化法が施行され、産業活力再生特別措置法は廃止されたが、事業再生 ADR は産業競争力強化法に承継されている。

　このように、事業再生 ADR 手続は、私的整理手続でありながら、ADR 法および産業競争力強化法という法律上の根拠のある手続であり、透明性が高められた手続である。なお、現時点において、特定認証紛争解決事業者として認定を受けている機関は事業再生実務家協会のみである。

(2)　事業再生 ADR 手続関連法令

　上記のとおり、事業再生 ADR は任意の私的整理手続と異なり、法令に根拠をもつ手続である。事業再生 ADR 手続に関連する法令は〔表5-2〕のとおりである。

〔表5-2〕　事業再生 ADR 手続関連法令一覧

法令名	内容
裁判外紛争解決手続の利用の促進に関する法律（ADR 法）	裁判外紛争解決手続の基本理念を定めるとともに、同手続を民間業者が業務として行うにあたり認証の基準等を定めたもの
産業競争力強化法	特定認証解決事業者として認定を受けるための要件やプレ DIP ファイナンスに関する特例を定めたもの
経済産業省関係産業競争力強化法施行規則（経産省令）	事業再生 ADR 手続の基本的事項を定めたもの
経済産業省関係産業競争力強化法施行規則第29条第1項第1号の資産評定に関する基準（平成26年経済産業省告示第9号）（資産評定基準）	債権放棄を伴う事業再生計画を作成する場合には、経済産業省が定めた「資産評定基準」に基づく資産評定を行う必要があり、その具体的内容を定めたもの
経済産業省関係産業競争力強化法施行規則第29条第2項の規定に基づき認証紛争解決事業者が手続実施者に確認を求める事項（平成26年経済産業省告示第8号）（経産省告示）	事業再生計画に基づき債権放棄が行われた場合に税法上の優遇措置を受けるため、事業再生計画案について手続実施者に確認を求めるべき事項の具体的内容を定めたもの

(3)　事業再生 ADR 手続の特徴

① 　手続の透明性・公正性の確保

　　事業再生 ADR 手続は、ADR 法および産業競争力強化法等により法制化された手続であり、しかも、公正・中立な第三者（法務大臣の認証・経済産業大臣の認定を受けた事業再生実務家協会が候補者を選定し、対

象債権者全員の同意によって選任される手続実施者）が手続の主宰者とされているため、対象債権者から手続の透明性・公正性に対する信頼が得られやすい。

② 明確なメイン行のいない債務者でも利用可能

　私的整理ガイドラインでは、債務者とメイン行との連名で一時停止通知を送付する必要があり、債務者とメイン行が共同して手続を遂行する必要があるため、メイン行が存在しない場合やメイン行の協力が得られない場合には、手続を利用すること自体ができない。これに対し、事業再生 ADR 手続は、メイン行の存在を要件としていないため、メイン行のいない債務者企業であっても、利用が可能である。

③ メイン行の協力が得られやすい

　私的整理ガイドラインにおいては、メイン行が債務者企業とともに手続を主導していくため、他の金融機関の同意を得るためにメイン寄せが生じるケースが多かった。これに対し、事業再生 ADR 手続は、手続を主宰するのが手続実施者であるし、また、債権者間の公平性が強く求められる手続であるため、メイン寄せが生じにくい。その結果、メイン行の理解や協力が得られやすいというメリットがある。

④ 対象債権者が金融機関に限られない

　私的整理ガイドラインにおいては、原則として金融機関のみが手続の対象債権者とされている。事業再生 ADR 手続においても、原則として金融機関のみが対象とされているものの、金融機関以外にも、貸金業者（ノンバンク）、債権の譲受人および債権回収会社、その他相当と認められる債権者を対象債権者とすることができ（特定認証 ADR 手続に基づく事業再生手続規則（以下、「事業再生手続規則」という）25条2項）、債務者企業の事業を再生するにあたって、必要な対象債権者を債務者企業自身が選定することが可能である。

⑤ 上場廃止の猶予

　上場会社が債務超過に陥った場合、一部から二部へ指定替えが行われ

るが、当該上場会社が事業再生 ADR に基づく整理を行うことにより、1年以内に債務超過の状態でなくなることを計画している場合には、1年の猶予が認められることになる。

　また、債務超過に陥った上場会社が1年以内に債務超過を解消できない場合は上場廃止となるが、当該上場会社が事業再生 ADR に基づく整理を行うことにより、当該1年を経過した日から起算して1年以内に債務超過の状態でなくなることを計画している場合には、2年以内に債務超過を解消できなければ上場を廃止するとされており、1年の猶予が認められている。このように、事業再生 ADR 手続を行うことにより、2期連続債務超過であっても上場が維持できることとされた。

⑷　手続のおおまかな流れ

　事業再生 ADR の手続は大別して、①事前相談〜正式申請まで、②一時停止通知〜計画案の決議まで、③計画案の決議〜、の3段階に分けることができる。

㋐　事前相談〜正式申請

　事業再生 ADR を利用できるのは、事業価値が認められ、債権者からの支援を受けることによって、事業再生の可能性がある企業に限られる。そこで、手続利用希望企業から利用申請があると、事業再生実務家協会から選任された手続実施者選任予定者による事前審査が行われ、正式に申込みを受け付けるか否かが判断されることになる。

　手続利用希望企業は、デューディリジェンスを行い、資産状況を把握するとともに、清算貸借対照表、損益計画、弁済計画並びに事業再生計画案の概要を作成し、手続実施者選任予定者の調査を受ける。そして、手続実施者選任予定者と事業再生計画案について協議を行い、手続実施者選任予定者が事業再生計画案について経済合理性、実行可能性等があると認めれば、正式申請を行うことになる。

㋑　一時停止通知〜計画案の決議

　正式申請後、対象債権者に対して債務者企業と事業再生実務家協会とが連

名で一時停止通知を発送し、対象債権者に対し、債権回収や担保設定行為を行わないよう要請するとともに、第1回債権者会議への出席を促す。

　一時停止通知発送後2週間以内に行われる第1回債権者会議（概要説明会議）では、事業再生計画案の概要を説明するとともに、手続実施者の選任、一時停止通知の具体的内容および期間、今後の債権者会議のスケジュールについて決議を行う。

　その後、債務者企業は対象債権者および手続実施者と協議を行いながら事業再生計画案を作成し、第2回債権者会議（協議会議）までに対象債権者に交付したうえで、第2回債権者会議において、事業再生計画案の説明を行う。また、手続実施者は、公正中立な立場から、事業再生計画案に対する調査報告書を提出し、事業再生計画案に対して意見を述べる。第2回債権者会議は、第1回債権者会議の1カ月半から2カ月後を目途に開催される。

　そして、事業再生計画案については、約1カ月後に開催される第3回債権者会議（決議会議）において、対象債権者の決議にかけられる。

㈡　計画案の決議～

　第3回債権者会議において、対象債権者全員の同意を得ることができれば、事業再生計画が成立する。事業再生計画が成立すると、当該計画に従ったリスケジュールや債務免除が行われ、計画を実行していくことになる。

　一方、全対象債権者の同意を得ることができなかった場合は、事業再生ADR は終了し、その後は特定調停または法的整理手続に移行することになる。

⑸　標準的なスケジュール

　手続利用申請が正式に受理されると同時に、一時停止通知が送付された時点で、事業再生 ADR 手続が開始されたことになる。その後の標準的なスケジュールは、〔図5-7〕のとおりである。

　〔図5-7〕のスケジュールは、あくまでも標準的なモデルケースであり、利用申請後にスポンサーを選定することが予想され、スポンサーの募集手続や交渉に時間がかかるなど、事業再生計画案の作成に相当程度の時間を要す

〔図5-7〕　事業再生 ADR 手続の標準スケジュール

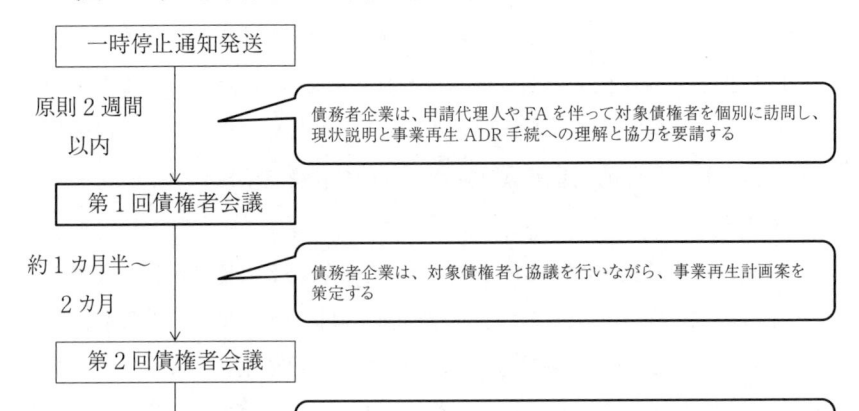

ると想定される事案等の場合には、第1回債権者会議、第2回債権者会議、第3回債権者会議の開催期間に、通常よりも間隔を空けるなど、上記のスケジュールに当初から一定程度の余裕をもたせたスケジュールを組む場合もある。

2　事業再生 ADR の関係者

⑴　債務者企業

⑺　手続を利用できる企業

　事業再生 ADR 手続を利用するためには、債務者企業は以下の要件を満たしていなければならないとされている（経産省告示2条1項1号、事業再生手続規則22条）。

① 過剰債務を主因として経営困難な状態に陥っており、自力による再生が困難であること

② 技術、ブランド、商圏、人材等の事業基盤があり、その事業に収益性や将来性がある等事業価値があり、重要な事業部門で営業利益を計上し

ている等債権者の支援により再生の可能性があること

③　民事再生、会社更生等の法的整理手続の申立てにより信用力が低下し、事業価値が著しく毀損される等、事業再生に支障が生じるおそれがあること

④　事業再生 ADR 手続を用いた事業再生によって、債権者が破産手続によるよりも多い回収を見込める可能性があること

⑤　手続実施者選任予定者の意見および助言に基づき、法令適合性、公正・妥当性および経済的合理性があると認められる事業再生計画案の概要を策定する可能性があること

　上記の要件は実質的には事前相談の段階で審査される。本業での収益性・将来性の有無（要件②）、法的整理に入った場合の事業や社会経済への影響の程度（要件③）、メインバンクその他の主要金融機関の理解と協力が得られる見込みの有無（要件④）を中心に、各要件を総合的にみて事業再生 ADR 手続を利用することが可能か否かが審査されることになる。

㈣　債務者企業の役割

　事業再生 ADR 手続においては、債務者企業が、窮境に陥った要因の分析および対策、自助努力のための方策の検討等、自らが主導的に検討しなければならない事項を検討したうえ、自ら資産査定や事業再生計画案の作成を行わなければならない。

　具体的には、

①　経営が困難になった原因の分析

②　事業の再構築のための方策の検討（市場分析、事業の選択と集中、他の競合他社と差別化、組織再編等の検討）

③　リストラ、コスト削減等の自助努力のための方策検討

④　資産・負債および収益・費用の見込みに関する事項の検討

⑤　資金調達に関する計画の立案

⑥　経営責任および株主責任の検討

⑦　対象債権者に対する支援要請内容の検討

⑧　債務の弁済に関する計画の立案

⑨　自己資本充実のための措置の検討

等を自ら行わなければならない。

また、対象債権者との交渉も行う必要がある。

そして、これらを支援するのが、申請代理人、公認会計士、ファイナンシャルアドバイザー（FA）等である。

(2)　手続実施者

手続実施者とは、裁判外紛争解決手続（ADR）において和解の仲介を実施する者をいい、事業再生 ADR 手続においては実際に手続を主宰し、債権者・債務者間の債権債務関係の調整を図る者をいう。

事業再生 ADR における手続実施者は、中立かつ公正な第三者的立場から、手続を主宰して債務者企業が作成した事業再生計画案について対象債権者にとっての経済合理性を検証して調査報告書を作成したり、必要に応じて、手続の進行に関する問題の解決、対象債権者との直接の接触・協議を行うなどの役割を担う。

このように、手続実施者は、事業再生 ADR 手続の主宰者として重要な役割を担うものであることから、事業再生に係る専門的知識および実務経験を有する者であることが必要であり、法令上も以下のいずれかの要件を満たす者でなければならないとされている（産業競争力強化法49条 1 項 1 号、経産省令17条）。

①　協議会において、中小企業再生支援業務の統括責任者または当該統括責任者を補佐する者の経験を有すること

②　事業再生 ADR 手続において、手続実施者を補佐する者として事業再生に係る債務者とその債権者との間の権利関係を 3 件以上適切に調整した経験を有すること

③　産業再生機構または機構において事業再生に携わった経験を有すること

④　一般に公表された債務処理を行うための手続（破産、民事再生、会社

更生等の法的手続を除く）についての準則（公正かつ適正なものと認められ
るものに限る）に基づき、事業再生に係る債務者とその債権者との間の
権利関係を適切に調整した経験を有すること（具体的には、私的整理ガイ
ドラインにおける専門家アドバイザー経験者であること）

　また、経産省令22条 3 項により、手続実施者の中には、民事再生の監督委
員や管財人、会社更生の管財人の経験を積んだ弁護士が 1 名以上含まれなけ
ればならないとされている。さらに、事業再生計画案が債権放棄を伴う場合
には、手続実施者を 3 名以上（有利子負債が10億円に満たない場合には 2 名以
上）選任することとし、監督委員または管財人の経験者のほかに公認会計士
を 1 名以上選任しなければならないとされている（経産省令22条 3 項ただし
書）。

　事業再生実務家協会においては、産業競争力強化法および経産省令の要件
を満たした手続実施者の候補者を「手続実施者候補者リスト」として名簿を
作成のうえ、候補者を登録しており、各案件に応じて、手続実施者の候補者
が名簿から選任される仕組みとなっている。

⑶　対象債権者

　事業再生 ADR において一時停止の通知を行う対象債権者は、基本的には
金融機関、貸金業者、サービサー等が想定されている（事業再生手続規則25
条 2 項）。

　もっとも、対象債権者の範囲は法令上限定されておらず、債務者企業は、
対象債権者とすべき相当の理由があれば、金融機関以外の債権者についても
「その他相当と認められる債権者」（事業再生手続規則25条 2 項 4 号）として、
事業再生 ADR 手続の対象債権者に加えることが（規則上は）可能である。
ただし、商取引債権者の協力が得られる見込みがあるか否かについては慎重
に判断する必要があり、実務上は、商取引債権者を対象債権者に加えるの
は、ごく例外的な場合に限られるものと考えられる。

3　手続の概要

(1)　事前相談～正式申請

(ア)　利用申請（仮申請）

　債務者企業が、事業再生 ADR 手続を利用する場合にまず行わなければならないのは、利用申請書（仮申請書）の提出である。債務者企業は、利用申請（仮申請）にあたり、所定の手続利用申請書（仮申請書）および添付書類を提出するとともに、審査料として50万円（税別）を支払う必要がある。なお、利用申請の前に、事業再生実務家協会との間で、利用申請について事前相談が行われる。

　利用申請（仮申請）が行われることにより、債務者企業は、手続利用の正式申請を行う前に比較的少額の費用で事業再生 ADR 手続によって事業再生が可能か否かについて、事業再生実務家協会に相談する。

　利用申請（仮申請）があった場合、事業再生実務家協会は、審査会を組成したうえ、債務者企業が事業再生 ADR 手続の利用者としての要件を満たしているか、また事業再生計画案の成立の見通しと履行可能性の観点からみて事業再生 ADR 手続を利用することに適しているか否かの審査を行う。なお、事業再生計画案の成立の見通しの判断にあたっては、対象となり得る主たる債権者との交渉経緯やその意向が斟酌されるため、債務者企業は、利用申請（仮申請）の前に、あるいはこれと並行して、主要金融債権者に対して、非公式に接触を図り、事業再生 ADR 手続の利用を検討している旨を説明し、協力や理解を求めることになる。

　この審査において、債務者企業が事業再生 ADR 手続を利用するのに適すると判断された場合には、利用申請（仮申請）が仮受理される。

　債務者企業は、利用申請（仮申請）が仮受理された場合には、直ちに、事業再生事務家協会が取り決めた「手数料・報酬規程」に基づき、業務委託金を支払わなければならない。

〔図 5 - 8〕　事業再生実務家協会による事業再生 ADR 手続の流れ

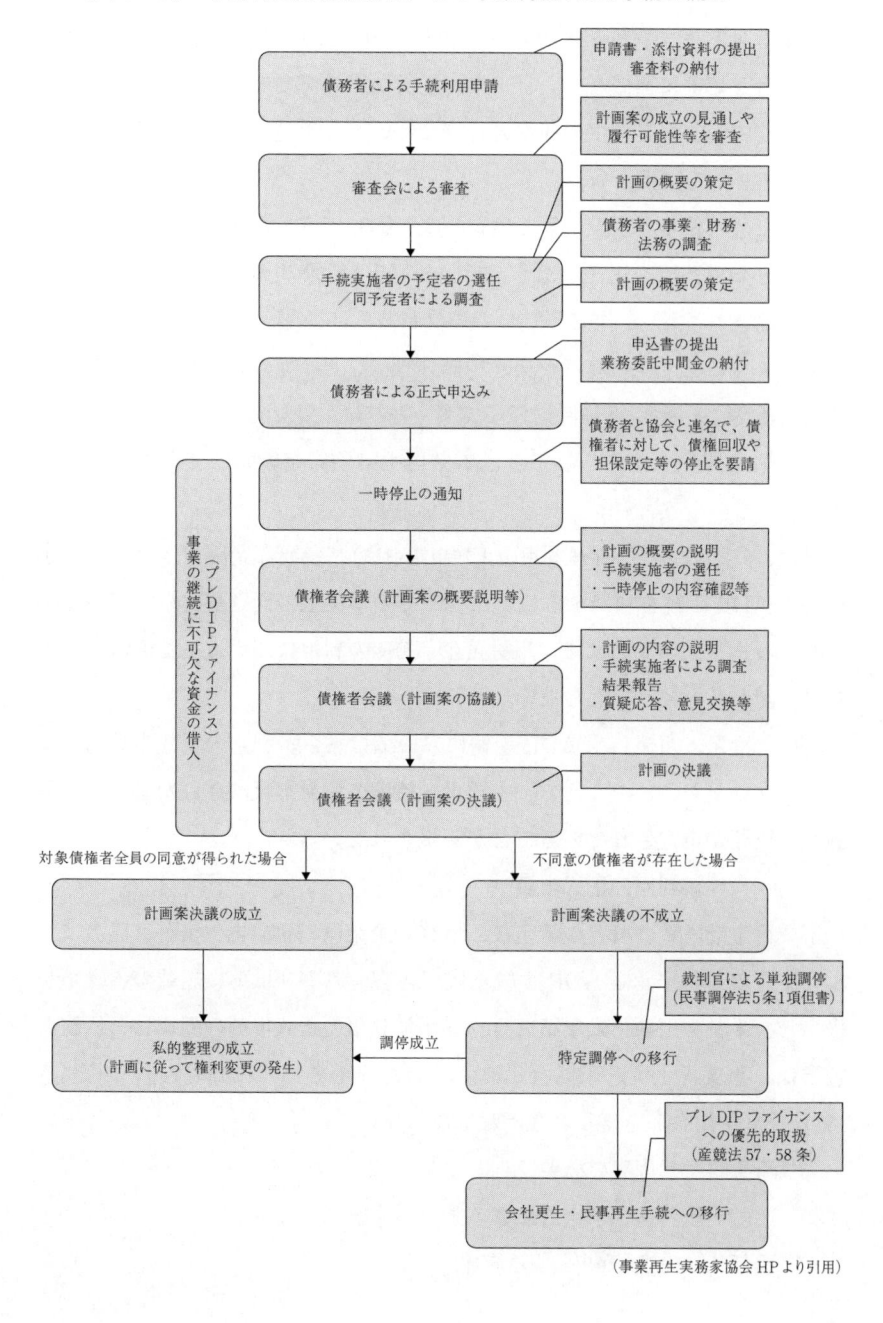

（事業再生実務家協会 HP より引用）

(イ)　正式申請の準備

　債務者企業は、手続利用申請（仮申請）が仮受理された後、手続実施者選任予定者と個別に面談を行い、事業再生計画案の概要を示しながら、事業内容、財務内容、事業再生の基本方針等について、手続実施者選任予定者に対して、具体的な説明を行う。

　このため、債務者企業としては、必要に応じてFA等のコンサルタントや会計士等の専門家を選任したうえで、利用申請（仮申請）前に、事業再生計画案の原案（素案）を作成しておく必要がある。

　このようにして、債務者企業、申請代理人、FA等のコンサルタント、公認会計士等と、手続実施者選任予定者（並びに主要債権者）が、それぞれに密接な協力関係を構築しながら、事業再生計画案を策定していくことになる。

　また、この段階で（手続利用の正式申請前に）、主要な金融債権者より、事業再生ADR手続を利用することについての事実上の同意が得られている必要があり、正式申請時には、事業再生ADRの利用に関する主たる債権者の意見を記載しなければならない。

　このように、事業再生ADR手続においては、手続利用の正式申請前に、十分な準備がなされたうえで、主要金融機関の意見も反映された事業再生計画案の概要が策定されていることが想定されている。

(ウ)　手続利用の正式申請

　事業再生計画案の概要の策定後、債務者企業は、事業再生実務家協会に対し、所定の「特定認証ADR手続正式申込書」および以下に記載の各書類を提出し、手続利用の正式申請を行う。手続利用の正式申請の際には、債務者企業は、事業再生実務家協会が取り決めた「手数料・報酬規程」に基づき「業務委託中間金」を支払わなければならない。

①　事業再生計画案の概要

②　手続実施者選任予定者による調査報告書

③　委任状（代理人が申請する場合）

④　直近 3 事業年度分の法人税確定申告書（決算書・勘定科目明細を含む）

⑤　子会社・関連会社の直近事業年度の法人税確定申告書（子会社・関連会社がある場合）

⑥　借入金明細表

⑦　固定資産の明細（直近事業年度分）

⑧　担保一覧表

⑨　定款

⑩　商業登記簿謄本

⑪　会社案内

⑫　固定資産の明細（直近事業年度分）

⑬　代表者等個人の直近の確定申告書（代表者等が保証債務を負担している場合）

⑭　デューディリジェンス報告書

(エ)　**正式申請受理**

　事業再生実務家協会は、かかる手続利用の正式申請を受け、再生債務者が作成した事業再生計画案の概要が、下記(1)〜(4)記載の事業再生手続規則21条 2 項各号の要件を満たしたものであることを確認した場合は、正式申請を受理し、債務者企業にその旨を通知する。

事業再生手続規則21条 2 項

(1)　債権額の回収の見込みが破産手続による債権額の回収の見込みよりも多いことなど、債権者にとっても経済的合理性が期待できること

(2)　過剰設備や遊休資産の処分又は不採算部門の整理・撤退など、申請債務者の自助努力を伴うものであること

(3)　実行可能性があること

(4)　債権者全員の合意を得られる見込みがあること

⑵　一時停止通知～第 1 回債権者会議

㋐　一時停止の通知

　事業再生実務家協会は、事業再生 ADR 手続の正式申請を受理すると、同日中に、対象債権者に対して、申込者である債務者企業と連名で、一時停止の通知を行う。この点が、メイン行と債務者企業との連名で一時停止の通知が行われる私的整理ガイドラインとは大きく異なる点である。

　また、一時停止通知の送付方法としては、FAX で行うことが認められており、FAX で対象債権者に一斉に送信されるのが通例である。FAX に加えて、原本を郵送することも行われている。

　一時停止通知の具体例は、〔書式 5 - 1 〕のとおりである。

　なお、実務上は、主要債権者については正式申請前から訪問し、事業再生 ADR 手続の利用について事実上の同意を得ていることが一般的であるが、一時停止通知送付後は、主要債権者のみならず、全対象債権者と個別に面談を行うなどして、事業再生計画案の概要を説明し、第 1 回債権者会議への出席や第 1 回債権者会議における議案（一時停止の追認等）についての同意を得るべく尽力することになる。

　一時停止通知には、「『債務者の債権者は、第 1 項の通知を受け取った場合には、債務者に対する債権の回収、担保権の設定、又は破産、民事再生、会社更生もしくは特別清算等の法的倒産手続の申立を行うことができない。』旨を記載する」こととされている（事業再生手続規則25条 5 項）。このほかに、流動性預金の解放を求めたり、信用保証協会の信用保証付融資について信用保証協会へ代位弁済請求をしないように求めることもある。なお、一時停止通知によって支払いを停止するのは、通常、元本の返済のみであり、利息の支払いは継続することが多い。ただし、資金的な問題等からすでに利息の支払いを止めている場合等には、利息の支払停止についても一時停止の内容にするケースもある。

【書式 5 - 1】　一時停止の通知書

○○年○月○日

一時停止の通知書

株式会社○○銀行　御中

　　　　　　　　（債務者）　東京都○○○○

　　　　　　　　　　　　　　株式会社○○

　　　　　　　　　　　　　　代表取締役社長　　○○　○○　㊞

　　　　　　　　（特定認証紛争解決事業者）

　　　　　　　　　　　　　　東京都千代田区平河町２丁目７番２号

　　　　　　　　　　　　　　平河町ビルディング６階

　　　　　　　　　　　　　　事業再生実務家協会

　　　　　　　　　　　　　　代表理事　　○○　○○　㊞

　事業再生実務家協会による特定認証紛争解決手続（事業再生 ADR 手続）に基づき、「一時停止」の通知を致します。一時停止の通知書を受け取った対象債権者におかれましては、債務者に対して有する債権（元本及び利息を含む）について、一時停止期間中（本通知書到達時から事業再生計画案の概要の説明のための債権者会議終了時まで及び対象債権者全員の同意によって決定される期間中）、「事業再生に係る認証紛争解決事業者の認定等に関する省令」第７条により、下記の行為を差し控えていただきますようお願い致します。

記

1　債権の回収

　(1)　本通知書到達時における「与信残高」（手形貸付・証書貸付・当座貸越・割賦債権などの残高）の減額

　(2)　弁済の請求・受領、相殺権の行使などの債務消滅に関する行為

　(3)　担保権の実行、又は、強制執行や仮差押え・仮処分の申立て

2　担保の設定（人的担保を含む）、対抗要件具備（仮登記から本登記への変更を含む）

3　破産手続開始、民事再生手続開始、会社更生手続開始、及び特別清算手続開始等の法的倒産手続の申立て

　なお、本一時停止の通知があったことは、銀行取引約定書や金銭消費貸借契約書等において定める期限の利益喪失事由には当たらないことを申し添えます。

　また、「事業再生に係る認証紛争解決事業者の認定等に関する省令」第9条に基づく事業再生計画案の概要の説明のための債権者会議を下記のとおり開催しますので、必ずご出席下さいますようお願い致します（詳細は追ってご案内申し上げます）。

記

　　日時：○○年○月○日　午前○時より
　　場所：○○
　　（TEL ○○－○○○○－○○○○）
　　手続実施者（予定）：○○　○○　弁護士（○○法律事務所）
　　　　　　　　　　　　○○　○○　弁護士（○○法律事務所）
　　　　　　　　　　　　○○　○○　公認会計士（○○公認会計士事務所）

以上

(イ)　第1回債権者会議（概要説明会議）

　一時停止通知の送付後、原則として2週間以内に、事業再生実務家協会は、事業再生計画案の概要説明のための債権者会議（第1回債権者会議）を開催することになる（経産省令20条なお書、事業再生手続規則26条1項）。

　第1回債権者会議において行われる事項は、以下のとおりである（経産省令22条1項、事業再生手続規則26条6項）。

① 　債務者企業の現在の資産・負債の状況の説明

② 　事業再生計画案の概要説明

③ 　①②に対する質疑応答と債権者間の意見交換

　このように、第1回債権者会議においても、事業再生計画案の概要説明および質疑応答や債権者による意見交換等がなされるため、債務者企業において、申請代理人等と協力しながら、正式申請前から入念な準備をしておく必要があるし、第1回債権者会議前に、各対象債権者を訪問し、事業再生計画案の概要を説明しておくことは非常に重要である。

　また、第1回債権者会議においては、以下の事項を決議しなければならない（経産省令22条2項、事業再生手続規則26条4項・7項）。

①　議長の選任

②　手続実施者の選任

③　債権者ごとに要請する一時停止の具体的内容およびその期間

④　今後の債権者会議の開催日時・場所

　これらの決議事項のうち、③および④の第3回債権者会議の開催日時および場所は、対象債権者の利害に大きくかかわるものであるため、決議にあたっては、対象債権者全員の同意が必要とされている。

　また、③の一時停止の具体的内容およびその期間の決議については、事前に送付した一時停止通知の内容を事後的に対象債権者の同意（追認）によって有効にするというものである。一時停止期間は、第3回債権者会議終了時（事業再生計画成立時）までと定められることが通常である。その他の決議事項は対象債権者の過半数をもって決議する。

　第1回債権者会議の議事進行については、まず手続実施者選任予定者の1人が議長となって議事進行を行い、手続実施者選任決議を経て、正式に手続実施者となった後、一時停止や債権者会議の開催についての決議を諮るという進め方が一般的である。なお、第1回債権者会議の各議案については書面による同意を得る必要はなく、出席債権者に異議がないこと確認する方法（消極的決議）で足りると解されている。

　このほかに、プレ DIP ファイナンスに関する事項および代担保の提供にかかる事項等についての決議がなされることもある。

(3)　第2回債権者会議までの準備

㈎　事業再生計画案の策定

　債務者企業は、手続利用の正式申請の前に、事業再生計画案の概要を策定しているが、事業再生 ADR 手続利用申請の正式受理後に、対象債権者の意見を聴取して、必要な修正を行いつつ、対象債権者間の利害調整を行い、最終的な事業再生計画案を策定することになる。

　債務者企業が、債権放棄を伴う事業再生計画案を策定する場合には、債務者企業の資産および負債について、資産評定基準に基づく資産評定を行い、その資産評定による価額を基礎とした貸借対照表を作成することが求められている（経産省令29条１項１号）。

　資産評定基準に基づく資産評定においては、「時価」評価が原則とされており（資産評定基準２条）、たとえば、売上債権については、原則として、各債権金額から過去の貸倒実績率等の合理的な基準により貸倒見積額を算定し、それを控除して評定することとされている（同４条）。

　かかる資産評定基準に基づく資産評定は、債務者が選任した公認会計士等が行うことになるが、手続実施者（３人以上選任され（有利子負債10億円未満の場合は２名以上）、監督委員等の経験者および公認会計士がそれぞれ１名以上である。経産省令22条３項ただし書）の書面による確認を得なければならない（経産省令29条２項、事業再生手続規則28条６項・７項）。

　上記のとおり、経産省令上は、債権放棄を伴う場合にのみ、資産評定基準に基づく資産評定が求められているが、①債務者における債務者資産の評価益および評価損の益金および損金算入、期限切れ青色欠損金の損金算入、②債権者における債権放棄等に伴う損失の損金算入といった税務上のメリットを享受するためには、債権放棄事案に限らず、資産評定基準による資産評定が必要となる。したがって、債権放棄事案でなくとも、資産評定基準に基づく資産評定がなされる事例も多い。

　また、事業再生計画案の策定にあたっては、対象債権者間の利害調整を行うことが必須であるため、第２回債権者会議に先立ち、債務者企業が策定した事業再生計画案の内容について、対象債権者から意見聴取を行うために必要に応じて任意の債権者説明会を開催したり、個別に対象債権者を訪問することも一般的に行われている。

(イ)　手続実施者による調査報告書の作成

　手続実施者は、債務者企業が策定した事業再生計画案について、事業・財務・法務の各方面から調査・検証を行い、事業再生計画案が、公正かつ妥当

で、経済的合理性を有するものであるかについて（経産省令24条参照）、調査報告書を作成し、事業再生実務家協会に提出する（事業再生手続規則28条4項・5項）。

手続実施者が、調査報告書において、具体的に調査・検証すべき事項は、以下のとおりである。

① 　債務者の概況

② 　過年度における営業状況、財務状況

③ 　経営困難に陥った原因

④ 　実態貸借対照表の検証、対象債務者の事業再生 ADR 利用要件の充足（特に債権放棄を求める事業再生計画案の場合は資産評定基準に基づく貸借対照表であることの確認）

⑤ 　事業計画・将来損益計画・将来キャッシュ・フロー計画の相当性および実現可能性の検証

⑥ 　事業再生 ADR 手続成立の翌期から3事業年度以内に実質的債務超過ないし経常赤字が解消できる内容か否か

⑦ 　金融支援要請内容の合理性・相当性

⑧ 　各債権者の金融支援内容の衡平性・合理性

⑨ 　スポンサー選定の合理性・相当性

　(ウ) 　**手続実施者による確認書の作成**

事業再生計画案が債権放棄を伴う場合、手続実施者は、経産省告示2条等で定められた以下の事項を確認のうえ、その確認書を添付して事業再生実務家協会に報告しなければならない（経産省令29条2項、事業再生手続規則28条7項）。

① 　事業再生計画案が経産省令28条1項各号に掲げる事項を含むこと（経産省告示3条）

② 　経産省令21条ないし28条に規定する事業再生 ADR 手続および以下の準則に基づき事業再生計画案が策定されていること（経産省告示2条）

　ⓐ 　債務者要件（上記2(1)(ア)参照）および事業再生計画案の要件等を確

認したうえで一時停止通知が発せられていること

ⓑ　2以上の金融機関等または1以上の政府関係金融機関等が債権放棄を実施することとされていること

ⓒ　事業再生 ADR 手続成立時の事業再生計画の公表および進捗状況の報告がなされることとされていること

ⓓ　事業再生 ADR 手続不成立、事業再生計画履行不能時に法的整理手続等に移行することとされていること

(4)　第2回債権者会議（協議会議）

債務者企業が策定した事業再生計画案および手続実施者の作成した調査報告書が提出されると、事業再生実務家協会は、これらを対象債権者に送付したうえで、事業再生計画案の協議のための第2回債権者会議を開催する（経産省令24条）。第2回債権者会議は、第1回債権者会議から約1カ月半から2カ月後に期日が設定されるのが通常である。

第2回債権者会議で行うべき事項は以下のとおりである（事業再生手続規則29条4項）。

①　債務者企業による事業再生計画案の内容説明

②　手続中にプレ DIP ファイナンスがなされたときはその報告

③　手続実施者による調査結果の報告と、事業再生計画案の法令適合性、公正・妥当性、経済的合理性および実行可能性に関する意見陳述

④　事業再生計画案が債権放棄を伴う場合には、所定の確認結果（経産省告示2条、事業再生手続規則28条6項）の陳述

⑤　質疑応答および対象債権者間の意見交換

第2回債権者会議は、事業再生計画案の協議のための会議という位置付けであるが、現実的には、第2回債権者会議までに、対象債権者との間で個別協議を行い、大方の利害調整を終えた最終の事業再生計画案を提出することが求められている。したがって、実務上、次に述べる第3回債権者会議（事業再生計画案決議のための会議）までの期間は、対象債権者が社内において稟議を受けるための期間であり、第2回債権者会議後は、事業再生計画案の修

正は原則として予定されておらず、修正がなされるとしても対象債権者における稟議に影響が生じない軽微な修正に限られる。

このため、第 2 回債権者会議までに、事業再生計画案の策定が困難な場合には、対象債権者全員の同意を得て、第 2 回債権者会議の続行期日を定め、スケジュールを延期することになる。

(5)　第 3 回債権者会議（決議会議）

㋐　事業再生計画案の決議

事業再生計画案の成立を決議するためには、第 3 回債権者会議において、対象債権者全員の書面による同意を得る必要がある（経産省令26条）。上記のとおり、第 2 回債権者会議後、対象債権者が、事業再生計画案への賛否について社内稟議を取得する期間が必要であるため、第 3 回債権者会議は、第 2 回債権者会議から 1 カ月程度先に期日が設定されるのが通常である。

第 3 回債権者会議における同意の意思表示は、対象債権者が第 3 回債権者会議の席上においてまたは事前に同意書を提出することによってなされる。

対象債権者の同意の対象は、基本的には、金融支援（対象債権者の権利の変更）の内容についてであり、債務者企業が策定した事業再生計画案に定められたすべての事項（資金調達計画や収益計画の細かい数値等）については同意の対象となるものではない。

たとえば、返済リスケジュールのみが金融支援の内容である場合、金融支援の具体的な内容である弁済金額、弁済期間、弁済時期、利率等については、まさに対象債権者の権利変更の主たる内容であり、対象債権者の同意の対象となる。他方、事業再生計画の基礎となっている債務者企業の収益計画や資金計画については、必ずしも同意の対象とはならない。たとえば、債務者企業が、資金計画として、金融機関からの借入れを計画しているような場合でも、事業再生計画案に同意したからといって、必ずしも、対象債権者として新規融資を義務付けられるものではない。

㋑　決議成立に至らない場合の続行期日

第 3 回債権者会議が開催されるまでには、各対象債権者との協議も完了し

ているのが通常であるが、万が一、第 3 回債権者会議において、決議成立に至らなかった場合には、対象債権者全員の同意により、続行期日を定めることができる（経産省令27条、事業再生手続規則30条 4 項）。そして、各対象債権者との協議の結果、続行期日までに事業再生計画案の修正がなされることもあり得るが、その場合には、全対象債権者について、修正後の事業再生計画案に対する同意を再度取得することが必要になる。

(6)　計画案の決議以降

㈎　事業再生 ADR が成立した場合

第 3 回債権者会議において、事業再生計画案が対象債権者全員の同意をもって決議されると、成立した事業再生計画は、直ちにその効力を生じることになる（事業再生手続規則30条 8 項）。

債務者企業は、成立した事業再生計画の内容にあわせて、対象債権者との間で、個別契約に関する条件変更契約書等を締結することになる。条件変更契約書の内容については、事業再生計画案に対する同意書提出前から協議を行う場合もあるし、事業再生計画成立後に協議を行う場合もある。

もっとも、条件変更契約書の締結については、事業再生計画において条件変更の詳細がすでに定まっており、対象債権者がかかる条件変更について同意書を提出した以上、事業再生計画とは別に条件変更契約書を締結を行わない場合もある。

したがって、どのような方法をとるかについては、対象債権者と協議のうえ決定する必要がある。

㈏　事業再生 ADR 手続が成立しなかった場合

事業再生計画案が対象債権者全員の賛成により可決されれば、事業再生ADR 手続は成立し、終了することになる。

他方、

① 　事業再生計画案に対象債権者全員からの同意を取得することができず、事業再生 ADR 手続が成立しなかった場合

② 　対象債権者全員との間で手続終了について合意があった場合

③ 手続実施者が事業再生計画成立の見込みがないと判断し、手続の打切りが決定された場合

にも、事業再生 ADR 手続が終了することになる。このような場合には、債務者企業としては、特定調停手続を利用するか、法的整理手続を利用することによって、事業再生を図ることを検討することになる。

なお、事業再生計画案が債権放棄を伴うものである場合は、事業再生計画案の内容として、当該事業再生計画の履行ができない場合には、法的整理手続等に移行することが求められている（経産省告示2条(4)、事業再生手続規則28条6項2号ホ）。そのため、事業再生計画案が債権放棄を伴うものである場合に、対象債権者全員の同意が得られず、事業再生 ADR 手続が終了すれば、速やかに法的整理手続に移行することになる。

　㈡　モニタリング

事業再生 ADR 手続の成立後は、債務者企業は事業再生計画を履行することになる。かかる事業再生計画の履行状況については、債務者企業は、対象債権者および事業再生実務家協会に対して、少なくとも、6カ月に1回の頻度で報告を行わなければならない（経産省告示2条(3)(ii)、様式第一、事業再生手続規則28条6項2号ニ②）。事業再生計画の履行内容を監督するため、弁護士等によって構成される第三者委員会や、対象債権者によって構成される債権者委員会が設立される場合もある。

4　事業再生 ADR 手続を利用した場合の税務

⑴　債権者における税務処理

事業再生 ADR 手続を利用して債権放棄が行われた場合の債権者側の税務処理についても、協議会スキームを利用した場合と同様に、法人税基本通達9-4-2に定める「合理的な再建計画に基づく」債権放棄に該当し、当該放棄額を損金に算入することができるとされている（国税庁平成20年3月28日付回答、同平成21年7月9日付回答）

⑵　債務者における税務処理

　事業再生 ADR 手続において事業再生計画が策定され、資産評定基準に基づいて資産評定が実施された場合で、二以上の金融機関により債務免除がなされる場合には、資産の評価益から評価損を差し引いた金額を税務上の益金または損金に算入する（法人税法25条3項、33条4項）ことが認められる（国税庁平成20年3月28日付回答、同平成21年7月9日付回答）

　また、期限切れ欠損金についても、債務免除等が多数の債権者によって協議のうえ決められるものであり、その決定について恣意性がなく、かつ、その内容に合理性があると認められる資産の整理として、民事再生手続開始の決定があったことに準ずる事実（法人税基本通達12-3-1(3)）に該当するものとして、利用が可能であるとされている（国税庁平成20年3月28日付回答、同平成21年7月9日付回答）。

5　事業再生 ADR 手続におけるプレ DIP ファイナンス

(1)　法的整理時の優先性確保

　金融機関等が事業再生 ADR 手続中の債務者企業に対して融資を行った後に、当該債務者企業が法的整理手続に移行した場合、当該貸付債権が他の一般債権と同様に再生債権、更生債権となるとすると、債務者企業がプレ DIP ファイナンスを受けることは非常に困難である。そこで、産業競争力強化法上、プレ DIP ファイナンスの活用を促進するために、以下のとおり、事業再生 ADR 手続においてプレ DIP ファイナンスが実行された後、万が一、債務者企業が民事再生・会社更生手続に移行した場合においても、民事再生・会社更生手続の中でプレ DIP ファイナンスが優先的な取扱いを受けることが認められている（産業競争力強化法57条、58条）。

(2)　優先性を確保するための手続

　事業再生 ADR 手続におけるプレ DIP ファイナンスが、後の民事再生・会社更生手続の中で優先的な取扱いを受けるためには、プレ DIP ファイナンスが以下の要件を満たしており、かつ、要件適合性について、事業再生実務家協会の確認が得られていることが必要である（産業競争力強化法56条、経

産省令33条 2 項）。

①　債務者の事業継続に欠くことができないものとして経産省令56条 1 項で定める基準（事業再生計画案に係る債権者全員の合意の成立が見込まれる日までの間における債務者の資金繰りのために合理的に必要なものであって、償還期限が、債権者全員の合意の成立が見込まれる日以後に到来すること）に該当するものであること（産業競争力強化法56条 1 項 1 号）

②　当該資金の借入れに係る債権の弁済を、事業再生 ADR 手続の対象債権者が当該債務者に対して当該資金の借入れ時点において有している他の債権の弁済よりも優先的に取り扱うことについて、対象債権者全員の同意を得ていること（産業競争力強化法56条 1 項 2 号）

⑶　優先性確保の効果

プレ DIP ファイナンスについて事業再生実務家協会による優先性の確認が得られた場合、当該借入金は、事業再生 ADR 手続がその後において成立せず、民事再生手続もしくは会社更生手続に移行した場合であっても、他の一般債権より優先して取り扱うことも可能とされている（産業競争力強化法57条、58条）。

もっとも、優先的取扱いの内容について、最終的には裁判所の判断に委ねられているため、実務上は、プレ DIP ファイナンスを実行する金融機関においては、債務者企業から確実な担保の提供を受けておくことが必要不可欠である。

6　事業再生 ADR 手続における商取引債権の保護

⑴　事業再生 ADR 手続における商取引債権者の懸念

事業再生 ADR 手続においては、原則として金融機関のみがその対象とされている。上記 1 ⑶④記載のとおり、金融機関以外の貸金業者（ノンバンク）、債権の譲受人および債権回収会社、その他相当と認められる債権者を対象債権者とすることができるが、事業価値が大幅に毀損されることとなるため、通常、商取引債権が対象とされることはない。また、適時開示等の要

請がない限り、一般的には、債務者企業が事業再生 ADR 手続を行っていることが公表されることもなく、商取引債権者が事業再生 ADR の事実を認識しないということもある。

　一方で、適時開示その他の理由により、債務者企業について事業再生 ADR 手続を行っている事実が公表等された場合、商取引債権者が、事業再生 ADR 手続が成功せずに法的整理手続に入ることを懸念して、商取引債権が保護される私的整理手続段階においても、取引の中止や縮小、取引条件の変更等を要求してくるケースもある。事業価値の毀損を回避するために事業再生 ADR 手続を選択したにもかかわらず、このように、従前どおり商取引を継続できない場面があれば、債務者企業の円滑な再生が阻害される可能性がある。

(2)　産業競争力強化法の改正

　上記議論を受けて、事業再生 ADR から法的整理に移行した後に商取引債権が保護される可能性について、事業再生 ADR 段階での予測可能性を担保するべく、平成30年 5 月、「産業競争力強化法等の一部を改正する法律案」（以下、「改正産業競争力強化法」という）が衆参両院で可決され、同年 7 月に施行された。

　改正産業競争力強化法においては、上記 5 の事業再生 ADR 手続におけるプレ DIP ファイナンスにおけるとほぼ同様の条文構造が採用されており、以下のとおり、先行する事業再生 ADR 手続において事業再生実務家協会による優先性に関する確認がなされた場合、のちの法的整理手続において裁判所が当該確認の存在を考慮することとされている。

　この法改正により、債務者企業と商取引債権者との取引が私的整理の期間中においても、より円滑に継続できることが見込まれる。

(ア)　優先性を確保するための手続

　債務者企業は、事業再生実務家協会に対して、事業再生 ADR 手続の終了に至るまでの原因に基づいて生じた債権が次の各号のいずれにも適合することの確認を求めることができる（産業競争力強化法59条 1 項。以下、この確認

が得られた債権を「確認商取引債権」という）。

①　当該債権が少額であること

②　当該債権を早期に弁済しなければ当該事業者の事業の継続に著しい支障を来すこと

⑷　法的整理手続における取扱い

裁判所は、債務者企業について法的整理手続開始の決定があった場合、確認商取引債権が事業再生実務家協会により確認されていることを考慮することが義務付けられたうえで、以下の各場面において、その是非を判断するものとされている。

①　保全処分発令の段階（産業競争力強化法60条、63条）

確認商取引債権の弁済を保全処分で禁止するかどうかの判断（民事再生法30条 1 項、会社更生法28条 1 項）

②　少額債権弁済許可の段階（産業競争力強化法61条、64条）

確認商取引債権の弁済が、少額の再生債権または更生債権を早期に弁済しなければ再生債務者または更生会社の事業の継続に著しい影響を支障を来すときに該当するかどうかの判断（民事再生法85条 5 項後段、会社更生法47条 5 項後段）

③　再生計画案または更生計画案の認可段階（産業競争力強化法62条、65条）

再生計画案または更生計画案が、少額の再生債権または更生債権について差を設けても衡平を害しない場合に該当するかの判断（民事再生法155条 1 項ただし書、会社更生法168条 1 項ただし書）

7　事業再生 ADR 手続における社債の元本減免

社債を含む多額の負債を抱える事業者が事業再生 ADR 手続を利用しやすい環境を整備するため、産業競争力強化法において、事業再生 ADR 手続を利用した場合の社債の元本減免に関する規定が創設された。規定の内容は、機構による確認の手続（Ⅲ 4 参照）とほぼ同様であり、以下のとおりである。

　社債を発行している債務者企業は、事業再生実務家協会に対し、社債権者集会の決議に基づき行う償還すべき社債の金額の減額が、当該債務者企業の事業再生に欠くことができないものとして以下の基準に適合するものであることの確認を求めることができる（産業競争力強化法54条 1 項、産業競争力強化法第54条第 1 項の経済産業省令・内閣府令で定める基準を定める命令 2 条）。

産業競争力強化法第54条第 1 項の経済産業省令・内閣府令で定める基準を定める命令 2 条

一　当該減額の目的が、当該減額に係る確認を求めた事業者の事業再生のために合理的に必要となる償還すべき社債の金額についての減額を行うものであること。

二　当該減額に係る確認を求めた事業者を当該確認時点で清算した場合の当該社債の償還すべき金額を、当該減額を行った場合の当該社債の償還すべき金額が下回らないと見込まれること等、当該減額が、当該社債の社債権者にとって経済的合理性を有すると見込まれるものであること。

　上記確認を求められた事業再生実務家協会は、当該減額に係る確認を求めた事業者の事業再生計画案における当該社債に係る債務以外の債務の免除の状況その他の事情に鑑み、当該事業再生計画案における当該社債に係る債務以外の債務の取扱いとの実質的な衡平について十分に考慮して確認することとされている（産業競争力強化法第54条第 1 項の経済産業省令・内閣府令で定める基準を定める命令 3 条）。

　そして、事業再生実務家協会が上記確認を行った償還すべき社債の金額について減額を行う旨の社債権者集会の決議に係る認可の申立て（法732条）が行われた場合には、裁判所は、当該確認が行われていることを考慮したうえで、当該社債権者集会の決議について不認可事由（決議が社債権者の一般の利益に反するとき（法733条 4 号））に該当するか否かを判断することとされている（産業競争力強化法55条）。

8　私的整理における多数決原理の導入

　上記のとおり、事業再生 ADR 手続においてはすべての対象債権者の同意を得ることが必要である。そのため、計画成立に向けたハードルが法的整理よりも高く、早期事業再生を図るうえで障害となることがある。

　そこで、近時、事業再生 ADR 手続の成立要件の緩和（多数決原理の導入）が検討され、平成26年 3 月、有識者による「事業再生に関する紛争解決手続の更なる円滑化に関する検討会」が発足し、報告書がまとめられた（以下、「本報告書」という）。

　本報告書では、事業再生 ADR 手続において対象債権者全員の同意を得ることができない場合に、①既存の簡易再生手続に移行することを想定する簡易再生運用改善モデル、②民事再生法の改正により既存の簡易再生手続をより簡略化した新たな手続として創設する迅速事業再生手続に移行することを想定する迅速事業再生手続モデル、③裁判所の認可により計画案を成立させる認可型モデルが検討されている。

　今後、法改正およびモデル導入に向けた動きが加速する可能性があり、注視していく必要がある。

V　任意の私的整理

1　概　要

　私的整理のうち、私的整理ガイドライン、事業再生 ADR、中小企業再生支援協議会等、一定のルールに従って行われる手続以外の形態を、本書においては「任意の私的整理」と呼ぶ。

　上記のとおり、私的整理は事業価値の毀損を最小限に抑えられるというメリットがある一方で、手続に関するルールが不明確であり、公正性・衡平性に欠けるというデメリットがあったことから、私的整理の公正・円滑な遂行を図るため、上記のような私的整理手続の各種制度が整備された。

　もっとも、現在においても、これらの各種制度によることができない場合や、これらの各種制度を利用する必要まではない場合において、債権者と債務者の任意の交渉で債務整理を行う例は依然相当数存在すると思われる。

2　メリット・デメリット

(1)　任意の私的整理のメリット

(ア)　信用不安の防止

　任意の私的整理は、私的整理の中でも、事業再生 ADR 等のスキームを利用した場合と異なり、第三者の関与がなく、純粋に債権者と債務者との間の直接交渉で進められることから、特に手続の密行性が高く、信用不安の発生が防止できる。

(イ)　手続開始の容易性

　私的整理ガイドライン等は、メイン行の協力が必要であるため、メイン行が手続の開始に消極的である場合には、手続を開始することができない。

　一方、任意の私的整理は、債務者企業の独自の判断で債権者に申し入れをすれば開始できるため、他の私的整理手続と比べて容易に手続を開始するこ

とができる。

　もっとも、任意の私的整理の場合も、最終的には対象債権者全員の同意を得て事業再生計画を成立させなければならないから、メイン行を含む対象債権者と事前に協議を行うことは有益である。

(ウ)　スケジュールの柔軟性

　私的整理ガイドラインや事業再生 ADR では、手続の透明性を確保するため、債権者会議の開催等、一定のスケジュールが定められている。

　これに対し、任意の私的整理はそもそもルール自体が存在しないから、私的整理の中でももっとも自由に手続やスケジュールを選択することができる。したがって、対象債権者の同意が得られるのであれば、短期間で手続を終えることも可能であるし、逆に資金繰りが維持できるのであれば、長時間をかけて対象債権者と交渉に臨むことも可能である。

(エ)　手続コストの負担が少ない

　事業再生 ADR では、手続実施者に対して報酬を支払う必要があるが、任意の私的整理では、弁護士やアドバイザーに対する費用はかかるものの、相対的に手続費用を安く抑えることができる可能性がある。

(2)　任意の私的整理のデメリット

(ア)　手続の不透明性

　任意の私的整理は、明確なルールが存在しないため、対象債権者から、手続が不透明であり公正性・平等性を欠くという理由で不信感を抱かれるおそれがある。

　任意の私的整理を行うにあたっては、いかに債権者に対して十分な情報開示を行うか、いかに公正性・平等性を確保するかが重要なポイントとなる。

(イ)　個別執行・回収行為中止の困難性

　任意の私的整理は、私的整理ガイドライン、事業再生 ADR などと異なり、根拠となるルールが存在しないために、対象債権者に対し、期限の利益の喪失請求、預金の相殺、担保権の実行等を禁止する旨の要請をしても、対象債権者が応じない可能性がある。

対象債権者が債務者の要請にかかわらず、このような措置を講じた場合には、任意の私的整理を続行することは困難となる。

(ウ)　税務処理の不透明性

再建計画が元本の全部または一部の免除を伴うものである場合、債権者がその損失を税務上損金として処理するためには、一定の要件を充足する必要があるが、任意の私的整理の場合、他の私的整理手続と比較すると、損金として処理できるか否かが明確ではない。

また、債務者にとっても、元本の全部または一部の免除に伴い発生する債務免除益に対する課税を回避するための手段が、他の私的整理手続と比較すると限定されている。

したがって、特に対象債権者が金融機関である場合、任意の私的整理で債務免除を受けられることは少なく、全額の弁済が困難な場合は、協議会等のスキームを利用して債権放棄を実行してもらうか、会社分割または事業譲渡を行い、存続事業を別会社に切り離したうえで、債務者自身は破産または特別清算により清算し、同手続の中で元本の全部または一部の免除を受けるという方法（いわゆる第二会社方式）をとることが多い。

3　任意の私的整理が利用されるケース

任意の私的整理は以下のような場合に利用されやすいといえる。

① 　単にリスケジュールを行うのみの場合

② 　対象となる金融機関がごく少数で、かつメイン行が大きなシェアを有しており、メイン行の積極的な協力が得られる場合

③ 　メイン行がおらず、協議会や機構等への相談が困難で、債務者主導で私的整理を行わざるを得ない場合

④ 　過剰債務をカットする必要があるが、協議会スキームのデューディリジェンス費用等の他の私的整理手続で発生するコストを負担することができないような場合

⑤ 　当該事業者の業況が厳しく、当面は積極的な事業再生計画の策定が困

難な場合

4　任意の私的整理における合意の方法

任意の私的整理の場合、合意の方式に特段の制約はない。

以下に述べるとおり、債務者と各債権者とそれぞれ書面（合意書・和解契約書）を交わすこともある。

デットリストラクチャリングの手法として、第二会社方式（会社分割＋法的整理（破産または特別清算））をとる場合、各債権者と書面での明示的な合意をしなくても、各債権者が異議を述べず、または会社分割について分割無効の訴えや詐害行為取消権を行使しなければ、手続を実行することは可能である。

(1)　同意書（合意書・和解契約書）

任意の私的整理では、一般的に、各債権者から債務者に対し、事業再生計画についての同意書が提出される。債務者が策定する事業再生計画には、債権者に対するリスケジュールや債権放棄等の要請事項が含まれているため、事業再生計画についての同意書を提出することにより、リスケジュールや債権放棄等に対する同意を表明したことになる。

また、債務者と各債権者との間で個別にリスケジュールや債権放棄等について合意書・和解契約書を締結し、各債権者ごとにより具体的に債権の取扱いを合意することもある。

(2)　協定書

協定書は、債務者と対象債権者全員が1枚の契約書で合意をする形式である。

協定書は、債務者と対象債権者との間のみならず、対象債権者間の合意も規定することができるというメリットがある。

したがって、特定の債権者が協定書の条項に違反した場合には、他の債権者が当該違反者に対して債務不履行を追及できる。

たとえば、預金をメイン行で一元管理し、その預金から分割弁済を行う場

合において、メイン行の相殺を禁止しておく必要がある場合や、計画実行後の金融債権について、回収の平等性を確保する必要がある場合などには、協定書方式で、債権者間で協定書違反の責任を追及できる道を確保しておく必要がある。

　対象債権者からみても、協定書方式であれば、他の債権者との間で平等性が確保できているかを書面上で確認できるし、他の債権者が計画に同意している事実も書面上確認できるというメリットがある。

　ただし、協定書を作成するには、その内容について全債権者の合意を得る必要があるため、協定書を作成できるのは、現実的には、メインバンクが積極的に主導する場合や、債権者数がごく少数の場合等に限られる。

(3)　事実上の同意

　単なるリスケジュールについては、上記のような書面による明確な同意が行われず、回収行為を行わないことで、事実上、事業再生計画に同意することも行われる。

　また、第二会社方式（会社分割＋法的整理（破産または特別清算））の手続をとって債務整理を行う場合には、上記のように書面による合意ができなくても、債権者が会社分割を行うにあたり、「異議を述べない」という形で黙示的な同意の意思表示をもらえるのであれば、手続を行うことは可能である。

　ただし、存続事業に必要な資産で、承継会社または新設会社に承継するものに担保権が設定されている場合には、担保を解除する必要があり、その場合には少なくとも担保解除をすることについて担保権者の同意を得ることになる。

Ⅵ　特定調停

1　制度の概要

(1)　特定調停とは

　特定調停とは、支払不能に陥るおそれのある債務者等の経済的再生に資するため、民事調停法の特例として定められた特定調停法に基づき裁判所により行われる手続で、債務者の負っている金銭債務に係る利害関係の調整を促進することを目的としている。特定調停法は、民事調停法に基づく債務弁済協定調停事件の運用上の問題点等を踏まえ、制定されたものであるが、基本的な手続の構造は民事調停手続と異ならないものである。

　特定調停は、他の私的整理手続と異なり、裁判所を介した手続であり、合意が成立し、これが調書に記載された場合には、その記載は確定判決と同一の効力があるなど、他の私的整理手続とは異なった特別な効果を有している。

(2)　日本弁護士連合会による特定調停スキームの策定

　平成25年3月末をもって金融円滑化法が終了したことを受け、日弁連により、今後増加すると見込まれる経営危機に瀕した中小企業の再生を図るためのプラットフォームとして、特定調停を利用することが検討された。そして、最高裁判所および中小企業庁等の関係団体と協議のうえ、日弁連は平成25年12月、「金融円滑化法終了への対応策としての特定調停スキーム利用の手引」（以下、「利用手引」という）を策定した（以下、利用手引に基づく運用を「特定調停スキーム」という）。

　この新たな運用方法である特定調停スキームにより、従来、特定調停による債務免除の対象とすることができなかった信用保証協会の求償権についても、対象とすることができるようになった。

　また、特定調停スキームにより債権放棄が行われた場合、債権者における

損金算入および債務者における期限切れ欠損金の損金算入が認められた（国税庁平成26年6月27日付回答）。もっとも、債務者において、資産の評価損を損金算入することは認められていない。

　なお、経営者保証ガイドラインに基づく保証債務の整理において特定調停を利用する場合の手引として、別途、平成26年12月、日弁連により「経営者保証に関するガイドラインに基づく保証債務整理の手法としての特定調停スキーム利用の手引き」が策定されている。

(3)　対象となりうる企業

　特定調停スキームは、経営困難な状況に陥り、本格的な再生処理が必要となる中小企業のうち、比較的小規模な企業の再生を支援することを目的としている（利用手引1）。そのため、特定調停スキームの対象となる債務者としては、おおむね年間売上げ（年商）20億円以下、負債総額10億円以下の企業が想定されている（利用手引4(1)）。

　そのうえで、債務者は以下のいずれもの要件を満たさなければならないとされている。

利用手引4(2)

ア　最低でも約定金利以上は継続して支払える程度の収益力を確保していること

イ　法的再生手続（民事再生など）が相応しい場合でないこと
　即ち、次のいずれにも該当しない場合であること
　① 　手形不渡りが出ることが予想されること
　② 　個別の債権回収行為を防ぐ必要があること
　③ 　金融機関間の意見・利害の調整が不可能又は著しく困難であること
　④ 　否認権行使や役員の責任追及などの問題があること

ウ　一般的に、私的再生手続が相応しいと考えられる場合であること
　即ち、次のいずれにも該当する場合であること
　① 　債務者の事業に収益性や将来性があるなど事業価値があり、関係者の支援により再生の可能性があること

---

② 　過剰な債務が主な原因となって経営困難な状況に陥っており、自力による再生が困難であること

③ 　法的再生を申し立てることにより当該債務者の信用力が低下し、事業価値が著しく毀損するなど、再生に支障が生じるおそれがあること

④ 　法的再生の手続によるよりも多い回収を得られる見込みがあるなど、金融機関にとっても経済合理性があること

⑤ 　経営改善計画案に対する金融機関の同意が見込まれること

エ　次のいずれかの場合に該当すること

① 　経営改善計画案の内容として、既存債務につき、金融機関による全部若しくは一部の免除、弁済期限や利息の変更（リスケジュール）、又は、資本性借入金への変換（DDS）が必要と予想されるものであること

② 　債務者が信用保証協会による保証付融資を利用しており、経営改善計画案の内容として、その求償権放棄が必要と予想されるものであること

③ 　その他、経営改善計画案に対する金融機関の同意を得るために特定調停手続が必要と見込まれること

オ　保証人に関する調停条項案に対する各金融機関の同意が見込まれること

(4)　特定調停が利用されやすいケース

特定調停は、事業再生において、以下のような場合に利用されることが多い。

① 　事業再生 ADR や私的整理ガイドラインによる私的整理において、全債権者の同意を得ることができなかった場合

② 　債権者の一部に強硬な債権者がおり、任意の私的整理では合意を得ることが困難な場合

③ 　債権者数が少なく、あらかじめおおまかな合意はできているものの、最終合意は裁判所を介した手続を行うことにより、金融機関内での手続を円滑に進める必要がある場合

④　代表者が個人保証を行っており、その処理が任意の私的整理では困難な場合

2　手続の流れ

特定調停スキームの概略は〔図5-9〕のとおりである。

〔図5-9〕　特定調停スキームの流れ

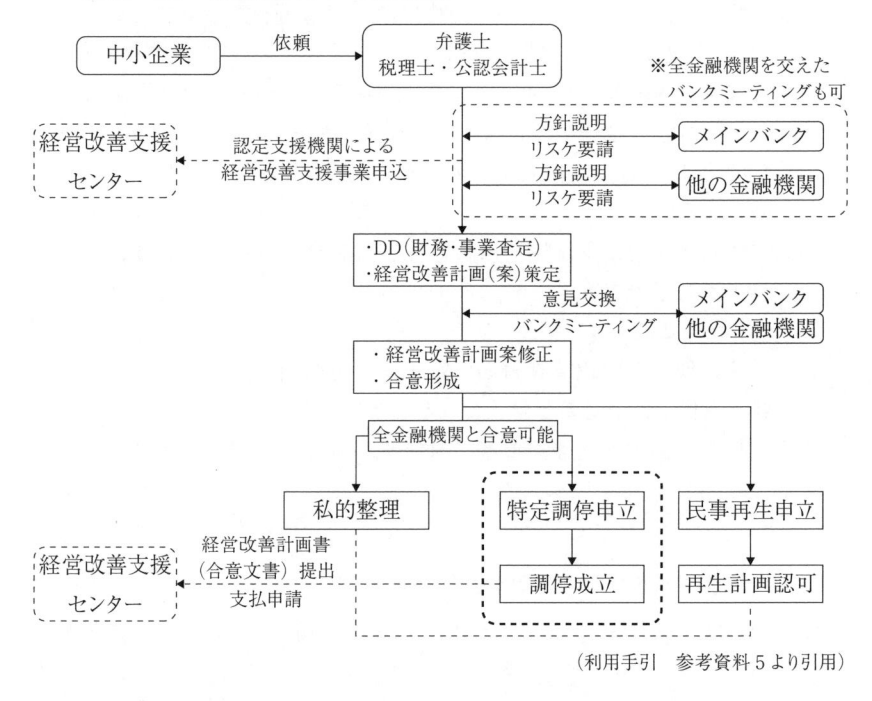

（利用手引　参考資料5より引用）

(1)　事前準備

　特定調停スキームは、多くの中小企業を簡易裁判所おいて迅速に再生させることを目的としていることから、特定調停を申し立てる前に、経営改善計画案を策定したうえで、金融機関との調整を実施し、金融機関から同意の見込みを得ていることが前提とされている。

　そのため、債務者は、特定調停申立て前に、申立代理人となる弁護士および税理士、公認会計士等による財務および事業に関するデューディリジェン

スを実施するなどして、経営改善計画案を策定しなければならない[4]。また、必要に応じてバンクミーティングを開催する等して、金融機関から経営改善計画案への同意の見込みを取得するとともに、特定調停を利用することおよび調停条項案に対する同意の見込みを取得しなければならない。

　なお、金融機関の同意の見込みについては、おおむね金融機関の支店の取引担当者レベルの同意が得られており、最終決裁権限者（本店債権管理部など）の同意が得られる見込みがあればよいとされており、経営改善計画案に積極的同意するわけではないが、あえて反対もしない場合でもよいとされている（利用手引5(1)⑤）。

(2)　申立て

　特定調停スキームを申し立てる際は、申立書のほか、以下の資料を提出すべきとされている（利用手引5(2)ウ）。

① 　訴訟委任状

② 　資格証明書

③ 　関係権利者一覧表

④ 　経営改善計画案

⑤ 　特定債務者の資料等

⑥ 　調停条項案

⑦ 　経過報告書（調停条項案に対する各金融機関の同意の見込みがあることや協議に係る状況等を明らかにする具体的な交渉経過）

管轄は、地方裁判所本庁に併置される簡易裁判所である。

(3)　調停期日

　特定調停スキームでは、事前調整手続を経ていることが前提とされているため、調停期日では最終的な調整作業のみを行うことを想定しており、1〜2回の調停期日で終結することが想定されている。

4 　弁護士が認定支援機関である場合、協議会に設置された支援センターに申請することにより、デューディリジェンス費用等の3分の2を上限として最大200万円までの支払いを受けることができ、中小企業の費用負担を軽減することができる。

　第1回調停期日において、調停委員により、各金融機関の意向確認が行われる。そこで特段の問題がなければ、直ちに調停を成立させることも可能である。

　第1回調停期日で調停成立に至らなかった場合は、必要に応じて期日間に代理人弁護士が金融機関との協議・調整を行い、第2回調停期日において調停を成立させる。

　また、裁判所は、調停に代わる決定を行うこともできる（特定調停法22条、民事調停法17条）。決定に対し、その告知を受けた日から2週間以内に当事者等から異議の申立てがなければ、その決定は確定し、裁判上の和解と同様の効力を有する。

　なお、上記の債務免除に関する税務上のメリットを利用する場合および信用保証協会による求償権が債務免除の対象となっている場合は、調停調書と経営改善計画の一体性が確保される必要があるため、調停調書において、経営改善計画（作成日付により特定するか添付する）が合理的であり、その経営改善計画に則って調停条項が作成された旨を明示する必要がある。

⑷　特定調停をしない場合または特定調停不成立

　調停委員会は、以下の場合は特定調停をしないものとして事件を終了させることができる（特定調停法11条）。

① 　申立人が特定債務者（特定調停法2条1項）であると認められないとき

② 　事件が性質上特定調停をするのに適当でないと認められるとき

　また、調停委員会は、以下の場合には、特定調停が成立しないものとして事件を終了させることができる（特定調停法18条）。

① 　特定債務者の経済的再生に資するとの観点から、当事者間に公正かつ妥当で経済的合理性を有する内容の合意が成立する見込みがない場合

② 　成立した合意が公正かつ妥当で経済的合理性を有する内容のものであるとは認められない場合において、裁判所が民事調停法17条の決定（調停に代わる決定）をしないとき

　なお、特定調停が成立しない場合においても、申立人は法的整理手続を申し立てなければならないわけではなく、私的整理手続制度を利用したり、任意の話合いを継続することも可能である。

3　特定調停に付随する措置

(1)　調停前の措置

　調停委員会は、調停のために特に必要があると認めるときは、当事者の申立てにより、調停前の措置として、相手方その他の事件の関係人に対して、現状の変更または物の処分の禁止その他調停の内容たる事項の実現を不能にしまたは著しく困難ならしめる行為の排除を命ずることができるとされている（特定調停法22条、民事調停法12条１項）。

　一部の金融機関が手形・小切手の取立てを行ったり、期限の利益を喪失させようとしたりするなどして、債務者の合理的な経営改善計画の成立を阻害し、債務者の債権を著しく困難にするおそれがある場合には、裁判所に対し、手形・小切手の取立て禁止命令や期限の利益喪失扱いの停止命令等の措置の申立てを行うことも考えられる。

(2)　民事執行手続の停止

　債務者について、債権者による民事執行手続が進行し、財産が換価され配当されてしまうと、特定調停の成立や履行の可能性が失われるおそれがある。そこで、裁判所は、事件を特定調停によって解決することが相当であると認める場合において、特定調停の成立を不能にしもしくは著しく困難にするおそれがあるとき、または特定調停の円滑な進行を妨げるおそれがあるときは、特定調停が終了するまでの間、担保を立てさせて、または担保を立てさせないで、特定調停の目的となった権利に関する民事執行手続の停止を命ずることができるとされている（特定調停法７条１項）。

　申立てにあたっては、以下の事項を明らかにしなければならない（特定調停手続規則３条１項）。

　①　当該民事執行の手続の基礎となっている債権または担保権の内容

②　①の担保権によって担保される債権の内容

③　当該民事執行の手続の進行状況

④　特定債務等の調整に関する関係権利者の意向

⑤　調停が成立する見込み

　裁判所は、必要があると認めるときは関係権利者の審尋を行い、執行停止決定を行うか否かについて判断することになる。

第6章

私的整理から法的整理への移行

I　総　論

　これまでみてきたように、私的整理の手法としてはさまざまな選択肢がある。しかし、私的整理は、債権者の同意を得ることにより、債務者の債務についてリスケジュールを行ったり、債権の放棄を求めたりすることにより企業の再建を図る手続であるから、債権者の同意が得られなければ、民事再生手続・会社更生手続等といった法的整理を利用して、企業の再建をめざさざるを得ない。

　本章では、私的整理から法的整理に移行する場合としてはどのようなケースがあるかを説明したうえ、私的整理から法的整理に移行した場合に問題となる点・留意すべき点を解説する。

Ⅱ　私的整理から法的整理への移行

1　私的整理から法的整理へ移行する場合の類型

　第5章で述べたとおり、事業再生 ADR、私的整理ガイドライン等の各種私的整理手続は、当該手続の対象となった債権者全員が、債務者の策定した再建計画案に同意した場合に成立する。最終的に、債権者のうち1名でも計画案に同意しないものがいる場合には、私的整理は成立しない。

　私的整理において計画案に同意しない債権者が見込まれる場合、債務者としては、同意を得るために再建計画案の内容を変更したり、反対債権者については計画の対象から除外するなどの対策を行うことが考えられる。

　それでも計画案に対して不同意の債権者が存在する場合、たとえば、事業再生 ADR 手続においては同手続が終了することになり、債務者としては、特定調停手続を利用するか、法的整理手続を利用することによって、事業再生を図ることを検討することになる。

　なお、事業再生 ADR 手続においては、事業再生計画案が債権放棄を伴うものである場合は、事業再生計画案の内容として、当該事業再生計画の履行ができないときには、法的整理手続等に移行することが求められている（産業再生省令14条2項、産業再生告示2条5項）。そのため、事業再生計画案が債権放棄を伴うものである場合に、対象債権者全員の同意が得られず、事業再生 ADR 手続が終了すれば、速やかに法的整理手続に移行することになる。

2　私的整理から法的手続へ移行した具体的事例

　以下の事例は、いずれも私的整理による事業の再建を実現することができず、民事再生および会社更生といった法的手続に移行した事例である。いずれの事例でも、企業価値の維持のため、商取引債権については、裁判所の許可を得て支払いを行うこととし、その保護が図られている。

　なお、東京地方裁判所では、①再生債権者が少数で意見聴取が容易であること、②短期間で財産評定書を作成できること、③私的整理段階の事業再生計画案を利用できること等、手続の各段階の作業が極めて速やかに遂げられることが確保されているような場合には、事前に裁判所と協議し、民事再生手続の短縮スケジュール（申立てから債権者集会・認可決定まで10週間）を利用することができる。また、近時は、よりスピーディな簡易再生手続の活用も提唱されている。

⑴　日本航空

　日本航空株式会社（以下、「日本航空」という）は、平成21年9月、国土交通省主導の「JAL再生タスクフォース」が改善計画の策定に着手し、当初は同年10月末に再建計画骨子提出、同年11月末に再建計画確定の予定であった。しかし、金融機関との交渉等が難航した。平成21年11月13日、事業再生ADRの申請・一時停止通知の送付を行い、その後、企業再生支援機構を活用した再建をめざすとされていた。

　しかし、企業再生支援機構による支援検討の過程において、日本航空グループの資金繰りが逼迫し、その信用が著しく低下していることから、同機構による支援がなければ、日本航空グループの航空運送事業を維持して再生を図ることは著しく困難であることが確認されるとともに、同機構として融資や出資による支援を行うためには、より強固に透明性・公正性が確保された手続、すなわち、裁判所の監督の下、裁判所より選任された管財人が手続を遂行する会社更生手続を利用することが最も適していると判断されるに至った。[1]

　日本航空グループ3社（日本航空株式会社、株式会社日本航空インターナショナル、株式会社ジャルキャピタル）は、最終的には、企業再生支援機構の支援と更生手続とを併用することとして、平成22年1月19日、東京地方裁判所に会社更生手続開始の申立てを行い、同日、会社更生手続開始決定の発令

1　日本航空ホームページ平成22年3月25日付「調査報告書のご案内」。

を受けた。同日付で企業再生支援機構（法人管財人）および片山英二弁護士が管財人に選任されている。

　このように、日本航空グループの会社更生手続は、申立てと同日に開始決定が発令されていること、企業再生支援機構が法人としての管財人に就任していること等の点で過去にない異例の手続としてスタートした。

　日本航空グループの会社更生手続は、従前と同様の条件による取引継続を条件として商取引債権を全額保護するとしていること等においても特徴的である。商取引債権の保護が可能となれば、事業価値の大幅な毀損を防止したうえで会社更生手続を遂行することができるため、事業の再建を図るという観点からは望ましいといえるものの、他の債権者との不平等などの問題が生じるため、全面的に商取引債権の保護を行うことが困難であることも多い。日本航空の会社更生手続においては、実質的な債権者が金融機関債権者のみであり、金融機関債権者から商取引債権の保護についての理解を得られたこと等を背景として、商取引債権全額保護という方法が採用できたといえる。

　以降、法的整理手続においても、一定の条件を満たした場合には、商取引債権を全額保護するスキームが定着しつつある。

(2)　ウィルコム[2]

　PHS システムを軸に移動体通信サービスを提供してきた株式会社ウィルコム（以下、「ウィルコム」という）は、新事業投資が財務面への負担をもたらしたことから、財務体質の抜本的な改善を行い、抜本的な事業再生を図るため、事業再生 ADR 手続を申請した。ウィルコムは、同手続において、金融機関に対し、一定期間借入金等債務の元本残高維持、および債務の弁済スケジュールの変更を求めた（他方、取引先に対しては、これまでと同様の支払いを継続することとした）。

　ウィルコムは、事業再生 ADR 手続において、債権者との協議を重ねてき

2　腰塚和男ほか「事業再生 ADR から会社更生への手続移行に際しての問題点と課題(1)」NBL953号11頁、特に15頁以下も参照。

たが、同手続内において事業再建を実現することができる、事業再生ADRにおいて事業再生計画を成立させることはできないとの理由で、事業再生ADRの手続実施者らに対して、同手続の終了を申し入れ、会社更生手続開始申立てを行うこととなった（同申立てに先立ち、事業再生ADR手続の終了が決定された）。

その後、ウィルコムは、会社更生手続において、同社の事業に関し、株式会社企業再生支援機構やスポンサー（ソフトバンク株式会社）の支援を得て、事業を継続し、再建を果たすことになった。

このように、ウィルコムの事案では、私的整理による再建が試みられたが、同手続によって再建を行うことはできず、法的整理に移行されることになったのである。

ウィルコムの会社更生手続においては、後にも述べるが、会社更生法47条5項前段の弁済許可により「25億円以下」の商取引債権（同社の債権者分布等に鑑み、ほぼすべての商取引債権者への弁済が可能な水準とのことである）を保護することとされた。

ただし、ウィルコムの会社更生手続においては、商取引債権として保護されないリース債権者により、「商取引債権者に弁済される金額までの部分（25億円）は、最低保障としてリース債権者を含む他の債権者に対しても弁済するべきである」との意見が出された（最終的には和解で解決された）。

(3)　林　原

林原グループ（株式会社林原、株式会社林原商事、株式会社林原生物化学研究所および太陽殖産株式会社）は、岡山県に所在するバイオ産業のグループであり、主力製品であるトレハロースやＡＡ２Ｇについて独占的な製造販売を行っている企業である。

地元での不動産投資やメセナ活動等へも多額の投資を行っていたこと等から、バブル崩壊後以降実質債務超過に陥ったものの、不適切会計処理を行って作成した虚偽の決算書類を金融機関に提出し、金融機関からの借入れを継続的に行っていた。その後、主力製品でトレハロースの開発に成功し、独占

的な製造販売を行うことにより収益が改善し、借入金残高は減少していたが、平成22年11月、メイン行および準メイン行が不適切会計処理の存在を認識したことから、財務等のデューディリジェンスと再生計画の作成を開始した。

　林原グループ4社は、総額約500億円の債務超過であることが判明したが、事業自体は順調であり、商取引債権者も手続対象とする法的整理を行った場合の事業価値の毀損を防止する観点から、私的整理を選択し、中立な第三者の関与する事業再生ADR手続による再建をめざすこととなった。

　林原グループ4社は、平成22年12月20日、事業再生ADRの仮申請を事業再生実務家協会に行い、平成23年1月24日、正式申請を行った。しかし、林原グループ4社は、平成22年2月2日、事業再生ADR手続の第1回債権者集会の開催時間中（後記のとおり、正式な第1回債権者会議としては開始していなかった）、東京地方裁判所に会社更生手続を申し立て、事業再生ADR手続を終了した。

　本件においては、平成22年2月2日、いわゆるバンクミーティングは開催されていたものの、正式には事業再生ADR手続における第1回債権者会議としての審議は開始せずに会議体を中断し、会社更生手続開始を申し立てたため、第1回債権者会議において議題とされる一時停止の通知の追認について、対象債権者からの了解を得られていない状況のまま、会社更生手続開始申立てに至ったということになる。

　会社更生手続開始申立てを余儀なくされた理由は、主に以下のとおりとのことである。

①　林原グループ4社による事業再生ADR手続の正式申請後間もなく、同手続の利用や不適切会計処理に関する報道がされたため、仕入先等の商取引債権者への信用不安が生じ、現金取引や支払サイトの短縮を求められれば、資金ショートの可能性があった。

②　メイン行および準メイン行が、不適切会計処理を認識した後、平成22年12月下旬に、それまで登記留保であった不動産担保についての登記を

実行して対抗要件を具備したほか、新規の担保設定や連帯保証の取得を行っていた。これに対し他行は強く反発しており、事業再生 ADR 手続において、これらの担保を非保全扱いとすることにメイン行らが同意しなければ、同手続に反対する旨の意向を示していた。

本件においては、事業再生 ADR からの移行案件であること、商取引債務の債権全体に占める割合が小さく十分に支払可能であること等から、保全管理命令において、ウィルコムの場合と同様、債権者が従前の取引条件で継続することを条件として、会社更生法47条5項後段（少額の債権を早期に弁済しなければ債務者の事業の継続に著しい支障を来すときに弁済を可能とする規定）に基づき裁判所が包括的に許可し、商取引債権の弁済が継続された。

(4)　コロナ工業

アルミ表面処理加工等の事業を行うコロナ工業株式会社（以下、「コロナ工業」という）は、平成23年5月に、株式会社企業再生支援機構（現「株式会社地域経済活性化支援機構」）から、当時の株式会社企業再生支援機構法25条4項に基づき支援決定を受け、同年8月には機構と伊藤忠プラスチック株式会社の出資を受け（同法31条1項）、機構の子会社となったうえで新たな経営体制の下売上げ向上を図るとともに、工場閉鎖等のコスト削減などを行っていた。しかし、コロナ工業は、予想以上の国内需要の縮小や海外売上げの伸び悩みにより、法的整理外では事業の継続が困難と判断し、平成25年4月、東京地方裁判所に対し、民事再生手続開始の申立てを行った。

同手続では、裁判所から、金融債権者、リース債権者および社債権者等を除く一般債権者への再生手続申立て前の取引に関する債権について、取引の継続を条件として、債権者1名あたり「3000万円」を上限とする少額弁済を行うことについて許可を受けた。

同社の事案は、地域経済活性化支援機構の支援企業の中では、初の法的整理を申し立てた事案である。

Ⅲ　私的整理から法的整理に移行した場合の問題点・留意点

　私的整理手続による再建ができず、法的整理に移行する場合、以下のような問題点・留意点が存在する。

1　商取引債権の保護

(1)　問題の所在

　私的整理手続においては、債務者は、通常、金融債務の弁済を停止するが、他方で一般の商取引債権については、通常どおり弁済を行い、事業を継続する。

　法的手続である民事再生手続や会社更生手続が申し立てられた後の商取引債権は、原則として共益債権となり計画外で優先的な弁済を受けることができる。

　私的整理が成立せず、法的手続に移行した場合には、法的整理前の私的整理中の債権であっても、「開始前の原因に基づいて生じた財産上の請求権」として再生債権や更生債権などの倒産債権として取り扱われ、再生計画や更生計画における権利変更の対象となる。

　しかし、それでは、取引先としては、私的整理が不調に終わり、法的整理に移行することのリスクを懸念して債務者との取引を行わず、あるいは、従前の取引条件では取引を行わず、または、担保の提供を求めるなどの行動に出ることで、場合によっては、事業継続が困難となることがある。

　そのため、私的整理手続中に生じた商取引債権を保護し、手続の続行中における事業継続を可能にする手立てが必要となる。

(2)　会社更生法47条5項後段の利用

　日本航空の事例やウィルコムの事例では、会社更生法47条5項後段を利用し、従前の取引条件を維持することを条件として、法的整理手続移行後も商取引債権の全額弁済を認めることにより、事業価値の維持を図った。

　日本航空の事案では、1 社あたり100億円単位の商取引債権が存在したが、上記規定により弁済が認められた。また、前記Ⅱ 2(2)のとおり、ウィルコムの事案でも、「25億円以下」の商取引債権につき全額弁済が認められた。[3]

　このように、実務的には、近時、会社更生法47条 5 項後段を積極的に活用することにより、一定額以下の商取引債権の弁済を認める運用が行われている。[4]

　東京地方裁判所の会社更生手続における運用では、①早期弁済をしなければ、事業の継続に支障が生じること（事業継続支障性）、②弁済許可の対象となる商取引債権が相対的に少額であること（少額性）、という要件を満たす場合には、③事案の特性を個別に検討したうえで、必要に応じて、取引先が従前の取引条件で取引を継続することを条件として、会社更生法47条 5 項後段に基づき、商取引債権の弁済を個別に許可し、事案によっては包括的に許可する取扱いを行っている。[5][6]

　そして、①事業継続支障性の判断については、事案ごとに、更生会社の資金繰りの余裕の程度を前提としたうえで、更生会社の事業内容、信用状況、当該取引の重要性および代替性の有無および程度、代替取引開始の緊急性の程度と代替取引先探索に要する時間、取引先の属性、取引先の有する再生債権等の早期弁済の有無による更生会社の事業価値ひいては他の更生債権者等に対する弁済率への影響等を総合考慮して、会社更生法47条 5 項後段の正当

3　腰塚和男ほか「事業再生 ADR から会社更生への手続移行に際しての問題点と課題(2)」NBL954号52頁以下も参照。

4　腰塚和男ほか「会社更生における商取引債権の100パーセント弁済について」NBL890号28頁、倒産実務交流会編『争点倒産実務の諸問題』（青林書院、2012年）305頁等。

5　有力な学説は、①の要件については、当該商取引の継続が更生会社の事業活動継続にとって不可欠であること、更生債権の弁済をしなければ相手方が将来の取引を拒絶する蓋然性が高く、かつ、代替する取引先が容易に見出しがたいことの 2 つからなり、弁済がなされれば、相手方が同一条件での取引継続を約束することが補助的要件となろうと述べる。また、②の要件については、更生会社の負債総額との関係で少額であるというだけでは足りず、金融機関など他の構成債権者や更生担保権者の債権額との比較でも、相対的に少額といえるものでなければならないとする（伊藤眞『会社更生法』（有斐閣、2012年）185頁）。

6　東京地裁会社更生実務研究会編『最新実務会社更生』（きんざい、2011年）31頁。

性の根拠に照らし、債権者全体にとって利益になるか否かという観点から、判断されることになる。[7]

また、②の「少額」といえるためには、更生会社の規模や事業態様、負債総額、資金繰りの状況等を踏まえて、相対的であっても、当該債権が少額であるということができる必要がある。[8]

(3)　産業競争力強化法の改正

実務上は、上記(2)のとおり私的整理から会社更生に移行した事案において、商取引債権が全額保護されるなどの運用がなされることがある。ただし、このような商取引債権の保護は、私的整理を遂行している段階では予測が難しいものであり、私的整理が進行していることを認識した商取引債権者が取引の中止や縮小、取引条件の変更等を要求してくるケースも懸念された。

このような議論を受けて、事業再生ADRの場面について、事業再生ADRから法的整理に移行した後に商取引債権が保護される可能性について、事業再生ADR段階での予測可能性を担保するべく、平成30年5月、「産業競争力強化法等の一部を改正する法律案」（以下、「改正産業競争力強化法」という）が衆参両院で可決された。

改正産業競争力強化法においては、後記2(2)(ア)の事業再生ADR手続におけるプレDIPファイナンスとほぼ同様の条文構造が採用されており、以下のとおり、先行する事業再生ADR手続において事業再生実務家協会により優先性に関する確認がなされた場合、後の法的整理手続において裁判所が当該確認の存在を考慮することを義務付けられた。

この法改正により、商取引債権者との取引が私的整理の期間中においてもより円滑に継続できることが期待される。

7　東京地裁会社更生実務研究会編・前掲（注6）161頁。
8　東京地裁会社更生実務研究会編著『会社更生の実務(上)〔新版〕』（きんざい、2014年）222頁、東京地裁会社更生実務研究会編・前掲（注6）162頁。

㈎　優先性を確保するための手続

　債務者企業は、事業再生実務家協会に対して、事業再生 ADR 手続の終了に至るまでの原因に基づいて生じた債権が次の各号のいずれにも適合することの確認を求めることができる（改正産業競争力強化法59条1項。以下、この確認が得られた債権を「確認商取引債権」という）。

① 　当該債権が少額であること
② 　当該債権を早期に弁済しなければ当該事業者の事業の継続に著しい支障を来すこと

㈏　法的整理手続における取扱い

　裁判所は、債務者企業について法的整理手続開始の決定があった場合、確認商取引債権が事業再生実務家協会により確認されていることを考慮することが義務付けられたうえで、以下の各場面において、その是非を判断するものとされている。

① 　保全処分発令の段階（改正産業競争力強化法60条、63条）
　　確認商取引債権の弁済を保全処分で禁止するかどうかの判断（民事再生法30条1項、会社更生法28条1項）
② 　少額債権弁済許可の段階（改正産業競争力強化法61条、64条）
　　確認商取引債権の弁済が、少額の再生債権または更生債権を早期に弁済しなければ再生債務者または更生会社の事業の継続に著しい影響を支障を来すときに該当するかどうかの判断（民事再生法85条5項後段、会社更生法47条5項後段）
③ 　再生計画案または更生計画案の認可段階（改正産業競争力強化法62条、65条）
　　再生計画案または更生計画案が、少額の再生債権または更生債権について差を設けても衡平を害しない場合に該当するかの判断（民事再生法155条1項ただし書、会社更生法168条1項ただし書）

2　プレ DIP ファイナンスの取扱い

(1)　問題の所在

　法的手続が申し立てられた後の DIP ファイナンスは、共益債権として計画外での優先弁済が認められることを前提に、金融機関等から債務者に対して貸付けがなされる。また、これらの債権は、破産手続に移行した場合にも財団債権として優先性が認められることになる。

　これに対し、事業再生 ADR 手続中などの私的整理手続中に実行された DIP ファイナンス（以下、私的整理中になされる新規融資は、法的手続前のものという意味で「プレ DIP ファイナンス」という）は、事業再生 ADR 手続等が成立せず、法的手続に移行した場合には、「開始前の原因に基づいて生じた財産上の請求権」となり、あくまで倒産債権として、計画によってのみ弁済を受けることしかできず、再生計画や更生計画において他の債権と同様の権利変更の対象となり、また破産となった場合には破産債権として配当を受けることしかできないのが原則である。

　他方、私的整理においては、資金繰りや信用状態に問題が生じている債務者は、多くの場合、金融債務以外に対しては約定どおり弁済を行いながら事業を継続するため、運転資金を確保するため、資金調達を受ける必要が生じるケースも多い。

　そこで、そのような実務上のニーズに答えるため、プレ DIP ファイナンスについて、その後に、債務者に民事再生手続・会社更生手続が開始された場合であっても、何らかの優先的な措置を認めることができないか、議論がなされた。

(2)　衡平考慮規定

　上記(1)のような中、近時、事業再生 ADR 手続や地域経済活性化支援機構（以下、「機構」ともいう）の手続が整備される際、これらの手続中になされたプレ DIP ファイナンスについて、一定の要件を満たす場合には、その後、民事再生手続や会社更生手続に移行した場合でも、一定の優遇的な取扱

いが認められるようになった。

㈎　産業競争力強化法

　産業競争力強化法は、事業再生 ADR 手続において、同法56条に定める要件を満たすことが確認された DIP ファイナンスの債権については、その後に開始される民事再生手続・会社更生手続において、優遇的な取扱いをすることが認められている（産業競争力強化法56条）。

① 　手続の開始から終了に至るまでの間における借入れ（融資）であること（産業競争力強化法56条1項）

② 　当該借入れ（融資）が、事業再生計画案に係る債権者全員の合意の成立が見込まれる日までの間における債務者の資金繰りのために合理的に必要なものであると認められるものであること（産業競争力強化法56条1項1号、経産省令33条1項1号）

③ 　当該借入れ（融資）に係る借入金の償還期限が、債権者全員の合意の成立が見込まれる日以後に到来すること（産業競争力強化法56条1項1号、経産省令33条1項2号）

④ 　当該借入れ（融資）に係る債権の弁済を、対象債権者が当該資金の借入れの時点において有している他の債権の弁済よりも優先的に取り扱うことについて、当該債権者全員の同意を得ていること（産業競争力強化法56条1項2号）

⑤ 　上記の要件を具備していることを、特定認証紛争解決事業者が確認し、通知していること（産業競争力強化法56条2項）

　民事再生手続や会社更生手続では、債権者の権利変更に際しては、同種の権利を有する者の間では、原則として平等でなければならない（民事再生法155条1項本文、会社更生法168条1項本文）。もっとも、再生計画案・更生計画案の中で、権利変更の内容に差を設けても衡平を害しない場合には、同一種類の権利者間でも異なる取扱いをすることが許容されている（民事再生法155条1項ただし書、会社更生法168条1項ただし書）。

　産業競争力強化法57条、58条は、同法56条1項の規定による確認を得たプ

レ DIP ファイナンスにつき、民事再生手続・会社更生手続上、優先性確認を受けた DIP ファイナンスに基づく債権を優先的に取り扱う再生計画・更生計画の定めが提出・可決された場合、裁判所は、産業競争力強化法56条1項の規定による確認を得ていることを考慮して、かかる定めが衡平を害しない場合（民事再生法155条1項、会社更生法168条1項）に該当するか否かを判断することとしている。

　このように、産業競争力強化法は、制度上、事業再生 ADR から民事再生手続・会社更生手続に移行した場合における DIP ファイナンスの保護について一定の配慮を行っている。そして、実務的には、産業競争力強化法57条および58条は、当該確認を得たプレ DIP ファイナンスについては、再生計画案・更生計画案において優先性を与えても構わないという趣旨の規定であると理解されている（産業競争力強化法の前身の産業活力再生特別措置法について、須藤英章「事業再生実務家協会における事業再生 ADR 手続」債管123号42頁）。

(イ)　株式会社地域経済活性化支援機構法（機構法）

　株式会社地域経済活性化支援機構法は、地域経済活性化支援機構が、再生支援対象事業者に係る買取決定等の時から当該再生支援対象事業者に係るすべての債権並びに株式および持分についての譲渡その他の処分の決定の時までの間に、当該再生支援対象事業者が、再生手続開始申立てまたは会社更生手続開始申立てを行った場合、機構が機構法35条1項所定の確認を行った貸付債権（プレ DIP ファイナンス）に係る再生債権または更生債権に関しては、一定の条件の下、再生計画または更生計画で他の再生債権または更生債権よりも有利な取扱いを受けることができる（機構法36条、37条）。

　すなわち、裁判所は、上述の場合において、当該再生債権・更生債権と他の債権との間に権利変更の内容に差を設ける計画案については、機構法36条、37条所定の事項、すなわち①当該貸付が、再生支援対象事業者の事業の継続に欠くことができないものであることが確認されていること、②機構等が事業再生計画に従って再生支援対象事業者の債務を免除していることおよびその額を考慮して、かかる定めが衡平を害しない場合（民事再生法155条1

項、会社更生法168条 1 項）に該当するか否かを判断することとされている（機構法36条 1 項、37条 1 項）。

　なお、裁判所は、上述のような再生計画案または更生計画案が提出されたときには、機構に対し、意見の陳述を求めることができる（機構法36条 2 項、37条 2 項）。

⑶　法的整理移行時の共益債権化の可能性

　上記⑵は、プレ DIP ファイナンスについて、その後の民事再生手続・会社更生手続において、あくまで再生債権・更生債権であることを前提に、再生計画・更生計画において優遇的に取り扱うことができるかという議論であるが、そもそも権利変更の対象とならず、再生債権・更生債権に先立って弁済される共益債権として扱うことができないかという点について検討する。共益債権として扱うことが認められれば、その後、万が一、民事再生手続・会社更生手続が失敗して、破産手続に移行した場合でも、プレ DIP ファイナンスは財団債権として優先的な弁済を受けられるため、より厚く保護されることになる。

　プレ DIP ファイナンスに基づく貸付債権は、民事再生手続・会社更生手続開始前の原因に基づいて生じた債権である以上、原則としては再生債権・更生債権になる。もっとも、再生債務者・更生管財人と当該貸付債権の債権者との間で和解契約を締結し、これを裁判所が許可することで共益債権として扱うことは可能である。いかなる場合に裁判所が許可をするかについては明確な要件があるわけではない。

　共益債権が保護される根拠から検討するに、共益債権が、再生債権・更生債権と異なり、権利変更の対象とならず優先的な返済を認められるのは、以下のような理由によるものと考えられる。たとえば、手続開始後の仕入債務についても再生債権・更生債権として権利変更の対象となるとすれば、取引を継続する者などおらず、事業を継続、再生することができなくなる。また、手続を遂行するための費用は再生債権者・更生債権者の共同の利益のために使用されたものであり、当該債権者に対する配当原資から優先的に弁済

するのが合理的であると考えられる。

そこで、プレ DIP ファイナンスについても、優先的に取り扱うのが事業の継続、再生に有益であり、また、当該融資が債権者の共同の利益のための資金を確保するためになされたものである場合などは、共益債権として扱われることも合理的であると考える。

この点に関して、東京地方裁判所民事第 8 部（商事部）も、裁判所による和解契約の許可に基づく共益債権化の可能性を認めたうえで、その場合、①当該プレ DIP ファイナンスの資金使途からみて債権者の共同の利益のために使われたといえること、②和解をすることが事業の継続上で有益といえること（今後も有利な条件で DIP ファイナンスをしてくれることなど）、③そのような和解をすることが更生会社の資金繰りとして可能であることといった要件を満たすことが必要であるという見解を示している（西岡清一郎「会社更生法の運用の実情と今後の課題」債管109号73頁。なお、鹿小木康「東京地裁民事第 8 部における特定調停の運用状況」債管119号65頁は、更生債権である前提で少額債権としての弁済許可（会社更生法47条 5 項後段）の判断基準として上記と同様の要素を考慮するとしている）。

実際に、日本航空の会社更生手続においては、事業再生 ADR 期間中に日本政策投資銀行が行ったプレ DIP ファイナンスの取扱いについて、管財人が共益債権化の承認申請を行った。裁判所は、①共益債権化をしないと今後の事業継続に支障を来すか否か、②共益債権化することが債権者の一般の利益に適合するか（資金繰り支援のため必要不可欠であったか、弁済率上昇につながるか等）、③融資条件が緩和されるなど和解契約の内容が合理的かといった点を考慮して、共益債権化を認めた。日本航空の会社更生手続では、前記のとおり、商取引債権が全額保護されており、権利変更の対象となったのが事業再生 ADR 手続の対象債権者に限られたという特殊な事情があるが、事業再生 ADR 手続中のプレ DIP ファイナンスの共益債権化に関して、一定の判断要素を示したものとして注目されるところである。

⑷ **少額債権としての計画外の弁済（民事再生法85条 5 項後段、会社更**

生法47条 5 項後段）

　以上のほか、すでに述べたとおり、民事再生手続、会社更生手続においては、少額の倒産債権を早期に弁済しなければ事業の継続に著しい支障を来たすときは計画の認可前であっても裁判所の許可により弁済できるとされている（民事再生法85条 5 項後段、会社更生法47条 5 項後段）。

　したがって、プレ DIP ファイナンスによる債権については、法的手続では少額債権として弁済される可能性はありうる。

　これらの規定による少額債権の弁済における「少額」の要件は、事業規模、負債規模等を総合的に考慮して判断される相対的概念とされている。

　そのため、事業規模や負債希望等を総合的に考慮することにより、たとえ億単位の貸付けであっても「少額」と認められることはありうる。

　また、「事業の継続に著しい支障を来す」の要件については、法的手続開始後の DIP ファイナンスの継続を要する場合などがこれにあたるといえよう（会社更生法47条 5 項後段の運用については、前記 1 ⑵を参照）。

3　私的整理中の弁済と否認

⑴　問題の所在

　私的整理においては、手続期間中、私的整理の対象となる債権以外の債権（商取引債権）などの弁済は行われることになる。

　しかし、その後、債権者の同意を得られず、私的整理が成立しなかった場合など、法的手続に移行することがありうる。

　法的倒産手続においては、金融債権か商取引債権かにかかわらず、既存債務の弁済行為は否認権行使の対象となりうる（破産法162条 1 項 1 号、民事再生法127条の 3 第 1 項 1 号、会社更生法86条の 3 第 1 項 1 号）。私的整理から法的整理に移行した場合、私的整理手続中においてされた弁済等について否認権行使の対象となるか。

(2) **検　討**

法的倒産手続においては、債務者の支払不能等の後に既存の債務について された弁済などの債務消滅行為や担保供与行為は、否認権行使の対象となる （破産法162条1項1号、民事再生法127条の3第1項1号、会社更生法86条の3 第1項1号）。そして、支払不能とは債務者が支払能力を欠くために弁済期 の到来した債務を一般的かつ継続的に弁済することができない客観的状況を いい（破産法2条11項）、債務者が支払停止をした場合には支払不能が法律上 推定される（同法15条2項）。

私的整理手続においては、対象となる債権について回収や担保権の実行を 停止するよう要請する必要があり、事業再生ADR等では、すべての対象債 権者に対し、手続期間中に、対象債権の回収や担保実行等を行わないように 要請する「一時停止通知」の制度がある。それでは、この一時停止の通知 は、「支払の停止」に該当するか。

「支払の停止」とは、弁済能力の欠乏のために弁済期の到来した債務を一 般的かつ継続的に弁済することのできない旨を外部に表示する債務者の行為 をいうが（最一小判昭和60・2・14判時1149号159頁）、次に述べるとおり、一 時停止の通知は、「支払停止」に該当しないと解される。すなわち、事業再 生ADR手続等における一時停止通知は、事業再生計画案の協議・成立まで の期間中、一時的に債権の取立て等を留保することを求めるものであり、一 時停止の通知を行ったことの一事をもって、「支払停止」に該当するわけで はないと考えられるのである。[9]有力な学説は、債務者が債権者に対して債務 免除等を要請する行為は、資力回復の合理的見込みを伴うものである限り、 支払停止とみなされないと解している。[10]

一時停止通知は、すべての対象債権者がこれを認めた場合には、債務の支 払期限の猶予が一時的に認められたと考えられるため、この場合には前述の

---

[9]　全国倒産処理弁護士ネットワーク編『私的整理の実務Q&A140問』（きんざい、2014年）340 頁。

[10]　伊藤眞「債務免除等要請行為と支払停止概念」NBL670号15頁。

支払不能にも該当しないと解される。

このように、事業再生 ADR 等における一時停止通知の送付は、支払停止に該当せず、また、債権者がこれを認めた場合には支払不能に該当しないものと解される。したがって、その後に、債務者が弁済を行ったとしても、それが法的手続以降後、直ちに否認の対象となるわけではないと考えられる。

●コラム●

1　債務者の代理人弁護士による債務整理通知の送付が「支払の停止」に該当しないと判断された事例

最二小判平成24・10・19判タ1384号130頁は、破産者が破産手続開始申立て前にした債務の弁済につき、破産管財人が破産法162条2項1号の規定により否認権を行使した事案において、破産者の代理人である弁護士が債権者一般に対して債務整理開始通知を送付した行為が、「支払の停止」にあたるか争われた事案において、以下のとおり判示した。

すなわち、最高裁判所は、「本件通知には、債務者であるAが、自らの債務の支払の猶予又は減免等についての事務である債務整理を、法律事務の専門家である弁護士らに委任した旨の記載がされており、また、Aの代理人である当該弁護士らが、債権者一般に宛てて債務者等への連絡及び取立て行為の中止を求めるなどAの債務につき統一的かつ公平な弁済を図ろうとしている旨をうかがわせる記載がされていたというのである。そして、Aが単なる給与所得者であり広く事業を営む者ではないという本件の事情を考慮すると、上記各記載のある本件通知には、Aが自己破産を予定している旨が明示されていなくても、Aが支払能力を欠くために一般的かつ継続的に債務の支払をすることができないことが、少なくとも黙示的に外部に表示されているとみるのが相当である。そうすると、Aの代理人である本件弁護士らが債権者一般に対して本件通知を送付した行為は、破産法162条1項1号イ及び3項にいう『支払の停止』に当たるというべきである」と判示した。

もっとも、同判決における須藤正彦裁判官の補足意見は、「一定規模以上の企業、特に、多額の債務を負い経営難に陥ったが、有用な経営資源があるなどの理由により、再建計画が策定され窮境の解消が図られるような債務整理の場合において、金融機関等に『一時停止』の通知等がされたりするときは、『支払の停止』の肯定には慎重さが要求されよう。このようなときは、合

理的で実現可能性が高く、金融機関等との間で合意に達する蓋然性が高い再建計画が策定、提示されて、これに基づく弁済が予定され、したがって、一般的かつ継続的に債務の支払をすることができないとはいえないことも少なくないからである。たやすく『支払の停止』が認められると、運転資金等の追加融資をした後に随時弁済を受けたことが否定されるおそれがあることになり、追加融資も差し控えられ、結局再建の途が閉ざされることにもなりかねない。反面、再建計画が、合理性あるいは実現可能性が到底認められないような場合には、むしろ、倒産必至であることを表示したものといえ、後日の否認や相殺禁止による公平な処理という見地からしても、一般的かつ継続的に債務の支払をすることができない旨を表示したものとみる余地もあるのではないかと思われる」と述べている。

　須藤補足意見に従えば、一定規模以上の企業が私的整理に入り、金融機関等に対して「一時停止」の通知等を送付した場合に、その後になされた弁済に関する後日の否認権の行使等の場面において、これを直ちに「支払の停止」とみることには慎重な考慮が要求されることになると考えられる。

●コラム●

2　他の債権者との間で公平を害することがない特段の事情があるとして本旨弁済の否認を許さなかった事例

　私的整理中になされた本旨弁済に関して、法的整理（破産手続）に入った後、管財人による否認権行使の対象となった事案として以下の裁判例（岐阜地裁大垣支判昭和57・10・13判時1065号185頁）がある。

　本件の事案は、手形不渡を出して支払いを停止した債務者に関して債権者委員会が発足して私的整理が開始し、債権者委員会の手続により債権者に対して配当がなされたが、一債権者から破産の申立てがなされて裁判所から破産宣告がなされ、管財人が債権者への配当に対して否認権を行使したという事案である。

　本判決は、破産法上の条文上、否認の要件に該当する行為があっても、同行為が他の債権者との間で公平を害しない特段の事情がある場合には同行為を否認し得ないものと解するのが相当であると判示した。そして、同判決は、当該私的整理においては債権者委員会が破産会社の債権者に一律に配当を実施したのであるから、その配当をもって債権者間の公平を害することはできないと判示した。

　この裁判例によれば、私的整理において、否認権行使の対象となる行為があり、それが否認の要件を満たしているとしても、当該行為が他の債権者との関係で公平を害しない特段の事情がある場合には否認権行使と対象とならないが、逆にみれば、債権者の中に弁済を受けていない債権者がいた場合には、債権者の公平を害するものとして、否認権行使の対象になることを前提としているものと解される。

　いかなる場合がここでいう「特段の事情」にあたるかについては、たとえば、①私的整理中に当該債権者に弁済を行わないで法的整理に入った場合よりも、弁済をした後に法的整理をした場合のほうが債権者に対する弁済率が高くなる場合、②債権者に対する弁済を行うこと、あるいは、当該債権者が商取引債権者である場合に債務者が当該債権者と従前の条件で取引を継続することにつき、債権者全員の明示または黙示の承諾がある場合などが考えられる。

4　一時停止通知の前に行われた、債務者所有の不動産の金融機関への担保提供等についての対抗要件具備行為の否認の可能性

　事業再生 ADR 手続における金融機関に対する一時停止通知の送付前に行われた債務者所有の不動産の金融機関に対する担保権提供等についての対抗要件具備行為について、後日、更生会社の管財人により、会社更生法88条1項（対抗要件否認）または同項1号（詐害行為否認）に基づく否認の成否が問題となった事案として、以下の裁判例の事案がある。

(1)　事案の概要

　東京地判平成23・8・15判タ1382号349頁以下の事案は、2つの事件があ

11　伊藤眞『破産法・民事再生法〔第3版〕』（有斐閣、2014年）506頁注184は、同裁判例としては、私的整理における配当が不当性を欠くから危機否認の対象とならないと判示しているが、有害性の問題に属すると評価する。

12　債権者委員会の同意を得て行った弁済であっても、全債権者の同意があったわけではないとして、後の破産手続において弁済に対する否認権の行使を認めた事例として、最一小判昭和47・5・1金法651号24頁。

る。

①事件（平成23年㋷第75154号）は、更生会社株式会社林原（以下、「林原」という）の管財人である X_1 および X_2 が、①事件相手方 Y_1 銀行に対して、林原所有の不動産に根抵当権設定登記を経由した Y_1 銀行の行為（以下、「本件対抗要件具備行為①」という）について、ⓐ会社更生法88条1項の規定による否認（対抗要件否認）を主張するとともに（争点1）、ⓑ仮に対抗要件否認が認められないとしても、同法86条1項1号の規定による否認（詐害行為否認）を主張し（争点2）、各不動産について否認の登記を求めた事案である。

②事件（平成23年㋷第75158号）は、更生会社太陽殖産株式会社（以下、「太陽殖産」という）の管財人である X_1 が、②事件相手方 Y_2 銀行に対して、太陽殖産所有の不動産に根抵当権設定仮登記を経由した Y_2 銀行の行為（以下、「本件対抗要件具備行為②」という）について、①事件と同様、上記ⓐおよびⓑの主張をし（争点2、3）、各不動産につき否認の登記を求めた事案である（なお、②事件では、他の争点（争点1）もあるが、ここでは説明を省略する）。

(2)　事実経過

本件の事実経過の概要は以下のとおりである。

平成22年11月中旬頃、更生会社ら（林原並びに同社の子会社である株式会社林原商事、株式会社林原生物化学研究所および太陽殖産）において約288億円に上る粉飾を行っていたことが、メイン行である Y_1 銀行および準メイン行である Y_2 銀行に判明した。

更生会社らは、事業再生 ADR 手続を利用することとし、その代理人弁護士らは、同年12月16日・翌17日に Y_1 銀行・Y_2 銀行に対して、更生会社らにつき、近く資金繰り破綻に至ること、事業再生 ADR 手続を通じた再建を企図していることを伝えたうえで、借入金返還債務の支払猶予等の要請をした。そのうえで、更生会社らは、平成22年12月20日、事業再生 ADR 手続の利用申請をし、同日受理された。

このような状況下において、Y_1 銀行は、林原の借入金債務につき同社との間で締結した平成17年11月30日付根抵当権設定契約に基づき、平成22年12

月27日、本件対抗要件具備行為①を行った。また、Y_2銀行は、林原の借入金債務につき同社および更生会社らとの間で締結した平成21年10月30日付根抵当権設定契約に基づき、平成22年12月24日および同月27日、本件対抗要件具備行為②を行った。いずれも上記各根抵当権設定契約締結後、登記手続が留保されていたものであった。

　その後、更生会社らは、平成23年1月24日、事業再生 ADR 手続の正式申込みを行い、Y_1 および Y_2 を含む金融債権者に対して一時停止の通知がされ、同年2月2日には、同手続の第1回債権者会議が予定されていたが、金融債権者の意見調整が難航し、その賛同が得られなかったため、太陽殖産を除く更生会社らは、同日、東京地方裁判所に更生手続開始の申立てをし、同年3月7日、更生手続開始決定を受けた。また、太陽殖産は、同年5月25日、同裁判所に更生手続開始の申立てをし、同日、更生手続開始決定を受けた。

(3)　裁判所による決定の要旨

㈎　対抗要件否認

　まず、管財人らは、本件各対抗要件具備行為につき、会社更生法88条1項による否認（対抗要件否認）を主張している。申立人らの主張は、更生会社林原および太陽殖産の更生手続開始の申立て前に行われた本件各対抗要件具備行為について、事業再生 ADR 手続の申請に向けて行った Y_1 銀行および Y_2 銀行に対する支払猶予の申入れ等の行為が「支払の停止」に該当するとして、その後に行われた本件各対抗要件具備行為は、支払の停止等があったのちに行われたものであるというものである。

　裁判所による本件各決定は、支払猶予の申入れ等の行為であっても、合理性のある再建方針や再建計画が主要な債権者に示され、これが債権者に受け入れられる蓋然性があると認められる場合には、一般的かつ継続的に弁済することができない旨を表示する行為に該当しないとして、「支払の停止」ということはできないと解するのが相当であると説示した。

　そのうえで、本件各決定は、本件において、更生会社らは事業再生 ADR

手続により事業再建を図ることを前提として専門家に事業再生計画の策定を依頼し、近く同手続の利用申請をすることを予定したうえで、Y$_1$銀行および Y$_2$銀行に対してその内容等を説明したものであり、当該説明をもって「支払の停止」には該当しないというべきであるとし、会社更生法88条1項による否認はできないとした。

(イ)　詐害行為否認

次に、管財人らは、本件各対抗要件具備行為につき、これが「支払の停止等」の前に行われたものと認められ、会社更生法88条1項による否認が許されないとしても、同法86条1項1号による否認（詐害行為否認）が認められるべきである旨主張している。

本件各決定は、対抗要件否認の規定は、旧破産法下における故意否認を制限したものではなく、危機否認の要件を加重する趣旨に出た特則であると解したうえで、現行法において危機否認に対応する規定、すなわち①担保供与または債務消滅行為を対象とする偏頗行為否認の規定（会社更生法86条の3第1項1号）と②それ以外の財産処分行為を対象とする詐害行為否認に関する一部の規定（同法86条1項2号）との関係では、これらの規定によって対抗要件具備行為を否認できないとしている。他方、③財産処分行為を対象とする詐害行為否認の規定のうち危機否認と直接関係のない規定（同項1号）は従前の故意否認の規定に対応し、同規定の要件を満たす場合には、当該規定によって対抗要件具備行為を否認することが許されるとしている。

そのうえで、本件各決定は、本件各対抗要件具備行為の性質を考えるにあたっては、その原因行為との関係で考えざるを得ないとして、本件対抗要件具備行為①および②につきそれぞれ検討を加えて、①事件と②事件とで異なった結論を導いている。

すなわち、本件対抗要件具備行為①については、その原因行為は会社更生法86条1項柱書において同項の否認の対象行為から除外されている担保の供与に該当するものとして、同項1号により否認することは許されないとしている。

　他方、本件対抗要件具備行為②については、その原因行為は物上保証行為であり財産処分行為にあたり、会社更生法86条1項1号による否認の対象となるとしたうえで、本件対抗要件具備行為②の当時、更生会社太陽殖産が実質的危機時機にあり、当該行為を更生債権者等を害する行為にあたると認めたほか、同号の要件をすべて満たすものと認定し、同号による否認を認めている。

5　私的整理中に預け入れられた預金と相殺

(1)　問題の所在

　私的整理中に債務者が私的整理の対象債権を有する金融機関に対して預け入れた預金に関し、債務者において私的整理が成立せずに法的手続に移行した場合、金融機関は債務者から預け入れられた預金について、自らの債権と相殺することはできるか。

(2)　検　討

　法的整理の場合、手続開始時において倒産債務者に反対債務を負担する倒産債権者は基本的に相殺を行うことができる（破産法70条、民事再生法92条、会社更生法48条）。

　しかし、破産法、民事再生法、会社更生法によれば、①支払不能になった後に契約によって負担する債務を専ら倒産債権をもってする相殺に供する目的で債務者の財産の処分を内容とする契約を債務者との間で締結し、または債務者に対して債務を負担する者の債務を引き受けることを内容とする契約を締結することにより債務者に対して債務を負担した場合であって、当該契約の締結の当時、支払不能であったことを知っていたときや、②支払いの停止があった後に債務者に対して債務を負担した場合であって、その負担の当時、支払いの停止があったことを知っていたときには、相殺が禁止される（破産法71条1項2号・3号、民事再生法93条1項2号・3号、会社更生法49条1項2号・3号）。

　すなわち、倒産債権者は、債務者の支払停止後に預金の預入れを受けた場

合や、債務者の支払不能後に専ら相殺に供する目的で預金の預入れを受けた場合であって、その当時、支払停止や支払不能であったことを知っていたときには、自らの債権を自働債権とし、債務者の預金債権を受働債権とする相殺は禁止される。

　この点、私的整理ガイドラインや事業再生 ADR における一時停止の通知は、前記3のとおり、支払停止に該当しないものと解される（前記コラム1の最高裁判例の須藤補足意見も参照）。また、一時停止通知の要請に応じている間の債権者においては支払不能でもないと解される。したがって、この場合、上述の倒産法上の相殺禁止には該当しないものと考えられる。

　もっとも、債務者としては、私的整理手続中、事業用資金等を金融機関に集約して預けている場合があり、そのような場合にその後に法的整理に移行したときには、事業再建のために預金の解放を求めるべきである。金融機関としても当該金融機関の債権の担保のためだけに預託されているのでないのであれば、当該預金の解放に応じるべきであると考えられる。相殺を認めないための法律構成としては、倒産法の相殺禁止にあたらない場合にも、相殺権の濫用として構成することは考えられる。

第7章

私的整理の労働問題

I　私的整理における従業員の地位

1　雇用契約への影響

(1)　雇用契約の継続、労働条件の維持

　会社が私的整理に入ったからといって、会社と従業員の雇用契約は、当然に変更が生じるものではない。したがって、従業員は、原則として、従来どおりの地位が確保され、賃金体系や退職金制度などの労働条件も維持される。

　むしろ、事業の再生には従業員の協力が必須であるため、むやみに賃金カットや人員整理などをすると、優秀な人材の流出、勤労意欲の減退などを招き、事業の再生を果たせなくなりかねない。

(2)　人件費削減の必要性

　私的整理に入っても当然には雇用契約、労働条件には影響ないとはいえ、収益体質の実現のためには、経費の削減は必要不可欠である。その一環として、賃金カットや人員整理などによる人件費の圧縮が必要となることが多い。その意味では、私的整理に入ることによって雇用契約にも少なからず影響があるといえる。

　ただし、私的整理に入った場合であっても、通常時の場合と同様、労働関係法令（労働基準法、労働契約法等）が適用され、就業規則の不利益変更や整理解雇の判例法理も適用される。事業計画の策定にあたっては、その点を十分考慮する必要がある。

(3)　賞与の支払いの可否

　私的整理中の会社においては、賞与の支払いが認められるかという問題がしばしば生じる。

　実務的には、賞与が給料の後払い的な性質も有していること、事業の再生には従業員の勤労意欲の維持が必要不可欠であることといった観点から、賞

与の支払いをする前提で事業計画を策定して、金融機関から同意を得ることも多い。ただし、金融機関に金融支援（債務免除やDESなど）を求める場合には、従業員の賞与については従来よりも減額するケースもある。

2　私的整理の手続への関与

　再建型法的倒産手続においては、法律上、従業員の過半数で組織されている労働組合、または、そのような労働組合がない場合には従業員の過半数の代表者が、手続に関与する機会が設けられている（民事再生法24条の2、42条3項、168条ほか。会社更生法22条1項、46条3項3号、188条ほか）。

　これに対して、私的整理の場面では、従業員や労働組合等が手続に関与することはない。たとえば、私的整理ガイドラインなどにも労働組合等の手続への関与については特に規定がない（なお、特定調停手続においては、調停委員会が労働組合等から意見を聴取するとされている（特定調停法14条2項））。ただ、私的整理の成否は会社の存続にもかかわる問題であり、また従業員の協力なくして事業の再生を図るのは難しい。したがって、従業員に対しても、必要に応じて、適時に適切な情報開示をしていくという配慮はしていくべきと思われる。

Ⅱ 私的整理における労働問題

1 就業規則における労働条件の不利益変更

(1) 就業規則による労働条件の不利益変更の要件・効果

　私的整理中の会社は、人件費の削減という観点から、就業規則を変更して、それに定める賃金や退職金の減額など労働条件を変更することがある。

　いかなる場合に就業規則による労働契約の内容の不利益変更が認められるかについては、かつて判例法理によって規律されていた。まず、秋北バス事件最高裁判決（最大判昭43・12・25民集22巻13号3459頁）において、使用者による労働条件の一方的な不利益変更は原則として許されないが、当該変更に合理性が認められれば、変更に反対する労働者をも拘束するとの判断がされた。それ以降、この基準をより精緻なものにする方向で判例法理が形成されていった。その代表的なものとして、大曲市農業協同組合事件最高裁判決（最三小判昭和63・3・26民集42巻2号60頁）、第四銀行事件最高裁判決（最二小判平成9・2・28民集51巻2号705頁）、みちのく銀行事件最高裁判決（最一小判平成12・9・7民集54巻7号2075号）、フジ興産事件最高裁判決（最二小判平成15・10・10労判861号5頁）がある。この中で、特に第四銀行事件最高裁判決は「合理性」を判断する判断要素と判断手法を示したものとして非常に重要なものであった。

　このように判例法理が確立する中、平成19年11月に労働者と使用者の権利義務の理念や規範を定める労働契約法が制定され、同法において、就業規則による労働契約の内容の変更について、以下のように規定された。

　労働契約法
　9条
　使用者は、労働者と合意することなく、就業規則を変更することに

より、労働者の不利益に労働契約の内容である労働条件を変更することはできない。ただし、次条の場合は、この限りではない。

　10条

　使用者が就業規則の変更により労働条件を変更する場合において、変更後の就業規則を労働者に周知させ、かつ、就業規則の変更が、労働者の受ける不利益の程度、労働条件の変更の必要性、変更後の就業規則の内容の相当性、労働組合等との交渉の状況その他の就業規則の変更に係る事情に照らして合理的なものであるときは、労働契約の内容である労働条件は、当該変更後の就業規則に定めるところによるものとする。ただし、労働契約において、労働者及び使用者が就業規則の変更によっては変更されない労働条件として合意した部分については、第12条に該当する場合を除き、この限りでない。

　これらは、それまでの判例法理に沿って規定されたものである。すなわち、就業規則を変更することにより、賃金や退職金を減額するなど労働条件を不利益に変更する場合において、従業員が個別に同意をすれば、変更の合理性の有無にかかわらず変更される（労働契約法9条）。他方、従業員が当該変更に同意をしなかった場合には、当該変更が従業員に周知され、かつ、当該変更が合理的である場合には、同意をしなかった従業員に対しても当該変更の効力が及ぶということが明文化されたのである（同法10条）。

　なお、労働契約法10条は、合理性の有無を判断するにあたっての判断要素について、以下の5つを列挙する。これは、前掲の第四銀行事件最高裁判決で示された判断要素を整理したものである。[1]

　①　労働者の受ける不利益の程度

　②　労働条件の変更の必要性

　③　変更後の就業規則の内容の相当性

　④　労働組合等との交渉の状況

1　菅野和夫『労働法〔第11版補正版〕』（弘文堂、2017年）205頁

⑤　その他の就業規則の変更に係る事情

(2)　労働契約法 9 条、10条の適用範囲

「就業規則の変更」には、既存の規定の変更のみならず、既存の就業規則
に新たな規定を追加する場合も含まれる。

これに対して、文言上、「変更」に「新設」も含まれると解釈するのは無
理があるので、新たに就業規則そのものを新設して労働条件を変更する場合
については、労働契約法 9 条、10条を直接適用するのはできない。しかし、
既存の就業規則に新たな規定を追加するのと、就業規則そのものを新設する
のとで取扱いを異にする合理的な理由はない。また、従前の判例法理は「就
業規則の新設」により労働条件を変更する場合にも適用されると解される[2]。

したがって、就業規則の新設による労働条件の変更については、労働契約
法10条が類推適用されると解すべきであろう[3]。

(3)　私的整理中の会社での退職金減額（日刊工業新聞社事件）

私的整理中の会社で退職金を減額すること（退職金規定の改定）につい
て、有効とした裁判例がある（日刊工業新聞社事件・東京高判平成20・ 2 ・13
労経速1996号29頁）。

(ア)　事案の概要

日刊工業新聞社は、バブル崩壊に伴い、平成 3 年以降は売上げが漸減し、
支局閉鎖や希望退職募集による人件費の削減、土曜休刊による経費削減等を
行ったが、平成 8 年までは経常損失を計上し、平成 5 年11月期以降、平成12
年 3 月期に資産再評価による特別利益を計上するまで債務超過の状態が続い
ていた。その後も経営状態の改善はみられず、平成14年には、その時点で唯
一当座貸越契約を継続できていたメイン行から経営改善計画、企業再生計画

2　秋北バス事件は「新たな就業規則の作成又は変更によって、……労働者に不利益な労働条件を
　一方的に課することは、原則として許されない」が、「当該規則条項が合理的なものであるかぎ
　り、個々の労働者において、これに同意しないことを理由として、その適用を拒否することは許
　されない」と判示している。

3　菅野・前掲（注 1) 204頁

を策定して実行しない限り、新規融資は困難である旨の申入れを受けた。

　当時、日刊工業新聞社は、すでに公租公課の支払いが遅れたこともあり、毎月の決算資金もかろうじて確保している状態であったため、経営コンサルタント会社に調査・分析を委託し、同社の検討結果に基づいて再建計画を策定した。その主な内容は以下のとおりであった。

① 200名の希望退職者を募集し、その退職金については従来より30％削減する。

② 本社ビル、東京、大阪、福岡の製作センター等の不動産を売却する。

③ 役員報酬を10％削減し、役員退職金は債務超過解消まで支給しない。

④ 旧役員の退職金の全部または一部の返還を求める。

⑤ 従業員の退職金を50％削減する。

⑥ 経営陣は平成15年6月をもって総退陣する。

　そして、日刊工業新聞社は、この再建計画をメイン行に提示し、金融支援（38億円のDES）を求めたところ、メイン行の了解を得られた。なお、メイン行の要請により経営陣のうち2人の取締役が代表取締役と経理労務担当役員として留任した。また、不動産が想定よりも高く売却できたことから、実際の金融支援額は30億円に減額された。

　日刊工業新聞社は、再建計画を実行すべく、3つの労働組合との間で数回にわたって協議を行い、再建への協力を求めた。3つの労働組合のうち、1つの労働組合（組織率3.5％）は激しく反発し理解を示さなかった。他方、残りの2つの労働組合（組織率50.5％と4.5％）から推薦された代表者は、退職金削減は従業員に一方的に痛みを押し付けるもので再考すべきであり改定には同意し難いとしつつも、再建のためにもこれを受け入れざるを得ないのも事実という意見であった。日刊工業新聞社は、この意見を得て、それまでの退職金規定による金額を半額に減額する規定への就業規則変更届を労働基準監督署長に提出した。

　これに対して、在職中の1名が改定の無効確認を求め、また既退職者6名が改定前の規定との差額の支払いを求めて提訴した。

(イ) 裁判所の判断

以上のような事案において、裁判所は、主に以下のような事情をあげて、退職金の50％減額を有効と判断した。

① 日刊工業新聞社は、メイン行の支援を得られなければ倒産することもあり得た状況にあったということできるから、再建策を策定する高度の必要性があったことは明らかである（労働条件の変更の必要性）。

② 日刊工業新聞社が清算した場合、一般債権への配当はなく、労働債権についても25％程度の配当にならざるを得なかったため、これと比較すれば50％の削減は不利益とはいえないから、これをもって不合理ということはできない（労働者の受ける不利益の程度）。

③ 労働者の被る不利益の程度は大きいが、他方で使用者側の変更の必要性は極めて重大であり、当時の状況は清算するか、再建するかの二者択一に迫られ、再建の途を選ぶ以上、経営コンサルタント会社の調査報告書の提言に沿った施策しか現実にとり得なかった（労働条件の変更の必要性）。

④ 倒産の危機に瀕した会社が倒産回避のための経営再建策の1つとして退職金の減額を行うこと自体は、その内容に合理性がある限り、わが国の企業において一般的に検討され得る措置である（その他の就業規則の変更に係る事情）。

⑤ 本件は倒産回避のための経費削減の必要性に基づくものであるから代替措置の余地に乏しいため、他の労働条件についての改善策がないとしてもやむを得ない（変更後の就業規則の内容の相当性）。

⑥ 3つの労働組合と数回にわたり協議を行い、うち2つの労働組合の代表者の意見としては、改定に同意はしがたいとしつつも、改定の必要性自体は承認する内容となっており、その限度では理解を得られている（労働組合等との交渉の状況）。

(4) 私的整理における不利益変更の留意点

私的整理中の会社であっても、就業規則の変更により労働条件を変更する

場合には、労働契約法９条、10条が適用される。したがって、私的整理において事業計画を策定するにあたり、経費削減の一環として、賃金や退職金の減額を行うことを想定する場合には、万が一、従業員から同意が得られないことも想定し、同法10条に基づき「合理性」が認められるような内容にしなければならない。

　日刊工業新聞社事件の裁判例を前提とすると、私的整理中である場合には、労働条件の変更の必要性は認められやすいと思われる。問題は、労働者の不利益の程度（賃金や退職金の減額幅）という点であろう。この点については、日刊工業新聞社事件が清算配当率と比較して、それより有利であるという点を重視しているのは参考となるだろう。ただ、労働債権は、民事再生手続であれば共益債権、会社更生手続でも共益債権または優先的更生債権となり、原則としてカットされない。したがって、清算配当率（破産配当率）との比較して、それを上回っていれば必ず「労働者に不利益はない」とまで言い切れるわけではない点は十分留意する必要がある。

2　整理解雇

⑴　解雇権濫用法理

　私的整理中の会社においては、人件費の削減の観点から、賃金カットや退職金の減額のほか、整理解雇がなされることがある。

　使用者による解雇については、民法上は「解雇の自由」が認められている（民法627条１項）が、「客観的に合理的な理由を欠き社会通念上相当として是認することができない場合には、権利の濫用として無効になる」という判例法理（解雇権濫用法理）が確立していた（日本食塩製造事件・最二小判昭和50・４・25民集29巻４号459頁）。そして、平成19年11月に制定された労働契約法において、これが明文化された（労働契約法16条）。

　整理解雇においても、当然、解雇権濫用法理は適用される。しかも、整理解雇は、労働者の責めに帰すべき事由による解雇ではなく、経営上の理由による解雇であることから、同法理の適用においてより厳格に判断すべきもの

と考えられている。

(2)　整理解雇の 4 要件・4 要素

整理解雇が解雇権の濫用にならないかについて、裁判例は、①人員削減の必要性、②人員削減の手段として整理解雇を選択することの必要性（解雇回避努力義務の履行）、③被解雇者選定の妥当性、④手続の妥当性の 4 つの事項に着目して判断を行っている。

かつての裁判例は（東京高判昭和54・10・29労民30巻 5 号1002頁）、この 4 つの事項を「4 要件」と解してきた。しかし、バブル経済崩壊後の長引く不況の中で、これらを「4 要素」と解して、それに関する諸事情を総合的に判断するという裁判例も多く出ている（東京高判平成18・12・26労判931号30頁等）。

また、人員削減の必要性に関して、経営危機に陥っていなくても経営合理化・競争力強化のために行う場合に、その必要性を認める裁判例（東京地判平成12・1・21労判782号23頁）や、解雇回避努力義務に関して、希望退職者募集により有能な従業員の退職をもたらしたり、従業員に無用な不安をもたらす場合には募集の必要性を否定する裁判例（大阪地判平成12・6・23労判786号16頁）も現れており、規制がやや緩和される傾向も示されている。

(3)　私的整理における整理解雇の留意点

私的整理中の会社において整理解雇をする場合にも、上記(2)の 4 つの事項に着目して解雇の有効性が判断される。

ただし、私的整理中であることは、不利益変更（上記 1 ）の場合と同様、①人員削減の必要性に関しては比較的認められやすいと思われる。

他方、②③④については、私的整理中であることがそれほど影響はないように思われ、実務的にも希望退職者募集を行ったうえで、合理的な人選基準の設定、合理的かつ公平な人選、労働組合や対象者への説明・協議というように、慎重に行われることとなる。

3　会社分割に伴う労働契約の承継等に関する法律

⑴　意　義

　会社分割が実行される場合、労働契約は、会社分割における吸収分割契約・新設分割計画の定めに従い、個々の労働者の承諾なしに承継会社・設立会社に承継されることになる。しかし、会社分割は、労働者の重大な利害にかかわるものである。そこで、労働者の保護を図るため、労働契約承継法が定められている（労働契約承継法１条）。

⑵　労働者等への事前通知

㋐　労働者への事前通知

　会社は、会社分割（吸収分割・新設分割）をするときは、吸収分割契約・新設分割計画を承認する株主総会の会日の２週間前までに、分割会社が雇用する労働者であって、①承継会社・新設会社に承継される事業に主として従事するもの（以下、「承継事業主要従事労働者」という。労働契約承継法２条１

〔表7-1〕　労働者への事前通知事項一覧

	分割計画書等への記載	通知の要否	異議申出権の有無	異議申出権の行使	労働契約の帰趨
承継事業に主として従事する労働者	記載あり	○	×	—	承継会社等に承継
	記載なし	○	○	行使	承継会社等に承継
				不行使	分割会社に残留
上記以外の労働者	記載あり	○	○	行使	分割会社に残留
				不行使	承継会社等に承継
	記載なし	×	×	—	分割会社に残留

項1号)、および、②①の労働者以外であって、吸収分割契約・新設分割計画にその者との労働契約を承継会社・設立会社が承継する旨の定めがあるもの（以下、「指定承継動労者」という。同項2号）に対し、所定の事項（吸収分割契約・新設分割計画に同人の労働契約が承継会社・設立会社に承継される旨の定めの有無、それに関する異議申出期限日等）を、書面により通知しなければならない（同項・3項）。

(イ)　労働組合への事前通知

分割会社は、労働組合との間で労働協約を締結しているときは、当該労働組合に対し、所定の事項を、書面により通知しなければならない（労働契約承継法2条2項)。

(3)　承継事業主要従事労働者に係る労働契約の承継

(ア)　承継する旨の定めがある場合

承継事業主要従事労働者が分割会社との間で締結している労働契約は、吸収分割契約・新設分割計画に承継会社・設立会社に承継される旨が定められたときは、労働者の同意なしに、分割の効力が生じた日に、分割の効果として当然に承継される（労働契約承継法3条)。

(イ)　承継する旨の定めがない場合

吸収分割契約・新設分割計画に、分割会社との労働契約が承継会社・設立会社に承継される旨の定めがなされなかった承継事業主要従事労働者は、労働契約承継法4条2項に定める期間内に、分割会社に対し、当該労働契約が承継されないことについて、書面により、異議を申し出ることができる（同条1項)。

承継事業主要従事労働者が労働契約承継法4条1項の異議を申し出たときは、当該労働者が分割会社との間で締結している労働契約は、分割の効力が生じた日に、承継会社・設立会社に承継される（同条4項)。

(4)　指定承継労働者に係る労働契約の承継

指定承継労働者は、労働契約承継法2条1項の通知がされた日から同法4条3項に定める異議申出期限日までの間に、分割会社に対し、当該労働者が

分割会社との間で締結している労働契約が承継会社・設立会社に承継される
ことについて、書面により、異議を申し出ることができる（同法 5 条 1
項）。異議申出のあった労働契約は、承継会社・設立会社に承継されない
（同条 3 項）。

(5)　転籍同意方式による契約と労働契約承継法

　会社分割を行う際、会社は、労働契約承継法に基づく労働契約ではなく、
いわゆる、転籍（分割会社を退職し、承継会社に就職する）同意方式による契
約が実務上広く用いられてきた。

　しかし、大阪高決平成25・ 5 ・23労判1078号 5 頁は、「本件会社分割に際
しては、申立外会社の従業員に係る労働契約及びこれに付随する一切の権利
義務は、抗告人に承継されない旨合意されるとともに、抗告人は、申立外会
社の従業員のうち大綱合意に基づいて抗告人への転籍に同意した者に限り、
雇用するものと合意されている（以下「転籍同意方式による契約」という。)」
という事案において、「労働契約承継法が、承継事業に主として従事する労
働者の労働契約は、当該労働者が希望する限り、会社分割によって承継会社
等に承継されるものとしている趣旨にかんがみると、転籍同意方式による契
約は、労働契約承継法の趣旨を潜脱する契約であるといわざるを得ず、これ
によって従前の労働契約とは異なる別個独立の労働契約が締結されたものと
みることはできない。そうすると、抗告人と相手方間の転籍同意方式による
契約は、申立外会社と相手方間の労働契約が、会社分割により相手方（ マ
マ ）から抗告人へ包括承継されたことを確認する趣旨の契約にすぎないもの
というべきである」と判示し、このような転籍同意方式による契約の承継を
否定した。

(6)　労働協約の承継

　分割会社は、吸収分割契約・新設分割計画に、当該分割会社と労働組合と
の間で締結されている労働協約のうち承継会社・設立会社が承継する部分を
定めることができる（労働契約承継法 6 条 1 項）。分割会社と労働組合との間
で締結されている労働協約に、労働組合法16条の基準（労働条件その他の労

働者の待遇に関する基準）以外の部分が定められている場合において、当該部分の全部または一部について分割会社と労働組合との間で吸収分割契約・新設分割計画の定めに従い、承継会社・設立会社に承継させる旨の合意があったときは、当該合意に係る部分は、吸収分割契約・新設分割契約の定めに従い、分割の効力が生じた日に、承継会社・設立会社に承継される（労働契約承継法 6 条 2 項）。労働契約承継法 6 条 2 項に定めるもののほか、分割会社と労働組合との間で締結されている労働協約については、労働組合の組合員である労働者と分割会社との間で締結されている労働契約が承継会社・設立会社に承継されるときは、分割の効力が生じた日に、承継会社・設立会社と労働組合との間で当該労働協約と同一の内容の労働協約が締結されたものとみなされる（同条 3 項）。

第8章

私的整理の主要なスキームに
関する会社法上の手続
および登記手続

　これまでの章で、私的整理に用いられる各種スキームについて触れてきた。本章では、一般的なスキームである第二会社方式の中でも特に多く用いられる会社分割および特別清算・解散（Ⅰ、ⅣおよびⅤ）、並びに、減増資（ⅡおよびⅢ）に関する会社法上の手続および登記手続について解説する。

Ⅰ　組織再編（会社分割）

1　新設分割

⑴　手　続

　会社分割は、分割会社側および承継会社・設立会社側双方の株主および債権者に重大な影響を与えるため、会社法上、分割会社側、承継会社・設立会社側それぞれにおいて慎重な手続が要求されている。もっとも、新設分割の場合、新設分割の効力が生ずるまでは設立会社は存在しない。そのため、基本的には分割会社側における手続が中心となり、設立登記後においてのみ設立会社における手続が要求される。新設分割における分割会社側、設立会社側それぞれの手続の概要は以下のとおりである。[1]

㈦　新設分割計画の作成

　分割会社は、会社法763条1項各号の定める事項を記載した新設分割計画を作成しなければならない（法762条1項）。新設分割計画書は、新設分割の骨子となるため、事前備置（下記㈦）および株主総会における承認（下記㈦）の対象となる。

㈦　事前備置書類の作成・備置き

　分割会社は、株主および債権者への情報提供のため、一定の事項を内容とする書面または電磁的記録（いわゆる事前備置書類）を作成して本店に備え

1　労働契約承継法に規定された手続については、前記第7章参照。

置かなければならない（法803条１項）。事前備置書類による開示が必要な事項は以下のとおりである（⑤から⑦は該当する場合のみ）。

① 　新設分割計画の内容（法803条１項２号）

② 　分割対価の定めの相当性に関する事項（施行規則205条１号イ）

③ 　分割会社に関する事項（最終事業年度の末日後の会社財産の状況に重要な影響を与える事象の内容等。施行規則205条６号）

④ 　効力発生日以降の債務の履行の見込みに関する事項（施行規則205条７号）

⑤ 　新設会社株式を分割会社株主に交付する旨の決議に関する事項（施行規則205条２号）

⑥ 　分割会社の新株予約権者に交付する新設会社の新株予約権についての定めの相当性に関する事項（施行規則205条３号）

⑦ 　他の分割会社に関する事項（施行規則205条４号・５号）

　㈦ 　**株主総会における承認および株式買取請求権・新株予約権買取請求権**

新設分割計画は、原則として、分割会社の株主総会の特別決議による承認を受ける必要がある（法804条１項、309条２項12号）。ただし、会社分割が簡易分割²（法805条）にあたる場合には、株主総会決議は不要である。

【書式８-１】　議案記載例①　新設分割会社

議案　新設分割計画承認の件

　議長は、当社の○○事業に関する権利義務を新たに設立する○○株式会社に承継させる新設分割を行うことにつき、別添の新設分割計画書により説明した後、本議案についてその賛否を議場に諮ったところ、満場一致をもって

2 　新設分割における簡易分割とは、新設分割により新設分割設立会社に承継させる資産の帳簿価額の合計額が新設分割株式会社の総資産額（施行規則207条で定める方法により算定する）の５分の１（これを下回る割合を新設分割株式会社の定款で定めた場合にあっては、その割合）を超えない場合を指す（法805条）。このような場合、新設分割株式会社の株主に及ぼす影響が軽微であるため、株主総会の承認決議は不要とされている。

> 本議案は承認可決された。

　また、分割会社が種類株式発行会社の場合、当該新設分割が種類株主に損害を及ぼすおそれがあるときは特別決議が、定款に基づき当該種類株式に会社分割に関する拒否権が付与されているときには定款に定める決議が必要となる（法322条1項10号、323条）。

　株主総会決議（種類株主総会を含む）を要する場合であって、①当該株主総会に先立って新設分割に反対する旨を会社に対して通知し、かつ、当該株主総会において実際に新設分割に反対した株主、および、②当該株主総会において議決権を行使することができない株主は、一定の要件の下、会社に対して自己の保有する株式を公正な価格で買い取ることを請求することができる（法806条等）。また、③新設分割計画に設立会社の新株予約権の交付を受ける旨定められている者、および、④③以外の分割会社の新株予約権者であって、新設分割をする場合において当該新株予約権の新株予約権者に新設分割設立株式会社の新株予約権を交付することとする旨の定めが別途ある者は、一定の要件の下、会社に対して自己の保有する新株予約権を公正な価格で買い取ることを請求することができる（法808条等）。

　これらの株主、新株予約権者による株式買取請求権行使の機会を確保するため、分割会社は、新設分割計画承認の株主総会決議の日から2週間以内に、株主に対して、ⓐ新設分割をする旨、ⓑ他の分割会社および設立会社の商号および住所およびⓒ振替新株予約権・振替新株予約権付社債を発行している場合は買取口座を記載した通知または公告を行う必要がある（法806条3項・4項、808条3項・4項、社債、株式等の振替に関する法律183条2項、215条2項）。株主・新株予約権者は、当該通知または公告の日から20日以内に株式買取請求権・新株予約権買取請求権を行使する必要がある（法806条5項、808条5項）。

(エ)　債権者異議手続

　新設分割後、分割会社に対して債務の履行を請求することができない分割

会社の債権者は、分割会社に対して、当該会社分割についての異議を述べることができる（法810条1項2号）。このような債権者が1人でもいる場合には、分割会社は、以下の事項について、公告を行い、かつ、知れている債権者に対しては個別に催告を行う必要がある（同条2項）。

① 　新設合併等をする旨

② 　他の分割会社および設立会社の商号および住所

③ 　最終貸借対照表等（計算規則152条）

④ 　債権者が一定の期間内に異議を述べることができる旨

なお、分割会社は、官報による公告に加え、定款に定めた時事に関する事項を掲載する日刊新聞紙または電子公告により公告する場合各別の催告を省略できる。ただし、不法行為により生じた債務の債権者に対しては、各別の催告を省略することができない（810条3項）。

【書式8-2】　公告例①

新設分割公告

　当社は、新設分割により新設する○○株式会社（住所東京都○○区○○町○○丁目○○番○○号）に対して当社の○○事業に関する権利義務を承継させることにいたしました。

　この会社分割に異議のある債権者は、本公告掲載の翌日から一箇月以内にお申し出下さい。

　なお、最終貸借対照表の開示状況は次のとおりです。

掲載紙　官報

掲載の日付　平成○年○月○日

掲載頁　○頁（号外第○号）

平成○年○月○日

　○○県○○市○○町○○番地

---

3 「債権者が誰であり、その債権がいかなる原因に基づくいかなる内容のものかの大体を会社が知っている債権者を指す」とされている（合併について、大判昭和7・4・30民集11巻706頁）。

> ○○株式会社
> 代表取締役　○○○○

（独立行政法人国立印刷局「会社法　法定公告について」）

㈺　事後備置書類の作成・備置き

株主および債権者への情報提供のため、事後備置書類を作成し、本店に備え置くことが必要となる（法811条、815条）。

⑵　効力発生

新設分割の効力は、その本店所在地において設立の登記をすることによって成立し（法49条）、その成立の日に、新設分割計画の定めに従い、新設分割設立会社は、新設分割会社の権利義務を承継する（法764条１項）。

⑶　登記すべき事項

登記すべき事項は次のとおりである。

㈰　新設分割設立会社

登記すべき事項は、一般の設立登記と同様の事項および分割をした旨並びに新設分割会社の商号および本店である（法924条、商業登記法84条１項）。なお、新設分割会社の新株予約権を消滅させ、新設分割設立会社の新株予約権を交付した場合には、設立時に新株予約権に関する事項の登記をする必要がある（法911条３項12号）（登記研究編集室編『商業登記書式精義㊦〔全訂第５版〕』（テイハン、2012年）1423頁）。

㈪　新設分割会社

登記すべき事項は、分割をした旨並びに新設分割設立会社の商号および本店である（商業登記法84条２項）。なお、新設分割会社の新株予約権を消滅させ、新設分割設立会社の新株予約権を交付した場合には、新設分割会社の当該新株予約権が消滅した旨およびその年月日も登記すべき事項になる。

⑷　登記期間および登記の方法

新設分割をしたときは、会社法924条１項１号に定める日から２週間以内に、その本店の所在地を管轄する登記所において、新設分割会社については

変更の登記をし、新設分割設立会社については設立の登記をしなければならない（法924条1項）。

　本店の所在地を管轄する登記所における新設分割会社の変更の登記の申請と、新設分割設立会社の設立の登記の申請とは、同時にしなければならず（商業登記法87条2項）、本店の所在地を管轄する登記所における新設分割会社がする新設分割による変更の登記の申請は、当該登記所の管轄区域内に新設分割設立会社の本店がないときは、新設分割設立会社の本店の所在地を管轄する登記所を経由してしなければならない（同条1項）。

(5)　添付書面

(ア)　新設分割設立会社が行う新設分割による設立の登記

① 　新設分割計画書（商業登記法86条1号）

② 　新設分割設立会社に関する次に掲げる書面

ⓐ 　定款（商業登記法86条2号）

ⓑ 　株主名簿管理人をおいたときは、その者との契約を証する書面（商業登記法86条3号、47条2項6号）

ⓒ 　設立時取締役が設立時代表取締役を選定したときは、これに関する書面（商業登記法86条3号、47条2項7号）

ⓓ 　設立しようとする株式会社が指名委員会等設置会社であるときは、設立時執行役の選任並びに設立時委員および設立時代表執行役の選定に関する書面（商業登記法86条3号、47条2項8号）

ⓔ 　会社法の規定により選任されまたは選定された設立時取締役、設立時監査役および設立時代表取締役（設立しようとする株式会社が監査等委員会設置会社である場合にあっては設立時監査等委員である設立時取締役およびそれ以外の設立時取締役並びに設立時代表取締役、設立しようとする株式会社が指名委員会等設置会社である場合にあっては設立時取締役、設立時委員、設立時執行役および設立時代表執行役）が就任を承諾したことを証する書面（商業登記法86条3号、47条2項10号）

　なお、新設分割設立会社が非取締役会設置会社の場合には設立時取

締役の就任承諾書の印鑑について、新設分割設立会社が取締役会設置
会社の場合には設立時代表取締役の就任承諾書の印鑑について、印鑑
証明書の添付を要する（商業登記規則61条4項・5項）。

　設立時取締役、設立時監査役または設立時執行役について、市町村
長が作成した印鑑証明書を添付しないときは、本人確認証明書の添付
を要する（商業登記規則61条7項）。

ⓕ　設立時会計参与または設立時会計監査人を選任したときは、次に掲
げる書面（商業登記法86条3号、47条2項11号）

㋐　就任を承諾したことを証する書面

㋑　これらの者が法人であるときは、当該法人の登記事項証明書（た
だし、新設分割設立会社の本店所在地を管轄する登記所の管轄区域内に
当該法人の主たる事務所がある場合を除く）

　なお、申請書に設立時会計参与または設立時会計監査人の会社法
人等番号を記載した場合には、新設分割会社の登記事項証明書の添
付は要しない（商業登記法19条の3）。

㋒　これらの者が法人でないときは、設立時会計参与にあっては公認
会計士もしくは監査法人または税理士もしくは税理士法人（法333
条1項）に規定する者であること、設立時会計監査人にあっては公
認会計士または監査法人（法337条1項）であることを証する書面

ⓖ　特別取締役による議決の定めがあるときは、特別取締役の選定およ
びその選定された者が就任を承諾したことを証する書面（商業登記法
86条3号、47条2項12号）

ⓗ　資本金の額が会社法445条5項の規定に従って計上されたことを証
する書面（商業登記法86条4号、85条4号）

【書式 8 - 3 】　資本金計上証明書①　単独新設分割の場合（【書式 8 - 4 】の場合を
　　　　　　除く）

資本金の額の計上に関する証明書

株主資本等変動額（会社計算規則第49条第 1 項）

金○○円

　新設分割設立会社の資本金の額○○円は、会社法第445条及び会社計算規則
第49条の規定に従って計上されたことに相違ないことを証明する。[4]

平成○年○月○日
　東京都○○区○○町○○丁目○○番○○号
　　　　　　　　　○○株式会社
　　　　　　　　　代表取締役　　○○○○

（法務局ホームページ）

【書式 8 - 4 】　資本金計上証明書②　分割型新設分割の新設型再編対価の全部が新
　　　　　　設分割設立会社の株式である場合であって、新設分割会社における新
　　　　　　設分割の直前の株主資本の全部または一部を引き継ぐものとして計算
　　　　　　することが適切であるとき

資本金の額の計上に関する証明書

新設分割によって減少する新設分割会社の資本金の額（会社計算規則第50条
第 1 項）

金○○円

4　新設分割設立会社の資本金の額は、株主資本等変動額の範囲内で、新設分割会社が新設分割計
　画の定めに従い定める必要がある（計算規則49条 2 項）。

　　新設分割設立会社の資本金の額○○円は、会社法第445条及び会社計算規則第50条の規定に従って計上されたことに相違ないことを証明する。[5]

平成○年○月○日
　　東京都○○区○○町○○丁目○○番○○号
　　　　　　　　　　○○株式会社
　　　　　　　　　　代表取締役　　○○○○

（法務局ホームページ）

③　新設分割会社の手続に関する次に掲げる書面

　ⓐ　新設分割会社の登記事項証明書（商業登記法86条5号。ただし、新設分割設立会社の本店所在地を管轄する登記所の管轄区域内に新設分割会社の本店がある場合を除く）

　　　なお、申請書に新設分割会社の会社法人等番号を記載した場合には、新設分割会社の登記事項証明書の添付は要しない（商業登記法19条の3）。

　ⓑ　新設分割会社の新設分割計画の承認機関に応じ、株主総会、種類株主総会の議事録（簡易分割の場合には、当該場合に該当することを証する書面および取締役会の議事録または取締役の過半数の一致があったことを証する書面（商業登記法46条））（同法86条6号）

　　　株主総会または種類株主総会の決議を要する場合には、株主の氏名または名称、住所および議決権数等を証する書面を添付する（株主リスト）（商業登記規則61条3項）。

　　　簡易分割の要件を満たすことを証する書面は、【書式8-5】を参照されたい。

5　新設分割設立会社の資本金の額は、新設分割によって減少する新設分割会社の資本金の額と一致している必要がある（計算規則50条1項）。

【書式8-5】　簡易分割の要件を満たすことを証する書面

会社法第805条に該当することの証明書

1．新設分割により新設分割設立会社に承継させる資産の帳簿価額の合計額

金〇〇円

2．新設分割株式会社の総資産額として法務省令で定める方法により算定される額（①＋②＋③＋④＋⑤＋⑥＋⑦＋⑧－⑨）

① 　資本金の額　　　　　　　　　　　　　　　　　　　　金〇〇円

② 　資本準備金の額　　　　　　　　　　　　　　　　　　金〇〇円

③ 　利益準備金の額　　　　　　　　　　　　　　　　　　金〇〇円

④ 　会社法第446条に規定する剰余金の額　　　　　　　　金〇〇円

⑤ 　最終事業年度の末日における評価・換算差額等に係る額　金〇〇円

⑥ 　新株予約権の帳簿価額　　　　　　　　　　　　　　　金〇〇円

⑦ 　最終事業年度の末日において負債の部に計上した額　　金〇〇円

⑧ 　最終事業年度の末日後に吸収合併、吸収分割による他の会社の事業に係る権利義務の承継又は他の会社（外国会社を含む）の事業の全部の譲受けをしたときは、これらの行為により承継又は譲受けをした負債の額

金〇〇円

⑨ 　自己株式及び自己新株予約権の帳簿価額の合計額　　　金〇〇円

3．1に掲げた額÷2に掲げた額　　　　　　　　　　　　　〇〇

　3．の割合は5分の1を超えないこと及び会社法第805条及び会社法施行規則第207条の規定に従って計算されたことに相違ありません。

平成〇年〇月〇日

　東京都〇〇区〇〇町〇〇丁目〇〇番〇〇号

　　　　　　　　　〇〇株式会社

　　　　　　　　代表取締役　　〇〇〇〇

（登記研究編集室編『商業登記書式精義(下)〔全訂第5版〕』（テイハン、2012年））

ⓒ　公告および催告をしたことを証する書面（商業登記法86条8号）

　　公告を、官報のほか、会社法939条1項の規定による定款の定めに従い、時事に関する事項を掲載する日刊新聞紙または電子公告によりするときは、各別の催告は、省略できる（法810条3項）。ただし、不法行為によって生じた新設分割会社の債務の債権者に対しては、各別の催告を省略することはできない（同項かっこ書）。

ⓓ　異議を述べた債権者があるときは、当該債権者に対し弁済しもしくは相当の担保を提供しもしくは当該債権者に弁済を受けさせることを目的として相当の財産を信託したことまたは当該新設分割をしても当該債権者を害するおそれがないことを証する書面（商業登記法86条8号）。異議を述べた債権者がないときは、その旨を登記申請書に記載するか、もしくは、その旨を記載した会社代表者作成の上申書を添付する。

ⓔ　新設分割会社が新株予約権を発行している場合であって、その新株予約権者に対して当該新株予約権に代わる新設分割設立会社の新株予約権を交付するときは、新株予約権証券提供公告をしたことを証する書面（商業登記法86条9号）。新株予約権証券を発行していない場合は、新株予約権原簿等、新株予約権証券を発行していない旨を証する書面を添付する。

④　会社分割について官庁の許可を要する事項の登記を申請するには、官庁の許可書またはその認証がある謄本（商業登記法19条）。

⑤　代理人によって申請を行う場合には登記委任状（商業登記法18条）

　　なお、登記申請書記載添付書類ではないが、新設分割設立会社の本店の所在地においては、新設分割設立会社の代表者は印鑑を登記所に提出しなければならないので、注意を要する（商業登記法20条1項）。

⑷　新設分割会社が行う新設分割による変更の登記

①　新設分割会社の本店所在地を管轄する登記所の管轄区域内に新設分割設立会社の本店がないときは、登記所において作成した新設分割会社の

代表取締役の印鑑の証明書（商業登記法87条3項）

②　代理人によって申請を行う場合には登記委任状（商業登記法18条）

(6)　登録免許税

(ア)　新設分割設立会社

登録免許税の額は、申請1件につき資本金の額に1000分の7を乗じた額である。これによって計算した税額が3万円に満たないときは、申請1件につき3万円である旨が規定されている（登録免許税法別表第一24号㈠ト）。

(イ)　新設分割会社

登録免許税の額は、申請1件につき3万円である（登録免許税法別表第一24号㈠ツ）。

2　吸収分割

(1)　手　続

吸収分割において必要となる手続は、基本的に新設分割と同様である。もっとも、新設分割と異なり、はじめから承継会社が存在するため、承継会社および分割会社の双方で手続が必要となる。

(ア)　吸収分割契約の作成

吸収分割は、合併と同様、当事会社間の契約なので、当事会社間において、法定事項を定めた吸収分割契約を締結する必要がある（法757条）。吸収分割契約は、吸収分割の骨子となるため、事前備置（下記(イ)）および株主総会における承認（下記(ウ)）の対象となる。

(イ)　事前備置書類の作成・備置き

分割会社・承継会社は、株主および債権者への情報提供のため、一定の事項を内容とする書面または電磁的記録（いわゆる事前備置書類）を作成して本店に備え置かなければならない（法782条1項、794条1項）。事前備置書類による開示が必要な事項は以下のとおりである（⑤から⑦は該当する場合のみ）。

①　吸収分割契約の内容（法782条1項2号、794条1項）

②　分割対価の相当性に関する事項（施行規則183条 1 号イ、192条 1 号）

③　分割会社・承継会社に関する事項（最終事業年度の末日後の会社財産の状況に重要な影響を与える事象の内容等。施行規則183条 5 号、192条 6 号）

④　効力発生日以降の債務の履行の見込みに関する事項（施行規則183条 6 号、192条 7 号）

⑤　承継会社株式を分割会社株主に交付する旨の決議に関する事項（施行規則183条 2 号、192条 2 号）

⑥　分割会社の新株予約権者に交付する承継会社の新株予約権についての相当性に関する事項（施行規則183条 3 号、192条 3 号）

⑦　他の分割会社・承継会社に関する事項（施行規則183条 4 号・ 5 号、192条 4 号・ 5 号）

（ウ）　**株主総会における承認および株式買取請求権・新株予約権買取請求権**

　吸収分割契約は、原則として、分割会社・承継会社の株主総会の特別決議による承認を受ける必要がある（法783条 1 項、309条 2 項12号）。ただし、会社分割または略式分割[6]が簡易分割[7]（法784条 1 項・ 2 項）にあたる場合には、原則として株主総会決議は不要である。

6　吸収分割における略式分割とは、吸収分割承継会社が吸収分割会社の特別支配会社（総議決権の90％（これを上回る割合を吸収分割会社の定款で定めた場合にあっては、その割合）以上を有している場合）である場合を指す（法784条 1 項）。このような場合、株主総会を開催する意味が乏しいので、株主総会決議は不要とされている。

7　吸収分割における簡易分割とは、吸収分割により吸収分割承継会社に承継させる資産の帳簿価額の合計額が吸収分割株式会社の総資産額（施行規則207条で定める方法により算定する）の 5 分の 1 （これを下回る割合を吸収分割株式会社の定款で定めた場合にあっては、その割合）を超えない場合を指す（法784条 2 項）。このような場合、吸収分割株式会社の株主に及ぼす影響が軽微であるため、株主総会の承認決議は不要とされている。

【書式 8-6】　議案記載例②　吸収分割承継会社

> ### 議案　当社と○○株式会社との吸収分割契約承認の件
>
> 　議長は、○○株式会社の○○事業に関する権利義務を当社が承継する吸収分割を行うことにつき、別添の吸収分割契約書により説明した後、本議案についてその賛否を議場に諮ったところ、満場一致をもって本議案は承認可決された。

【書式 8-7】　議案記載例③　吸収分割会社

> ### 議案　当社と○○株式会社との吸収分割契約承認の件
>
> 　議長は、当社の○○事業に関する権利義務を○○株式会社に承継させる吸収分割を行うことにつき、別添の吸収分割契約書により説明した後、本議案についてその賛否を議場に諮ったところ、満場一致をもって本議案は承認可決された。

　また、会社が種類株式発行会社の場合、当該新設分割が種類株主に損害を及ぼすおそれがあるときは特別決議が、定款に基づき当該種類株式に会社分割に関する拒否権が付与されているときには定款に定める決議が必要となる（法322条1項10号・3項・4項、323条）。

　株主総会決議（種類株主総会を含む）を要する場合であって、①当該株主総会に先立って吸収分割に反対する旨を会社に対して通知し、かつ、当該株主総会において実際に吸収分割に反対した株主、および、②当該株主総会において議決権を行使することができない株主は、一定の要件の下、会社に対して自己の保有する株式を公正な価格で買い取ることを請求することができる（法785条、797条等）。また、③吸収分割契約に承継会社の新株予約権の交付を受ける旨定められている者、および、④③以外の新株予約権者であっ

て、吸収分割をする場合において当該新株予約権の新株予約権者に承継株式会社の新株予約権を交付することとする旨の定めがある者は、一定の要件の下、会社に対して自己の保有する新株予約権を公正な価格で買い取ることを請求することができる（法787条等）。

　これらの株主、新株予約権者による株式買取請求権行使の機会を確保するため、分割会社は、分割の効力発生日の20日前までに、株主に対して、ⓐ吸収分割をする旨、ⓑ他の分割会社および承継会社の商号および住所およびⓒ振替新株予約権・振替新株予約権付社債を発行している場合は買取口座を記載した通知または公告を行う必要がある（法785条3項・4項、797条3項、787条3項・4項、社債、株式等の振替に関する法律183条2項、215条2項）。株主・新株予約権者は、分割の効力発生日の20日前から効力発生日前日までに株式買取請求権・新株予約権買取請求権を行使できる（法785条5項、797条5項、787条5項）。

(エ)　債権者異議手続

　吸収分割後、分割会社に対して債務の履行を請求することができない分割会社の債権者は、分割会社に対して、承継会社の全債権者は、承継会社に対して、当該会社分割についての異議を述べることができる（法789条1項2号、799条1項2号）。このような債権者が1人でもいる場合には、分割会社・承継会社は、以下の事項について、公告を行い、かつ、知れている債権者に対しては個別に催告を行う必要がある（法789条2項、799条2項）。

① 吸収合併等をする旨
② 他の分割会社および承継会社の商号および住所
③ 最終貸借対照表等（計算規則152条）
④ 債権者が一定の期間内に異議を述べることができる旨

　なお、分割会社・承継会社は、官報による公告に加え、定款に定めた時事に関する事項を掲載する日刊新聞紙または電子公告により公告する場合各別

8　前掲（注3）参照。

の催告を省略できる。ただし、分割会社においては、不法行為により生じた債務の債権者に対しては、各別の催告を省略することができない（法789条3項、799条3項）。

【書式8-8】　公告例②　吸収分割公告

吸収分割公告

　左記会社は吸収分割して甲は乙の○○事業に関する権利義務を承継し乙はそれを承継させることにいたしました。

　この会社分割に異議のある債権者は、本公告掲載の翌日から一箇月以内にお申し出下さい。

　なお、最終貸借対照表の開示状況は次のとおりです。

（甲）掲載紙　官報

　　　掲載の日付　平成○年○月○日

　　　掲載頁　○頁（号外第○号）

（乙）掲載紙　○新聞

　　　掲載の日付　平成○年○月○日

　　　掲載頁　○頁

平成○年○月○日

　東京都○○区○○町○○番地

　　　　　　（甲）○○株式会社

　　　　　　代表取締役　○○○○

　○○県○○市○○町○○番地

　　　　　　（乙）○○株式会社

　　　　　　代表取締役　○○○○

（独立行政法人国立印刷局「会社法　法定公告について」）

　(オ)　事後備置書類の作成・備置き

　株主および債権者への情報提供のため事後備置書類を作成し、本店に備え置くことが必要となる（法791条、801条）

　(2)　**効力発生日**

　吸収分割の効力発生日は、吸収分割契約書に「吸収分割がその効力を生ずる日」として定めた日となる（法758条1項7号）。なお、吸収分割会社と吸収分割承継会社との合意により効力発生日を変更することができる（法790条1項）。効力発生日を変更する場合には、変更前の効力発生日（変更後の効力発生日が変更前の効力発生日前の日である場合には当該変更後の効力発生日）の前日までに、変更後の効力発生日を公告しなければならない（同条2項）。

(3)　登記すべき事項

　登記すべき事項は次のとおりである。

(ア)　吸収分割承継会社

　登記すべき事項は、分割の年月日、分割をした旨並びに吸収分割会社の商号および本店である（商業登記法84条1項）。なお、吸収分割によって発行済株式の総数（種類株式発行会社にあっては、発行済みの株式の種類および数を含む）および資本金の額に変更が生じた場合や、吸収分割承継会社が吸収分割会社の新株予約権者に対して当該新株予約権に代わる吸収分割承継会社の新株予約権を交付した場合には、それらについても登記をする必要がある。また、吸収分割と同時に役員の選任や変更登記を要する定款変更等を行った場合にも、それらについても登記をする必要がある。

(イ)　吸収分割会社

　登記すべき事項は、分割の年月日、分割をした旨並びに吸収分割承継会社の商号および本店である（商業登記法84条2項）。なお、吸収分割承継会社が吸収分割会社の新株予約権者に対して当該新株予約権に代わる吸収分割承継会社の新株予約権を交付した場合には、吸収分割会社の当該新株予約権が消滅した旨およびその年月日も登記すべき事項になる。

(4)　登記期間および登記の方法

　吸収分割をしたときは、その効力が生じた日から2週間以内に、その本店の所在地において、吸収分割会社および吸収分割承継会社についての変更の登記をしなければならない（法923条）。

　本店の所在地における吸収分割会社の変更の登記の申請と、吸収分割承継

会社の変更の登記の申請とは、同時にしなければならず（商業登記法87条2項）、本店の所在地における吸収分割会社の変更の登記の申請は、当該登記所の管轄区域内に吸収分割承継会社の本店がないときは、吸収分割承継会社の本店の所在地を管轄する登記所を経由してしなければならない（同条1項）。

⑸　添付書面

㈎　吸収分割承継会社が行う吸収分割による変更の登記

① 吸収分割契約書（商業登記法85条1号）

効力発生日の変更があった場合には、吸収分割承継会社において取締役の過半数の一致があったことを証する書面または取締役会の議事録（商業登記法46条）および効力発生日の変更に係る当事会社の契約書（同法24条9号参照）も添付しなければならない（平成18・3・31民商782号通達）。

② 吸収分割承継会社の手続に関する次に掲げる書面

ⓐ 吸収分割承継会社の吸収分割契約の承認機関に応じ、株主総会、種類株主総会の議事録（略式分割または簡易分割の場合には、当該場合に該当することを証する書面（法796条3項の規定により吸収分割に反対する旨を通知した株主がある場合にあっては、同項の規定により株主総会の決議による承認を受けなければならない場合に該当しないことを証する書面を含む）および取締役会の議事録または取締役の過半数の一致があったことを証する書面（商業登記法46条）（同法85条2号）

株主総会または種類株主総会の決議を要する場合には、株主の氏名または名称、住所および議決権数等を証する書面を添付する（株主リスト）（商業登記規則61条3項）。

略式分割の要件を満たすことを証する書面としては、具体的には、吸収分割承継会社の株主名簿等がこれに該当する（平成18・3・31民商782号通達）。

簡易分割の要件を満たすことを証する書面は、【書式8-9】を参照

されたい。

【書式8-9】　簡易分割の要件を満たすことを証する書面①　吸収分割承継会社

会社法第796条第2項に該当することの証明書

1．会社法第796条第2項第1号の次に掲げる額　　　　　　　　　　金〇〇円

　（①＋②＋③）

　①　会社法第796条第2項第1号イの額　　　　　　　　　　　　金〇〇円

　②　同号ロの額　　　　　　　　　　　　　　　　　　　　　　金〇〇円

　③　同号ハの額　　　　　　　　　　　　　　　　　　　　　　金〇〇円

2．承継会社の純資産額として会社法施行規則第196条により算定される額[9]

　　　　　　　　　　　　　　　　　　　　　　　　　　　　　　金〇〇円

　（①＋②＋③＋④＋⑤＋⑥－⑦）

　①　資本金の額　　　　　　　　　　　　　　　　　　　　　　金〇〇円

　②　資本準備金の額　　　　　　　　　　　　　　　　　　　　金〇〇円

　③　利益準備金の額　　　　　　　　　　　　　　　　　　　　金〇〇円

　④　会社法第446条に規定する剰余金の額　　　　　　　　　　 金〇〇円

　⑤　最終事業年度の末日における評価・換算差額等に係る額　　金〇〇円

　⑥　新株予約権の帳簿価額　　　　　　　　　　　　　　　　　金〇〇円

　⑦　自己株式及び自己新株予約権の帳簿価額の合計額　　　　　金〇〇円

3．1に掲げた額÷2に掲げた額　　　　　　　　　　　　　　　　〇〇

　3．の割合は5分の1を超えないこと及び会社法第796条第2項本文及び会社法施行規則第196条の規定に従って計算されたことに相違ありません。

平成〇年〇月〇日

　　東京都〇〇区〇〇町〇〇丁目〇〇番〇〇号

　　　　　　　　〇〇株式会社

　　　　　　　　代表取締役　　〇〇〇〇

（登記研究編集室編『商業登記書式精義(下)〔全訂第5版〕』（テイハン、2012年））

9　計算した結果、500万円を下回る場合は500万円となる。

ⓑ　公告および催告をしたことを証する書面（商業登記法85条3号）

公告を、官報のほか、会社法939条1項の規定による定款の定めに従い、時事に関する事項を掲載する日刊新聞紙または電子公告によりするときは、各別の催告は省略できる（法799条3項）。

ⓒ　異議を述べた債権者があるときは、当該債権者に対し弁済しもしくは相当の担保を提供しもしくは当該債権者に弁済を受けさせることを目的として相当の財産を信託したことまたは当該吸収分割をしても当該債権者を害するおそれがないことを証する書面（商業登記法85条3号）。異議を述べた債権者がないときは、その旨を登記申請書に記載するか、もしくは、その旨を記載した会社代表者作成の上申書を添付する。

ⓓ　吸収分割に際して吸収分割承継会社の資本金の額が増加する場合には、資本金の額が会社法の規定に従って計上されたことを証する書面（商業登記法85条4号）

【書式8-10】　資本金計上証明書③　吸収分割承継会社が吸収分割会社の株主資本を引き継ぐ場合以外の場合

資本金の額の計上に関する証明書

株主資本等変動額（会社計算規則第37条第1項）

金〇〇円

吸収分割承継会社の資本金の増加額〇〇円は、会社法第445条及び会社計算規則第37条の規定に従って計上されたことに相違ないことを証明する。

平成〇年〇月〇日

東京都〇〇区〇〇町〇〇丁目〇〇番〇〇号

〇〇株式会社

代表取締役　〇〇〇〇

（法務局ホームページ）

【書式 8 -11】　資本金計上証明書④　吸収分割承継会社が吸収分割会社の株主資本を引き継ぐ場合

資本金の額の計上に関する証明書

　吸収分割によって減少する吸収分割会社の資本金の額（会社計算規則第38条第 1 項）

金○○円

　吸収分割承継会社の資本金の増加額○○円は、会社法第445条及び会社計算規則第38条の規定に従って計上されたことに相違ないことを証明する。[11][12]

平成○年○月○日
　　東京都○○区○○町○○丁目○○番○○号
　　　　　　　　○○株式会社
　　　　　　　　代表取締役　　○○○○

（法務局ホームページ）

③　吸収分割会社の手続に関する次に掲げる書面

　ⓐ　吸収分割会社の登記事項証明書（商業登記法85条 5 号。ただし、吸収分割承継会社の本店所在地を管轄する登記所の管轄区域内に吸収分割会社の本店がある場合を除く）

　　　なお、申請書に吸収分割会社の会社法人等番号を記載した場合には、吸収分割会社の登記事項証明書の添付は要しない（商業登記法19

10　吸収分割承継会社の資本金の増加額は、株主資本等変動額の範囲内で、吸収分割承継会社が吸収分割契約の定めに従い定める必要がある（計算規則37条 2 項）。
11　吸収分割承継会社の資本金の増加額は、吸収分割によって減少する吸収分割会社の資本金の額と一致している必要がある。
12　吸収型再編対価が存しない場合には、吸収分割承継会社の資本金の額を増加させることはできない（計算規則38条 2 項）。

条の 3）。

ⓑ　吸収分割会社の吸収分割契約の承認機関に応じ、株主総会、種類株主総会の議事録（略式分割または簡易分割の場合には、当該場合に該当することを証する書面および取締役会の議事録または取締役の過半数の一致があったことを証する書面（商業登記法46条））（同法85条 6 号）

株主総会または種類株主総会の決議を要する場合には、株主の氏名または名称、住所および議決権数等を証する書面を添付する（株主リスト）（商業登記規則61条 3 項）。

簡易分割の要件を満たすことを証する書面は、【書式 8 -12】を参照されたい。

【書式 8 -12】　簡易分割の要件を満たすことを証する書面②　吸収分割会社

会社法第784条第 2 項に該当することの証明書

1．吸収分割により吸収分割承継会社に承継させる資産の帳簿価額の合計額

金〇〇円

2．吸収分割株式会社の総資産額として会社法施行規則第187条で定める方法により算定される額　　　　　　　　　　　　　　　　　　　　　金〇〇円

（①＋②＋③＋④＋⑤＋⑥＋⑦＋⑧－⑨）

①　資本金の額　　　　　　　　　　　　　　　　　　　　　　　金〇〇円

②　資本準備金の額　　　　　　　　　　　　　　　　　　　　　金〇〇円

③　利益準備金の額　　　　　　　　　　　　　　　　　　　　　金〇〇円

④　会社法第446条に規定する剰余金の額　　　　　　　　　　　金〇〇円

⑤　最終事業年度の末日における評価・換算差額等に係る額　　　金〇〇円

⑥　新株予約権の帳簿価額　　　　　　　　　　　　　　　　　　金〇〇円

⑦　最終事業年度の末日において負債の部に計上した額　　　　　金〇〇円

⑧　最終事業年度の末日後に吸収合併、吸収分割による他の会社の事業に係る権利義務の承継又は他の会社（外国会社を含む。）の事業の全部の譲

> 受けをしたときは、これらの行為により承継又は譲受けをした負債の額
>
> 　　　　　　　　　　　　　　　　　　　　　　　　　　　　金〇〇円
>
> ⑨　自己株式及び自己新株予約権の帳簿価額の合計額　　　　金〇〇円
>
> 3．1に掲げた額÷2に掲げた額　　　　　　　　　　　　　　　〇〇
>
> 　3．の割合は5分の1を超えないこと及び会社法第784条第2項本文及び会社法施行規則第187条の規定に従って計算されたことに相違ありません。
>
> 平成〇年〇月〇日
> 　東京都〇〇区〇〇町〇〇丁目〇〇番〇〇号
> 　　　　　　　　　　〇〇株式会社
> 　　　　　　　　　　代表取締役　〇〇〇〇

ⓒ　公告および催告をしたことを証する書面（商業登記法85条8号）

　　公告を、官報のほか、会社法939条1項の規定による定款の定めに従い、時事に関する事項を掲載する日刊新聞紙または電子公告によりするときは、各別の催告は省略できる（法789条3項）。ただし、不法行為によって生じた吸収分割会社の債務の債権者に対しては、各別の催告を省略することはできない（同項かっこ書）。

ⓓ　異議を述べた債権者があるときは、当該債権者に対し弁済しもしくは相当の担保を提供しもしくは当該債権者に弁済を受けさせることを目的として相当の財産を信託したことまたは当該吸収分割をしても当該債権者を害するおそれがないことを証する書面（商業登記法85条8号）。異議を述べた債権者がないときは、その旨を登記申請書に記載するか、もしくは、その旨を記載した会社代表者作成の上申書を添付する。

ⓔ　吸収分割会社が新株予約権を発行している場合であって、吸収分割承継会社が吸収分割会社の新株予約権者に対して当該新株予約権に代

わる吸収分割承継会社の新株予約権を交付するときは、新株予約権証券提供公告をしたことを証する書面（商業登記法85条9号）。新株予約権証券を発行していない場合は、新株予約権原簿等、新株予約権証券を発行していない旨を証する書面を添付する。

④　会社分割について官庁の許可を要する事項の登記を申請するには、官庁の許可書またはその認証がある謄本（商業登記法19条）。

⑤　代理人によって申請を行う場合には登記委任状（商業登記法18条）

(イ)　吸収分割会社が行う吸収分割による変更の登記

①　吸収分割会社の本店所在地を管轄する登記所の管轄区域内に吸収分割承継会社の本店がないときは、登記所において作成した吸収分割会社の代表取締役の印鑑の証明書（商業登記法87条3項）

②　代理人によって申請を行う場合には登記委任状（商業登記法18条）

(6)　登録免許税

(ア)　吸収分割承継会社

登録免許税の額は、申請1件につき増加した資本金の額に1000分の7を乗じた額である（登録免許税法別表第一24号㈠チ）。これによって計算した税額が3万円に満たないときは、申請1件につき3万円である（同）。吸収分割に伴い、資本金の額が増加しない場合には、3万円である（同ツ）。また、吸収分割と同時に役員の選任や変更登記を要する定款変更等を行った場合には、別途、各々の登記の登録免許税について考慮する必要がある。

(イ)　吸収分割会社

登録免許税の額は、申請1件につき3万円である（登録免許税法別表第一24号㈠ツ）。

Ⅱ 資本金の額の減少

1 会社法上の手続

(1) 資本金の額の減少・準備金の額の減少の手続

資本金の額の減少・準備金の額の減少の手続の流れは以下のとおりである。

(ア) 資本金の額の減少の株主総会決議

資本金の額の減少を行うと、株主が払い込んだ資本金が分配可能なその他資本剰余金に変わり、株主が害されるおそれがあることから、原則として、株主総会の特別決議により、①減少する資本金の額、②減少する資本金の額の全部または一部を準備金とするときはその旨および準備金の額、③資本金の減少がその効力を生ずる日を定める必要がある（法447条1項、309条2項9号）。なお、減少する資本金の額は、効力発生時における資本金の額を超えてはならない（法447条2項）。また、資本金の額を減少して、資本金の額を0円とすることも可能である。

他方、資本金の額の減少の目的が資本の欠損補填にあり、定時株主総会において、定時株主総会における欠損の額を超えない範囲で資本金の額を減少する場合には、新たに分配可能額を生じさせないことから、普通決議で行うことが可能である（法309条2項9号イ・ロ）。さらに、株式の発行と同時に資本金の額を減少する場合には、株式の発行により資本金の額も増額することとなり、資本金の額の減少の効力が生じた日後の資本金の額が資本金の額の減少前の資本金の額を下回らない時は、株主総会決議は不要で、取締役会決議のみで承認することが可能である（法447条3項）。

【書式 8 -13】　議案記載例④　資本金の額の減少

議案　資本金の額の減少に関する件

　議長は、資本金〇〇万円のうち金〇〇万円を減少して金〇〇万円としたい旨を述べ、以下の事項につきその承認を求めたところ、満場異議なくこれを承認可決した。

記

1　減少する資本金の額　金〇万円

2　効力発生日　平成〇年〇月〇日

3　減少する資本金の全部（又は一部）（金〇万円）を準備金とすること[13]

㈣　準備金の額の減少の株主総会決議

　準備金には資本準備金と利益準備金があるが、会社法上、どちらを先に減少しなければならないかに決まりはなく、会社による選択が可能である。

　準備金の額の減少を行う場合、株主総会の普通決議により、①減少する準備金の額、②準備金の額の全部または一部を資本金とするときはその旨および資本金とする額、③準備金の額の減少の効力発生日を定めることが必要である（法448条１項）。なお、減少する準備金の額は、効力発生日における準備金の額を超えてはならない（同条２項）。

　ただし、剰余金の配当等を取締役会等で決定する旨の定めがある会社が、資本の欠損を填補する目的で欠損の額を超えない範囲で準備金の額を減少する場合には、①および③については株主総会ではなく計算書類等を承認する取締役会決議で定めることも可能である（法459条１項２号）。

　また、株式の発行と同時に準備金の額を減少する場合で、準備金の額の減少の効力が生じた日後の準備金の額が効力発生日前の準備金の額を下回らな

13　減少する資本金の全部または一部を資本準備金とする場合は、同議案３のとおり準備金とする額および準備金とする旨もあわせて決議する。

い時は、株主総会決議は不要で、取締役会決議のみで可能である（法448条
3項）。

　このように、資本金の額の減少と比較すると株主総会決議の要件が緩和さ
れているのは、資本金の額の減少と比べると株主に与える影響が軽微である
ことによる。

㈡　債権者異議手続

　資本金の額の減少・準備金の額の減少は直接的には会社財産を流出させな
いが、分配可能額が増加することにより株主への剰余金の配当等が容易にな
ることから、会社債権者に不利益を与える。よって、定時株主総会におい
て、定時株主総会の日における欠損の額を超えない範囲で準備金の額を減少
する場合（法449条1項ただし書）は新たに分配可能額を生じさせるものでは
ないため債権者異議手続は例外的に不要であるが、それ以外の場合には債権
者異議手続が必要となる。

　具体的には、会社は、資本金・準備金の額の減少の内容、会社が最終事業
年度に係る貸借対照表を公告等している場合（計算規則152条）にはその旨、
債権者が一定の期間内（1カ月を下回ることはできない）に異議を述べること
ができる旨を官報に公告し、かつ知れている債権者に対し、個別にこれを催
告しなければならない（法449条2項）。ただし、官報公告に加えて、定款に
定めた時事に関する事項を掲載する日刊新聞紙または電子公告でも公告を行
う場合には、上記個別催告は不要となる（同条3項、939条）。

　この公告・催告は、資本金の額の減少等を決議する株主総会の前から行う
ことが可能である。

【書式8-14】　公告例③　資本減少公告

資本金の額の減少公告[14]

　当社は、資本金の額を○円減少し○円とすることにいたしました。

　　効力発生日は平成○年○月○日であり、株主総会の決議は、平成○年○月
○日に終了（又は予定）しております。
　　この決定に対し異議のある債権者は、本公告掲載の翌日から一箇月以内に
お申し出下さい。
　　なお、最終貸借対照表の開示状況は次のとおりです。
掲載紙　官報
掲載の日付　平成○年○月○日
掲載頁　○頁（号外第○号）
平成○年○月○日
　　東京都○○区○○町○○丁目○○番○○号
　　　　　　　　　　　○○株式会社
　　　　　　　　　　　代表取締役　○○○○

　　　　　　　　　　　（独立行政法人国立印刷局「会社法　法定公告について」）

　　債権者が、上記期間内に異議を述べなかった場合には、資本金の額の減少
等は承認したものとみなされる（法449条4項）。一方、異議を述べた債権者
に対しては、会社は、資本金の額の減少・準備金の額の減少をしてもその債
権者を害するおそれがないときを除き、弁済をするか、相当の担保を提供す
るか、またはその債権者に弁済を受けさせることを目的として信託会社等に
相当の財産を信託することを要する（同条5項）。債権者を害するおそれが
ないものとしては、たとえば、債権者がすでに十分な担保提供を受けている
場合や、債権者の債権額、会社の財務状況等に照らし、当該債権者が弁済期
に弁済を受けられることが確実な場合などが考えられる。

　　また、「知れている債権者」とは、「債権者が誰であり、その債権がいかな
る原因に基づく内容のものかの大体を会社が知っている債権者」（合併につ
いて、前掲（注3）・大判昭和7・4・30）で、かつ、弁済・担保提供・財産
の信託の方法により保護しうる債権を有する者に限られるため、契約上の将
来の債権者等は含まれない。

14　一部でも資本準備金とするときは、その旨およびその額を記載する必要がある。

(エ)　効力発生等

資本金の額の減少・準備金の額の減少の効力は、株主総会等で定めた効力発生日で、かつ債権者の異議手続が完了した場合に発生する（法449条6項）。万が一、債権者の異議手続が完了していない場合には、効力発生日として定める日前は、取締役会決議により当該効力発生日を変更することが可能である（同条7項）。

資本金の額の減少とあわせて株式の併合を行う場合、株式の併合の効力は、株主総会の決議によって定めた効力発生日に生じる（法180条2項2号）。

〔図8-1〕　資本金減少・資本準備金減少のスケジュール

```
┌──────────────────────────────────────────────────────┐
│  ┌──────────┐                                        │
│  │取締役会決議│  （資本金・資本準備金の減少決議）・適時開示│
│  └──────────┘                                        │
│                                                      │
│  債権者保護手続としての官報公告および新聞・電子公告または個別の催告│
│                                                      │
│  ▲                                                   │
│  │  中1カ月以上（法449条2項）                           │
│  │  ┌────────┐                                       │
│  │  │株主総会│                                         │
│  ▼  └────────┘                                       │
│  ┌──────────────┐                                    │
│  │異議申述期間末日│                                      │
│  └──────────────┘                                    │
│                                                      │
│  ┌────────┐                                          │
│  │効力発生│                                            │
│  └────────┘                                          │
└──────────────────────────────────────────────────────┘
```

(2)　株式併合を行う場合の手続

会社が株式併合を行うときは、株主総会の特別決議により、①併合の割合、②株式併合が効力を生じる日、③会社が種類株式発行会社である場合は、併合する株式の種類、④効力発生日における発行可能株式総数を定める必要がある（法180条2項、309条2項4号）。なお、④の発行可能株式総数は、株式会社が公開会社でない場合を除き、効力発生日の発行済株式の総数の4倍を超えることができない。

【書式 8 -15】　議案記載例⑤　株式の併合

議案　株式併合に関する件[15]

　議長は、以下の要領によって株式併合を行いたい旨及びその理由を説明し、その承認を求めたところ、満場異議なくこれを承認可決した。

記

1　株式10株を併合して１株にすること。
2　本併合の効力は、平成○年○月○日に生ずる。

　また、取締役は、株主総会において、株式併合が必要な理由を説明しなくてはならない。会社は効力発生日の２週間前までに株主等に対し①から④までの事項を通知し、または公告する（法181条）。

　株券発行会社の場合、株式併合に際して株券を回収する必要がある。この場合、株式併合の効力発生日の１カ月前までに、株主等に対し、株券を提出しなければならない旨を公告し、かつ各別に通知しなければならない（法219条１項２号）。

【書式 8 -16】　公告例④　株式併合の株券提出公告

株式併合につき株券提出公告

　当社は、株式○○株を○○株に併合することにいたしましたので、当社の株券を所有する方は、効力発生日である平成○年○月○日までに当社にご提出下さい。

　平成○年○月○日

　　東京都○○区○○町○○丁目○○番○○号

　　　　　　　　　　○○株式会社

　　　　　　　　　代表取締役　　○○○○

15　種類株式発行会社の場合は、併合する株式の種類も決議する。

　株式併合が法令・定款に違反し、株主が不利益を受けるおそれがあるときは、株主は、会社に対し、株式併合をやめることを請求できる（法182条の3）。

　また、株式併合により端株が生じる場合、反対株主は、会社に対し、自己の有する端株を公正な価格で買い取ることを請求できる（法182条の4）。

⑶　資本金の額の減少に伴い、株式を無償取得して消却する場合の手続

　株式を無償取得するには、有償取得の場合と異なり、特定の株主に対する出資の払戻しという性質を有しないことから、会社債権者の利益を害することもなく、株主間の不平等も生じない。

　このため、会社法上、株式の無償取得は、株主総会決議等の手続および分配可能額の規制なしで取得することが可能である（法155条13号、施行規則27条1号、法156条参照）。

【書式8-17】　議案記載例⑥　自己株式の消却

議案　自己株式消却の件

　議長は、平成○年○月○日をもって、当会社の自己株式○株のうち○株を消却する必要がある旨を詳細に説明し、以下の事項につきその承認を求めたところ、満場異議なくこれを承認可決した。

　また、株式の消却に関しても、取締役会の決議で足り、株主総会等の手続は必要ない（法178条）。なお、株式消却の効力発生日に関しては議論があるが、実務上は株式の失効の手続を終えた日として差し支えないとされている[16]る。

16　松井信憲『商業登記ハンドブック〔第2版〕』（商事法務、2009年）303頁。

2　登記手続

⑴　資本金の額の減少の登記手続

㈎　登記すべき事項および登記期間

　変更後の資本金の額およびその変更年月日を、効力発生日から 2 週間以内に、その本店の所在地において登記しなければならない（法915条 1 項、911条 3 項 5 号）。

　資本金の額の減少とあわせて株式の併合を行う場合、発行済株式の総数（種類株式発行会社にあっては、発行済みの株式の種類および数を含む）および変更年月日を、効力発生日から 2 週間以内に、その本店の所在地において登記しなければならない（法915条 1 項、911条 3 項 9 号）。なお、会社が株式の併合をしても、別途定款を変更して発行可能株式総数を変更しない限り、発行可能株式総数は減少しない。

㈏　添付書面

①　株主総会議事録（取締役会の決議で足りる場合にあっては、取締役会議事録）（商業登記法46条）

　　株主総会の決議を要する場合には、株主の氏名または名称、住所および議決権数等を証する書面を添付する（株主リスト）（商業登記規則61条 3 項）。

②　公告および催告をしたことを証する書面（商業登記法70条）

　　公告を、官報のほか、会社法939条 1 項の規定による定款の定めに従い、時事に関する事項を掲載する日刊新聞紙または電子公告により行うときは、各別の催告は省略できる（法449条 3 項）。

③　異議を述べた債権者があるときは、当該債権者に対し弁済しもしくは相当の担保を提供しもしくは当該債権者に弁済を受けさせることを目的として相当の財産を信託したことまたは当該資本金の額の減少をしても当該債権者を害するおそれがないことを証する書面（商業登記法70条）。異議を述べた債権者がないときは、その旨を登記申請書に記載するか、

もしくは、その旨を記載した会社代表者作成の上申書を添付する。

④　定時株主総会の普通決議による場合、一定の欠損の額が存在することを証する書面（商業登記規則61条10項）を要するときは、申請書にその事実を証する書面を添付しなければならない。

⑤　代理人によって申請を行う場合には登記委任状（商業登記法18条）

さらに、株式の併合を伴う場合の添付書面は次のとおりである。

⑥　株主総会議事録（種類株主総会の決議を要する場合には、種類株主総会議事録）（商業登記法46条）

　株主総会または種類株主総会の決議を要する場合には、株主の氏名または名称、住所および議決権数等を証する書面を添付する（株主リスト）（商業登記規則61条3項）。

⑦　株券発行会社にあっては、株券提供公告をしたことを証する書面。当該株式の全部について株券を発行していない場合は、株主名簿等、株券を発行していない旨を証する書面（商業登記法61条、59条1項2号）。

　「当該株式の全部について株券を発行していない場合」とは、株式の全部につき株券不所持申出がなされている場合（法217条1項）や公開会社でない会社が会社法215条4項に基づき株券を発行していない場合がこれに該当する。

⑧　代理人によって申請を行う場合には登記委任状（商業登記法18条）

(ウ)　登録免許税

登録免許税の額は、申請1件につき3万円である（登録免許税法別表第一24号(一)ツ）。

株式の併合を伴う場合も登録免許税の額に変更はない。

(2)　資本金の額の減少に伴い、株式を無償取得して消却する場合の登記手続

株式会社が株式の無償取得をしても登記事項には変更ないが、その自己株式を消却する場合は登記が必要である。

(ア)　登記すべき事項および登記期間

発行済株式の総数（種類株式発行会社にあっては、発行済株式の種類および種類ごとの数を含む）および変更年月日を、効力発生日から2週間以内に、その本店所在地において登記しなければならない（法915条1項、911条3項9号）。

なお、別途、定款を変更して発行可能株式総数を変更した場合、またはあらかじめ定款に株式の消却と同時に発行可能株式総数が減少する旨の定めがある場合には、発行可能株式総数および発行可能種類株式総数も減少する。

⑷　添付書面

①　取締役の過半数の一致があったことを証する書面（取締役会設置会社にあっては取締役会議事録）（商業登記法46条）

②　定款に株式の消却をした場合には消却した株式の数について発行可能株式総数が減少する旨の定めがある場合には、当該定めが記載された定款

③　株式の消却と同時に発行可能株式総数を変更する定款変更を行った場合には、定款変更を決議した株主総会議事録（商業登記法46条2項）

④　代理人によって申請を行う場合には登記委任状（商業登記法18条）

⑸　登録免許税

登録免許税の額は、申請1件につき3万円である（登録免許税法別表第一24号㈠ツ）。

Ⅲ　種類株式発行会社となるための定款変更およびDESによる募集新株発行

1　株式発行の会社法上の手続

(1)　非公開会社（全部の株式について譲渡制限を定める会社）の場合

(ア)　概　要

株式発行としては、株主割当てによる方法、第三者割当てによる方法、公募による方法等が考えられる。私的整理の局面においては、スポンサーやDES等を行う第三者に対して株式を発行することが一般的であることから、以下、第三者割当てによる新株発行を中心に検討をする。

(イ)　募集事項

募集株式の発行等を行う場合、株式会社は、会社法199条1項各号に定める募集事項を定めなければならない。会社法に従い定めなければならない募集事項は、以下のとおりである。

① 　募集株式の数（種類株式発行会社にあっては、募集株式の種類および数）

② 　募集株式の払込金額またはその算定方法

③ 　金銭以外の財産を出資の目的とするときは、その旨並びに当該財産の内容および価額

④ 　募集株式と引換えにする金銭の払込みまたは③の財産の給付の期日またはその期間

⑤ 　株式を発行するときは、増加する資本金および資本準備金に関する事項

(A)　①募集株式の数（種類株式発行会社にあっては、募集株式の種類および数）

募集株式の数は、定款に定める発行可能株式総数（種類株式発行会社の場合は発行可能株式総数および発行可能種類株式総数）の範囲内であることが必要である。非公開会社の場合、発行可能株式総数が発行済株式総数の4倍を

越えてはならないという制限はない（法113条３項）。

　種類株式発行会社（法２条13号）の場合、募集株式の種類および数を定めることが必要である。募集株式の「種類」には株式の内容（法108条）は含まれないが、募集事項の決定までに株式の内容を定める必要がある。

(B)　②募集株式の払込金額またはその算定方法

「払込金額」とは、募集株式１株と引換えに払い込むべき金銭または給付すべき金銭以外の財産の額をいう。

(C)　③金銭以外の財産を出資の目的とするときは、その旨並びに当該財産の内容および価額

　現物出資の場合、出資の目的である財産が過大評価されることにより他の株主を害するおそれがあるため、その旨並びに当該財産の内容および価額を記載する必要がある。現物出資の目的である財産は、給付時に取得できていればよく、募集事項の決定時に所有している必要はない。[17]

(D)　④募集株式と引換えにする金銭の払込みまたは③の財産の給付の期日またはその期間

　会社法では、金銭の払込みや現物出資財産の給付をする期日のほか、一定の期間を定めることができる。募集株式の引受人は、当該期日または期間に出資の履行をしなければならず（法208条１項・２項、199条１項４号）、出資の履行をした場合、期日を定めた場合は当該期日に、期間を定めた場合は出資の履行をした日に株主となる（法209条）。

(E)　⑤株式を発行するときは、増加する資本金および資本準備金に関する事項

　株式を発行するときに増加する資本金の額は、原則として、株主となる者が会社に対して払込みまたは給付をした財産の額（資本金等増加限度額。計算規則13条１項）であるが（法445条１項）、資本金等増加限度額の２分の１を

17　酒巻俊雄＝龍田節編『逐条解説会社法第１巻〔総則・設立〕』（中央経済社、2008年）263頁〔酒井太郎〕

超えない額は資本金として計上しないことができる（同条2項）。資本金として計上しないこととされた額は、資本準備金として計上しなければならない（同条3項）。

(ウ)　発行決議の方法

非公開会社においては、株主総会の特別決議により募集事項を決定することが原則である（法199条2項、309条2項5号）。

ただし、募集株式の数の上限および払込金額の下限を定める株主総会決議に基づいて、募集事項の決定を取締役会に委任することも可能である（法200条1項、199条2項）。

(2)　公開会社の場合

公開会社の場合、有利発行に該当する場合を除き、取締役会の決議により募集事項を決定すれば足り（法201条1項、199条2項）、株主割当ての場合は、有利発行か否かにかかわらず取締役会決議で足りる（法202条3項3号）。

しかし、株主割当て以外の方法による募集手続で有利発行に該当する場合、すなわち払込金額が募集株式を引き受ける者に特に有利な金額である場合は、株主総会の特別決議により募集事項を決定する必要がある（法201条1項の不適用、199条2項、309条2項5号）。

もっとも、債務超過の状態にある債務者企業に関しては、市場価格が存在しなければ、既発行の株式はすでに無価値であることから、「特に有利な金額」であるとして問題になることは実際上はほとんど存在しない。

なお、公開会社の場合、発行済株式総数の4倍を超えて発行可能株式総数を増加することはできないという制限がある（法113条3項）が、株式発行を停止条件として発行可能株式総数を当該株式発行後の発行済株式総数の4倍以内の数に増加させる旨の定款変更の決議をすることは可能である。[18]

18　相澤哲ほか編『論点解説 新・会社法 千問の道標』（商事法務、2006年）202頁

【書式 8 -18】　議案記載例⑦　募集新株発行

議案　募集新株発行の件

　議長は、下記のとおり募集新株を発行したい旨を説明した後、本議案についてその賛否を議場に諮ったところ、満場一致をもって本議案は承認可決された。

記

1 ）募集株式の種類及び数　Ａ種優先株式　１万株
2 ）募集株式の払込金額　　１株につき金1,000円

（払込総額：金1,000万円）

3 ）金銭以外の財産を出資の目的とする旨並びに当該財産の内容及び価額
　①　金銭以外の財産を出資の目的とする旨
　　　○が、金銭以外の財産を現物出資する。
　②　当該財産の内容
　　　以下の金銭債権とする。
　　　債務者である当社と債権者である○との間の平成○年○月○日付金銭消貸借契約に基づく金銭債権金2,000万円のうち、金1,000万円。
　③　当該財産の価額
　　　金1,000万円
4 ）募集株式と引換えにする財産の給付の期日
　平成○年○月○日
5 ）増加する資本金及び資本準備金の額
　増加する資本金の額　　　　金500万円
　増加する資本準備金の額　　金500万円
6 ）割当方法
　第三者割当ての方法による。

⑶　種類株式を発行する場合

　上記の取締役会・株主総会決議に加えて、新たな種類の種類株式を発行する場合には、株式の内容について定款に規定する必要があることから（法107条 2 項、108条 2 項）、定款変更を行う必要がある。さらに発行会社が種類

株式発行会社である場合、通常の株主総会に加えて種類株主総会が必要な場合がある。

　まず、募集株式の種類が譲渡制限株式（法2条17号）であるときは、当該種類の株式の種類株主を構成員とする種類株主総会の決議がなければ、募集事項の決定の効力が生じない（法199条4項）。ただし、①種類株主総会において議決権を行使することができる種類株主が存しない場合（当該種類株式を発行していない場合や当該種類株式のすべてが自己株式である場合など）（同項ただし書）、②定款に種類株主総会の決議を要しない旨の定めがある場合（同項）、③株主割当ての場合（法202条5項）はこの限りでない（ただし、③株主割当ての場合については、法322条1項4号に基づき種類株主総会が必要となることがある）。

　また、既存の株式とは内容の異なる種類株式を発行する場合には定款変更が必要となるが、かかる定款変更について、①株式の種類の追加、②株式の内容の変更、および③発行可能株式総数または発行可能種類株式総数の増加により、ある種類の株式の種類株主に損害を及ぼすおそれがあるときは、当該種類株主を構成員とする種類株主総会の決議が必要となる（法322条1項1号）。たとえば、追加される株式の種類が既存の種類株式よりも剰余金の配当等で有利な内容を有している場合は、既存の種類株式に係る種類株主総会が必要となる。

【書式例8-19】　議案記載例⑧　種類株式発行会社となるための定款変更

議案　定款一部変更の件

　議長は、種類株式発行に関する規定を置くため、下記のとおり定款を変更したい旨を説明した後、本議案についてその賛否を議場に諮ったところ、満場一致をもって本議案は承認可決された。

記

（発行可能種類株式総数）

第〇条

　　当社の発行可能株式総数は、100万株とし、このうち普通株式の発行可能種類株式総数は76万株、Ａ種優先株式の発行可能種類株式総数は４万株とする。

（Ａ種優先株式）

第〇条の２

　　残余財産の価額の決定方法及び種類

　　当社は、残余財産の分配をするときは、Ａ種優先株主又はＡ種優先登録株式質権者に対し、普通株主又は普通登録株式質権者に先立ち、Ａ種優先株式１株につき10,000円（但し、優先株式につき、株式分割、株式併合、株式無償割当て又はこれに類する事由があった場合には、適切に調節される。以下「優先残余財産分配額」という。）の金銭を支払う。

　　その他残余財産の分配に関する取扱いの内容

　　Ａ種優先株主又はＡ種優先登録株式質権者に対しては、優先残余財産分配額を超えて残余財産の分配は行わない。

⑷　総数引受契約

募集株式の割当てに際しては、次の順序で手続を踏むのが原則である。

①　引受けの申込みをしようとする者に対する通知（法203条１項）

②　申込みをする者による書面の交付（法203条２項）

③　募集株式の割当てを受ける者の決定（法204条１項）

④　申込者に対する割当ての通知（法204条３項）

⑤　出資の履行（法208条１項・２項）

　これに対し、会社が募集株式を引き受けようとする者との間で総数引受契約を締結する場合は、上記①から④までの手続は不要である（法205条）。なお、総数引受契約は、会社が複数の契約書で複数の引受人との間で契約を締結する場合であっても、契約書中に同時に株式を引き受ける他の者の氏名または名称を記載すれば総数引受契約にあたる。

　総数引受契約を締結する方が上記①から④までの手続を踏むより簡便なため、第三者割当ての方法による募集の場合、実務的には総数引受契約を用いることが多い。総数引受契約を用いるメリットとしては、特に引受けの申込みをしようとする者に対する通知（上記①）の内容は法定されている（法203

条1項、施行規則41条）のに対して総数引受契約の内容は法定されていないことや、申込者に対する割当ての通知（上記④）は払込期日（または払込期間の初日）の前日までに行う必要がある（法204条3項）のに対して、総数引受契約を用いれば期間が短縮でき、募集事項の決定の日を払込期日とすることも可能であることがあげられる。[19]

(5)　出資の履行

申込者は会社の割り当てた募集株式の数について、総数引受契約により募集株式の総数を引き受けた者は引き受けた募集株式の数について、それぞれ募集株式の引受人となる（法206条）。出資の履行をした引受人は、払込期日（払込期間を定めた場合は当該期間中の出資の履行をした日）に募集株式の株主となる（法209条）。株券発行会社（法117条7項）が自己株式を処分する場合も同様である（法128条1項ただし書）。

募集株式の引受人は、払込期日または払込期間内に出資の履行（全額の払込みまたは給付）をしないときは、法律上当然に株主となる権利を失う（法208条5項）。

2　効力発生日

(1)　種類株式発行会社となるための定款変更

原則として、定款変更に関する決議の成立と同時に効力が発生する。ただし、将来の一定の日に効力が生じるとする条件や期限を付した決議がなされたときは、将来の一定の日に効力が発生する。

(2)　募集新株発行

募集新株発行の効力発生日は、募集新株と引換えにする金銭の払込期日または金銭以外の財産が出資の目的とされる場合には給付期日である（法209条1項1号、199条1項4号）。期間で定められている場合には出資の履行をした日である（法209条1項2号、199条1項4号）。

19　相澤ほか編・前掲（注18）205頁。

3　登記すべき事項

登記すべき事項は次のとおりである。

(1)　種類株式発行会社となるための定款変更

登記すべき事項は、変更後の発行可能種類株式総数および発行する各種類の株式の内容並びに変更年月日である。種類株式に譲渡制限に関する規定を付す場合には、原則として株式の譲渡制限に関する定め（もしくは変更後の株式の譲渡制限に関する定め）並びに設定（もしくは変更）年月日も登記すべき事項になる。

(2)　募集新株発行

登記すべき事項は、発行済株式の総数（種類株式発行会社にあっては、発行済株式の種類および数を含む）、資本金の額並びに変更年月日である。

金銭の払込みまたは財産の給付の期日を定めた場合には、当該期日が資本金の額の変更年月日となり、金銭の払込みまたは財産の給付の期間を定めた場合には、その期間の末日がその変更年月日となる。

払込みまたは給付の期間を定めた場合において、期間内に募集株式の引受人からの払込みまたは給付が完了したときは、募集株式の発行による変更の登記の申請をすることができるが、この場合には、出資の履行があった都度、変更後の発行済株式の総数および資本金の額等を登記すべきこととなる。この場合の変更年月日は、それぞれの出資の履行日である（登記研究編集室編『商業登記書式精義(下)〔全訂第5版〕』（テイハン、2012年）456頁）。

4　登記期間

(1)　種類株式発行会社となるための定款変更

定款変更の効力が生じた日から2週間以内に、その本店の所在地において、変更の登記をしなければならない（法915条1項、911条3項7号）。

(2)　募集新株発行

会社が募集株式の発行により新たに株式を発行した場合には、株式の発行

の効力が生じた日、すなわち、払込期日（法209条 1 項 1 号。なお、払込期間を定めた場合には、各株式引受人につきその出資の履行日（同項 2 号））から 2週間以内に、その本店の所在地において、変更の登記をしなければならない（法915条 1 項）。

　ただし、払込期間を定めた場合に、複数の株式引受人について出資の履行日が異なるとして異なる日付の登記原因により数回の変更の登記申請を要するとしては、煩雑にすぎるため、当該払込期間の末日現在までの変更分を一括して登記申請しても差し支えなく、その場合の登記期間は、当該末日から 2週間以内とされている（法915条 2 項）（松井信憲『商業登記ハンドブック〔第 3 版〕』（商事法務、2015年）274頁）。

5　添付書面

(1)　種類株式発行会社となるための定款変更

①　株主総会議事録（種類株主総会の決議を要する場合には、種類株主総会議事録）（商業登記法46条 2 項）

　　株主総会または種類株主総会の決議を要する場合には、株主の氏名または名称、住所および議決権数等を証する書面を添付する（株主リスト）（商業登記規則61条 3 項）。

②　代理人によって申請を行う場合には登記委任状（商業登記法18条）

(2)　募集新株発行

①　募集事項等の決定機関に応じ、株主総会、種類株主総会もしくは取締役会の議事録または取締役の過半数の一致があったことを証する書面（定款の定めがあることを要する場合にあっては、定款を含む（商業登記法46条、商業登記規則61条 1 項））。

　　株主総会または種類株主総会の決議を要する場合には、株主の氏名または名称、住所および議決権数等を証する書面を添付する（株主リスト）（商業登記規則61条 3 項）。

②　募集株式が譲渡制限株式であるときは、割当ての決定機関または総数

引受契約の承認機関に応じ、株主総会または取締役会議事録（平成18・3・31民商782号通達）（商業登記法46条2項）

　株主総会の決議を要する場合には、株主の氏名または名称、住所および議決権数等を証する書面を添付する（株主リスト）（商業登記規則61条3項）。

③　募集株式の引受けの申込みまたは総数引受契約を証する書面（商業登記法56条1号）

④　金銭を出資の目的とするときは、払込みがあったことを証する書面（商業登記法56条2号）

⑤　金銭以外の財産を出資の目的とするときは、次に掲げる書面（商業登記法56条3号）

　ⓐ　検査役が選任されたときは、検査役の調査報告を記載した書面およびその附属書類

　ⓑ　市場価格のある有価証券について募集事項の決定の際に定められた価額が市場価格以下であるとき（法207条9項3号）には、有価証券の市場価格を証する書面

　ⓒ　現物出資財産について募集事項の決定の際に定められた価額が相当であることについて弁護士等の証明を受けたとき（法207条9項4号）には、同号に規定する証明を記載した書面およびその附属書類

　ⓓ　現物出資財産が会社に対する弁済期到来済みの金銭債権であり、当該金銭債権につき募集事項の決定の際に定められた価額が会社における負債の帳簿価額以下である場合（法207条9項5号）には、同号の金銭債権について記載された会計帳簿

　　会計帳簿の記載から当該金銭債権の弁済期の到来の事実を確認することができない場合であっても、会社が期限の利益を放棄していないことが添付書面から明らかな場合を除き、登記申請は受理される。

⑥　検査役の報告に関する裁判があったときは、その謄本（商業登記法56条4号）

⑦　資本金の額が会社法および計算規則の規定に従って計上されたことを証する書面（商業登記規則61条9項）

【書式8-20】　資本金計上証明書⑤

資本金の額の計上に関する証明書
（自己株式の処分を伴わない場合）

①払込みを受けた金銭の額（会社計算規則第14条第1項第1号）

金0円

②給付を受けた金銭以外の財産の給付があった日における当該財産の価額
（会社計算規則第14条第1項第2号）

金○○円

③資本金等増加限度額（①＋②）　　　　　　　　　　　　金○○円

④資本準備金への一部計上　　　　　　　　　　　　　　金○○円

　募集新株発行の決議において、増加する資本金の額は金○○円とし、増加する資本準備金の額は金○○円とする旨を決定したことから、金○○円については資本準備金とする。

　募集株式の発行により増加する資本金の額○○円は、会社法第445条及び会社計算規則第14条の規定に従って計上されたことに相違ないことを証明する。
　なお、本募集株式の発行においては、自己株式の処分を伴わない。

平成○年○月○日
　　東京都○○区○○町○○丁目○○番○○号
　　　　　　　　　　○○株式会社
　　　　　　　　　　代表取締役　　○○○○

（法務局ホームページ）

⑧　支配株主の異動を伴う場合において、総株主の議決権の10分の1以上の議決権を有する株主から募集株式の引受けに反対する旨の通知が公開

会社に対しあったときは、割当てまたは総数引受契約の承認に係る株主総会の議事録（平成27・2・6民商13号通達）（商業登記法46条2項）

　株主総会の決議を要する場合には、株主の氏名または名称、住所および議決権数等を証する書面を添付する（株主リスト）（商業登記規則61条3項）。

　なお、当該公開会社の財産の状況が著しく悪化している場合において、当該公開会社の事業の継続のため緊急の必要があるときは、株主総会の決議による承認を受けなければならない場合に該当しないことを証する書面を添付する（商業登記法56条5号）。

⑨　代理人によって申請を行う場合には登記委任状（商業登記法18条）

6　登録免許税

(1)　種類株式発行会社となるための定款変更

登録免許税の額は、申請1件につき3万円である（登録免許税法別表第一24号㈠ツ）。

(2)　募集新株発行

登録免許税の額は、申請1件につき増加した資本金の額に1000分の7を乗じた額である。これによって掲載した税額が3万円に満たないときは、申請1件につき3万円である旨が規定されている（登録免許税法別表第一24号㈠ニ）。ただし、産業競争力強化法の認定に関するものにより資本金の額が増加した場合における登記の登録免許税は、増加した資本金の額の1000分の3.5（同一認定計画内で増加する資本金の額が3000億円以下に限る）を乗じた額となる（租税特別措置法80条1項1号）。なお、登録免許税の軽減を受けるためには、主務大臣の証明書を添付する必要がある（租税特別措置法施行規則30条の2）。

Ⅳ　清　算

1　通常清算と特別清算

　株式会社において会社の法人格の消滅をもたらす原因を解散といい、解散に続き、法律関係等の後始末を行う手続を清算という。

　清算は、会社の法人格の消滅前に、会社の現務を結了し、債権の取立て・債務の弁済を行うとともに、残余財産の分配を行う手続である。

　株式会社の清算につき、①清算の遂行に著しい支障を来すべき事情があると認められるとき、または、②債務超過の疑いがあると認められるときには、裁判所が、申立てにより、当該会社に対して特別清算の開始を命ずる（法510条）。

2　通常清算の概要

⑴　清算株式会社の機関

　清算の段階に入ると、取締役は地位を失い、清算人がそれに代わって清算事務を行う（法477条 1 項）。解散時の取締役がそのまま清算人になるのが原則であるが（法478条 1 項 1 号）、定款・株主総会決議で別の者を選任することも可能である（同項 2 号・ 3 号）。上記の各方法により清算人となる者がいない場合、利害関係人の申立てにより、裁判所が選任する（同条 2 項）。

　清算人の職務事務は清算手続に限られる。会社法は、①会社の現務の結了、②債権の取立て・債務の弁済、③残余財産の分配を掲げている（法481条）。清算人の人数は、 1 人でもよい（法477条 1 項）。 2 人以上の場合は、原則として過半数で清算業務を決定するが（法482条 2 項）、清算人会をおくこともでき（法477条 2 項・ 3 項）、清算人会で選定された代表清算人等が職務執行・代表行為を行う（法489条）。

(2)　清算手続

清算人が行う清算事務の概要は、以下のとおりである。

① 現務の結了

　　第一に、解散の時点で継続中の事務を速やかに完結し、取引関係を完結させる（法481条1号）。

② 債権の取立て・債務の弁済

　　第二に、弁済期の到来した債権については取立てを行い（弁済期が未到来の債権については到来するまで待つか、債権譲渡を行う）、債務については弁済を行う。弁済の方法としては、2カ月以上の一定期間内に債権の申出をすること、当該期間内に申出をしないときは清算から除斥されることを清算開始後遅滞なく官報で公告し、かつ知れている債権者には、各別に催告をする、この期間経過後、申し出た債権者と知れている債権者全員に弁済する（法499条〜501条）。それ以外の債権者は除斥される（法503条）。

③ 残余財産の分配

　　第三に、①②の結果、残った財産（残余財産）については、株主に原則として持株数に比例して分配する（法504条〜506条）。原則として債務の弁済をしないで株主に分配を行ってはならない（法502条）。

(3)　清算の結了

清算株式会社は、清算事務が終了したときは、遅滞なく、決算報告を作成し、株主総会の承認を受けなければならない（法507条1項・3項）。

清算事務の終了、および株主総会の決算報告の承認によって、清算は結了し、会社の法人格は消滅する。清算が結了したときは、清算会社は、上記の株主総会の日から2週間以内に、本店の所在地において、清算結了の登記をしなければならない（法929条1号）。清算人は、上記登記の時から10年間、清算株式会社の帳簿並びにその事業および清算に関する重要な資料を保存しなければならない（法508条1項）。

〔図8-2〕　東京地方裁判所民事第8部（商事部非訟手続係）作成の「清算手続について」のフローチャート

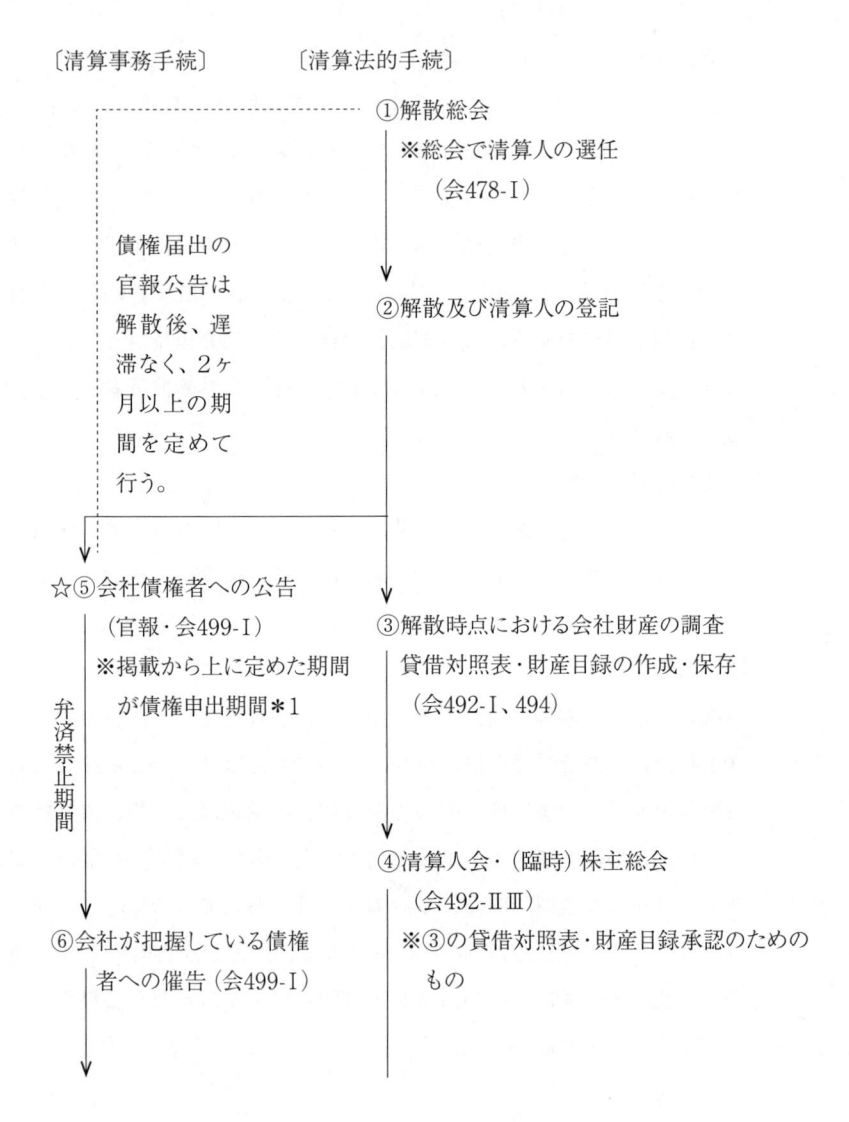

【会社法】　　　　　　　　　清算手続について

<清算手続の概要図>　※清算株式会社のもの

〔清算事務手続〕　　　〔清算法的手続〕

①解散総会
　※総会で清算人の選任
　　（会478-Ⅰ）

②解散及び清算人の登記

債権届出の官報公告は解散後、遅滞なく、2ヶ月以上の期間を定めて行う。

☆⑤会社債権者への公告
　（官報・会499-Ⅰ）
　※掲載から上に定めた期間が債権申出期間＊1

弁済禁止期間

③解散時点における会社財産の調査
　貸借対照表・財産目録の作成・保存
　（会492-Ⅰ、494）

④清算人会・（臨時）株主総会
　（会492-ⅡⅢ）
　※③の貸借対照表・財産目録承認のためのもの

⑥会社が把握している債権者への催告（会499-Ⅰ）

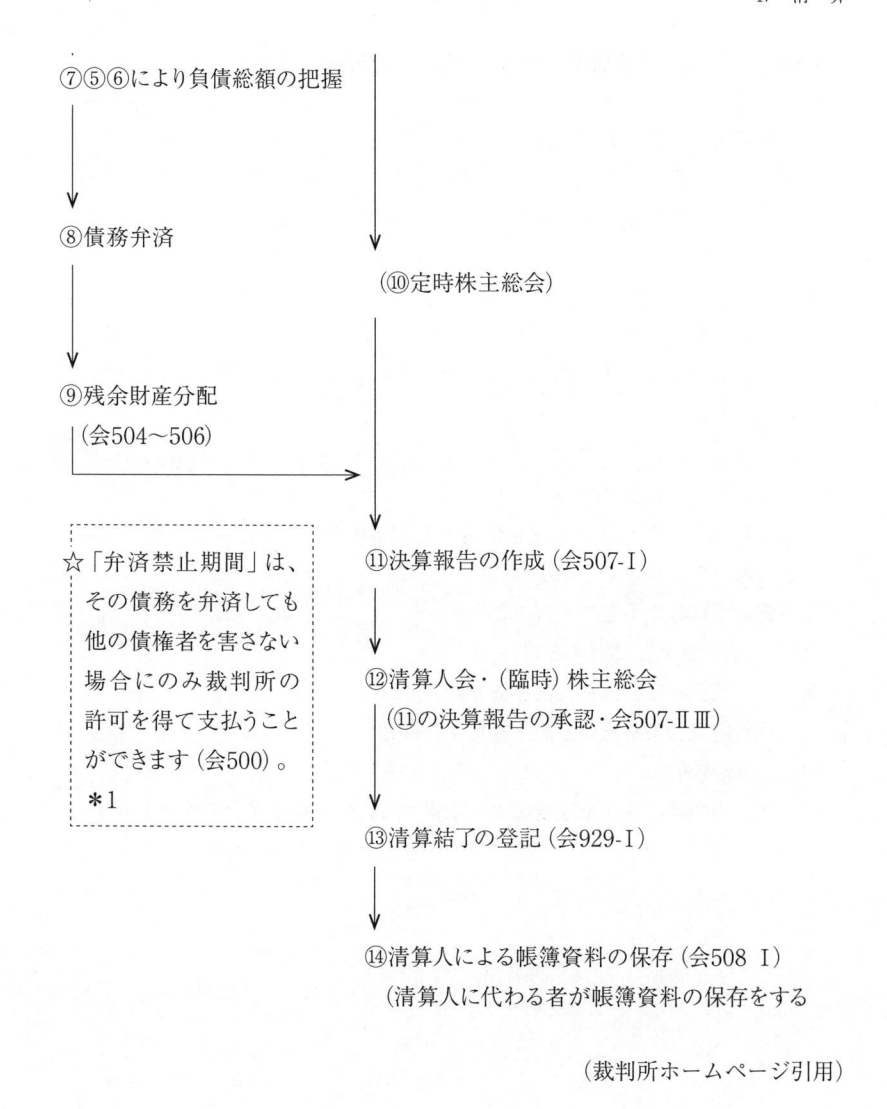

⑦⑤⑥により負債総額の把握

⑧債務弁済

（⑩定時株主総会）

⑨残余財産分配
（会504〜506）

☆「弁済禁止期間」は、
その債務を弁済しても
他の債権者を害さない
場合にのみ裁判所の
許可を得て支払うこと
ができます（会500）。
＊1

⑪決算報告の作成（会507-Ⅰ）

⑫清算人会・（臨時）株主総会
（⑪の決算報告の承認・会507-ⅡⅢ）

⑬清算結了の登記（会929-Ⅰ）

⑭清算人による帳簿資料の保存（会508 Ⅰ）
（清算人に代わる者が帳簿資料の保存をする

（裁判所ホームページ引用）

【書式8 -21】　株主総会議案記載例（解散および清算人の選任）

> 第1号議案　当会社解散の件
>
> 　議長は、解散のやむを得ざるに至った事情を詳細に説明し、賛否を求めたところ、本日をもって解散することを全員異議なく承認した。[20]
>
> 第2号議案　解散に伴う清算人選任の件
>
> 　議長は、解散に伴い清算人に○○○○、○○○○及び○○○○を選任したい旨を総会に諮ったところ、全員一致でこれを承認し、被選任者はその就任を承諾した。
>
> 第3号議案　定款変更の件
>
> 　議長は以下のとおり、定款を変更する必要がある旨を説明し、総会に諮ったところ、全員一致でこれを承認した。
>
> 1．定款に次の1条を加えること。
>
> （清算人会設置会社に関する定め）
>
> 第○条　当会社は、清算人会を置く。
>
> 2．現行定款○条を次のとおり変更すること。
>
> （株式の譲渡制限）
>
> 第○条　当会社の株式を譲渡により取得するには、株主総会の承認を要する。[21]

---

[20] 解散日を将来の日としようとする場合（いわゆる「期限付解散決議」）には、当該解散日を満了日とする存続期間の定めを設ける定款変更を決議し、その登記をする必要がある（そのうえで、当該存続期間の満了により解散したときは、2週間以内に解散の登記をする）。実務上は、仮にこのような定款変更なくして期限付解散決議を行った場合であっても、その決議をもって株式会社の存続期間の定めに関する定款変更決議と取り扱い、存続期間の定めの設定（変更）および存続期間満了による解散の登記を同時に申請することができるとしている。

[21] 取締役会を承認機関としていた場合。

【書式 8 -22】　清算人会議事録記載例（代表清算人の選定）

清算人会議録

　平成○年○月○日の臨時株主総会で選任された清算人○名は、同日午後○時○分より、当会社本店会議室において、下記のとおり、代表清算人を選定し、被選定者は、その就任を承諾した。

　　　　出席清算人　　○○○○（議長）

　　　　　　　　　　　○○○○

　　　　　　　　　　　○○○○

　　　　出席監査役　　○○○○

　　　　その後、今後の方針等につき協議を行い、午後○時○分、閉会した。

　　　　　　　　　　　　　　　記

　　　　代表清算人を○○○○とする。

　　　上記決議を明確にするため、この議事録を作成し、出席清算人の全員が次に記名押印する。

　　　　平成○年○月○日

　　　　　　　　　　　○○株式会社清算人会

　　　　　　　　　　　（以下、出席清算人および出席監査役の記名押印）

3　特別清算手続の概要

　特別清算については、前記1のとおり裁判所の監督下で行うものであるが、本書では割愛する。

V　解　散

1　手　続

　会社の解散とは、会社の法人格を消滅させるための原因である。解散の原因は、①定款で定めた存続期間の満了、②定款で定めた解散事由の発生、③株主総会の決議、④合併（消滅会社となる場合）、⑤破産手続開始の決定、⑥裁判所による解散を命ずる裁判である（法471条）。③の解散の株主総会決議は、特別決議による（法309条2項11号）。

2　効力発生日

　会社法で定められている解散の事由に応じて異なる。定款で定めた存続期間の満了による解散は存続期間の満了の日の翌日であり、定款で定めた解散[22]の事由の発生による解散はその事由の発生の日であり、株主総会の決議による解散は原則決議の日である（法471条1号ないし3号）（期限付解散決議につき、前掲（注20）参照）。

3　登記すべき事項および登記期間

　解散の旨並びにその事由およびその年月日、清算人の氏名並びに代表清算人の氏名および住所、清算人会設置会社であるときはその旨を、その本店の所在地において2週間以内に登記しなければならない（商業登記法71条1項、法926条、928条1項）。

　なお、定款に株式譲渡の承認機関を取締役会とする株式譲渡制限規定を設け、その文言どおりの登記のある株式会社が解散した場合には、その承認機関を「株主総会」「清算人会」等に変更する定款変更決議を行ったうえで、

22　登記研究編集室編『商業登記書式精義〔全訂第四版〕』（テイハン、2008年）618頁）

変更登記をすべきとされていることに留意する[23]。

4　添付書面

① 　株主総会議事録（商業登記法46条2項）

　株主総会の決議により解散した場合。定款で定めた解散の事由の発生による場合は、その事由の発生を証する書面（商業登記法71条2項）。

　株主総会の決議を要する場合には、株主の氏名または名称、住所および議決権数等を証する書面を添付する（株主リスト）（商業登記規則61条3項）。

② 　定款（商業登記法73条1項）

③ 　清算人の選任を証する書面

　定款によって定めたときは定款（商業登記規則61条1項）を、株主総会の決議によって選任したときはその議事録（商業登記法46条）を、裁判所が選任したときは裁判所の選任決定書等（同法73条3項）を添付する。

④ 　清算人の中から代表清算人を定めたときはその選定を証する書面

　定款によって定めたときは定款（商業登記規則61条1項）を、定款の定めに基づく清算人の互選によって定めたときは定款およびその互選を証する書面（同項、商業登記法46条1項）を、株主総会の決議によって定めたときはその議事録（商業登記法46条2項）を、裁判所が定めたときは裁判所の選任決定書等（同法73条3項）を添付する。

⑤ 　清算人および代表清算人が就任を承諾したことを証する書面（商業登記法73条2項）

　取締役が法定清算人になる場合および裁判所が定めたとき以外の場合に添付する。

---

23 「株式会社が解散した場合における株式譲渡制限改定の変更の登記の要否について」登記研究708号177頁

⑥　代理人によって申請を行う場合には登記委任状（商業登記法18条）

⑦　なお、登記申請書に記載する添付書類ではないが、代表清算人は印鑑を登記所に提出しなければならないので注意を要する（商業登記法20条第1項、商業登記規則9条の2）。

　その他、解散に伴い変更登記を要する定款変更等を行った場合は、定款変更決議に関する株主総会議事録も添付する（商業登記法46条2項）。

5　登録免許税

　登録免許税の額は、申請1件につき解散が3万円、清算人の選任が9000円である（登録免許税法別表第一24号㈠レ・㈣イ）。

　解散と同時に定款変更を行い、その他の登記事項を変更する場合、別途それぞれの登録免許税の区分によりその額を加算する必要がある（たとえば譲渡制限の承認機関を取締役会から株主総会に変更した場合、申請1件につき3万円である（登録免許税法別表第一24号㈠ツ）。

第9章

私的整理の税務

I　債務者の税務

1　私的整理におけるスキームの選択と税務

　事業再生の過程において債権者によって債権放棄が行われた場合、債務者側においては債務免除益が発生することとなる。また、デット・エクイティ・スワップ（DES）によって債務消滅益が発生することもある。債務者においては、これら債務免除益や債務消滅益（以下、「債務免除益等」という）によって課税が生じてしまう場合もあり、これが事業再生の大きな障害になる場合もある。

　この債務免除益等に対する課税をどう避けるかが、私的整理におけるスキーム選択の1つのポイントとなる。債務免除を受ける方法としては、債務

〔表9-1〕　単純債務免除方式と第二会社方式の税務面のメリット・デメリット一覧

	メリット	デメリット
単純債務免除方式	・債務免除後で繰越欠損金が残る場合には、再建過程における税負担が抑えられる ・事業の移転コスト等がかからない	・私的整理の過程で生じた損失や繰越欠損金が不足する場合には、債務免除益等に対する課税が生じる
第二会社方式	・私的整理の過程で生じた損失や繰越欠損金が不足している場合でも、解散の場合の「設立当初からの欠損金」の特例によって清算する旧法人の債務免除益に対する課税が避けられることがある	・事業を承継した法人において繰越欠損金がない場合には、初年度から利益に対して納税が発生する ・事業の移転コスト等がかかる

者が、そのままの法人で事業を継続し、その法人において債務免除を受ける方法（ここでは「単純債務免除方式」という）と、再生させる事業を別法人（第二会社）に事業譲渡や会社分割などにより切り出して、旧法人において債務免除を受けたうえで清算する方法（「第二会社方式」という）がある。単純債務免除方式と第二会社方式の税務面におけるメリット・デメリットは〔表9-1〕のとおりである。

　以下においては、私的整理の場合における税制上の特例の内容と、それが受けられない場合における税制面での対応について説明する。

2　私的整理スキームによる債務免除益への対応

　会社更生法や民事再生法などの法的整理の場合には、債務免除益等に対する課税が事業再生の障害にならないように税務上の特例が定められている。同様に、事業再生の一形態である私的整理の場合においても税務上の特例が定められている。しかし、私的整理にはさまざまな形態があるため、単に私的整理というだけでは税務上の特例を受けることはできない。透明性や公平性など一定の要件を満たした私的整理に限り、事業再生の過程で発生する債務免除益等に対して、通常のケースでは認められない資産の含み損益の計上や青色欠損金以外の欠損金の損金算入といった特例の適用が認められている。

(1)　資産の評価損益の計上

　法人税法においては、原則として資産の評価益および評価損の計上は認められておらず、仮に会計上において評価益および評価損を計上した場合においても、これらの金額は税金計算上、益金不算入および損金不算入となる（法人税法25条1項、33条1項）。しかし、一定の要件を満たした私的整理の場合には、例外的に資産について評価益および評価損の計上が認められる。通常認められない資産の評価損益を計上することにより、債務免除益等と相殺し、税負担を軽減する効果が期待できる。なお、この場合の資産の評価損益の計上は、後述する欠損金の損金算入において適用順序に影響を及ぼすた

め、評価損益を計上するかどうかについては十分に検討することが必要である。

㋐　資産の評価損益が計上可能となる「再生計画認可決定に準ずる事実等」

私的整理において、資産の評価益および評価損について益金の額および損金の額に算入することができる場合として、再生計画の認可決定に準ずる事実が生じたこととされている（法人税法25条3項、33条4項、同法施行令24条の2第1項、68条の2第1項）。具体的には、〔表9-2〕の①～④を満たすか、もしくは、①～③および⑤を満たす私的整理が該当する。

〔表9-2〕　再生計画の認可決定に準ずる私的整理スキームの要件

---

①　一般に公表された債務整理を行うための手続についての準則に従って債務整理に関する計画が策定されていること。なお、準則は公正かつ適正なものと認められるものであって、次の@～⑥に掲げる事項が定められていることを要する。また、準則は特定の者（政府関係金融機関など一定の者を除く）が専ら利用するためのものでないことも必要とされる。

　　@　債務者の有する資産および負債の価額の評定（以下、「資産評定」という）に関する事項（公正な価額による旨の定めがあるものに限る）

　　⑥　債務整理に関する計画が準則に従って策定されたものであること、並びに②および③に掲げる要件に該当することについて確認をする手続などに関する事項

②　債務者の有する資産および負債について、準則に従って資産評定が行われ、その資産評定による価額を基礎とした債務者の貸借対照表が作成されていること

③　②の貸借対照表における資産および負債の価額、債務整理に関する計画における損益の見込み等に基づいて債務者に対して債務免除等をする金額が定められていること

④　2以上の金融機関等（次の@～①をいい、債務整理に関する計画に係る債務者に対する債権が投資事業有限責任組合契約等に係る組合財産であ

る場合における投資事業有限責任組合契約等を締結している者を除く）が
債務免除をすることが定められていること。

ⓐ　預金保険法に掲げる金融機関（協定銀行を除く）

ⓑ　農水産業協同組合貯金保険法に規定する農水産業協同組合

ⓒ　保険業法に規定する保険会社および外国保険会社等

ⓓ　株式会社日本政策投資銀行

ⓔ　信用保証協会

ⓕ　地方公共団体（ⓐ～ⓔまでに掲げる者のうちいずれかの者とともに
債務免除等をするものに限る）

⑤　政府関係金融機関、株式会社地域経済活性化支援機構または協定
銀行（これらのうち債務整理に関する計画に係る債務者に対する債権が投
資事業有限責任組合等に係る組合財産である場合における投資事業有限責
任組合契約等を締結しているものを除く）が有する債権その他財務省令
で定める債権につき債務免除等をすることが定められていること
（注）。

(注)　「政府関係金融機関」とは株式会社日本政策金融公庫、株式会社国際協力銀
行および沖縄振興開発金融公庫をいい、「協定銀行」とは株式会社整理回収機
構が該当する。また、東日本大震災の被災者等に係る国税関係法律の臨時特
例に関する法律により株式会社東日本大震災事業者再生支援機構についても
⑤に含まれることとされている（東日本大震災の被災者等に係る国税関係法
律の臨時特例に関する法律17条、同法施行令17条1項）。

　上記①の要件に関して、〔表9-3〕の私的整理スキームに定められた準則
は当該要件を満たし、資産の評価損益の計上や後述する欠損金の損金算入の
特例の適用が可能であることについて、国税庁から開示された文書照会によ
り明らかにされている。

〔表9-3〕　私的整理スキームについての国税庁ウェブサイト文書回答事例①

私的整理ス キーム	文書回答
⑦私的整理 ガイドライ ン	・平成17年5月11日　国税庁回答　「私的整理に関するガイドライン及び同Q&Aに基づき策定された再建計画により債権放棄等が行われた場合の債務者側の税務上の取扱いについて」
④中小企業 再生支援協 議会	・平成28年6月6日　国税庁回答　「改定後の『中小企業再生支援スキーム』に従って策定された再生計画に基づき産業復興機構の組合財産である債権の債務者が債務免除を受けた場合の税務上の取扱いについて」 ・平成27年3月30日　国税庁回答　「中小企業再生支援全国本部の支援により『中小企業再生支援スキーム』に従って策定された再生計画に基づき債権放棄等が行われた場合の税務上の取扱いについて」 ・平成26年6月20日　国税庁回答　「『中小企業再生支援協議会の支援による再生計画の策定手順（再生計画検討委員会が再生計画案の調査・報告を行う場合）』に従って策定された再生計画により債務免除等が行われた場合の税務上の取扱いについて」 ・平成24年3月28日　国税庁回答　「『中小企業再生支援協議会の支援による再生計画の策定手順（再生計画検討委員会が再生計画案の調査・報告を行う場合）』に従って策定された再生計画により債権放棄等が行われた場合の税務上の取扱いについて」 ・平成17年6月30日　国税庁回答　「『中小企業再生支援協議会の支援による再生計画の策定手順（再生計画検討委員会が再生計画案の調査・報告を行う場合）』に従って策定された再生計画により債権放棄等が行われた場合の税務上の取扱いについて」
⑦RCC企 業再生ス キーム	・平成29年6月28日　国税庁回答　「RCCが貸付債権信託を活用して金融債権者等間調整を行う企業再生において『RCC企業再生スキームⅡ』に従って策定された再生計画により金融機関等が債務免除等を行った場合の税務上の取扱いについて」 ・平成23年9月29日　国税庁回答　「『RCC企業再生スキーム』に基づき策定された再生計画により債権放棄等が行われた場合の税

	務上の取扱いについて」
	・平成17年 8 月26日　国税庁回答　「『RCC 企業再生スキーム』に基づき策定された再生計画により債権放棄等が行われた場合の債務者側の税務上の取扱いについて」
㋑事業再生ADR 手続	・平成21年 7 月 9 日　国税庁回答　「特定認証紛争解決手続に従って策定された事業再生計画により債権放棄等が行われた場合の税務上の取扱いについて」
	・平成20年 3 月28日　国税庁回答　「特定認証紛争解決手続に従って策定された事業再生計画により債権放棄等が行われた場合の税務上の取扱いについて」
㋒地域経済活性化支援機構	・平成26年 6 月26日　国税庁回答　「株式会社地域経済活性化支援機構が買取決定等を行った債権の債務者に係る事業再生計画に基づき債権放棄等が行われた場合の税務上の取扱いについて」
	・平成25年 6 月25日　国税庁回答　「株式会社地域経済活性化支援機構が買取決定等を行った債権の債務者に係る事業再生計画に基づき債権放棄等が行われた場合の税務上の取扱いについて」
	・平成21年11月 6 日　国税庁回答　「株式会社企業再生支援機構が買取決定等を行った債権の債務者に係る事業再生計画に基づき債権放棄等が行われた場合の税務上の取扱いについて」
㋓東日本大震災事業者再生支援機構	・平成25年 6 月26日　国税庁回答　「株式会社東日本大震災事業者再生支援機構が買取決定等を行った債権の債務者に係る事業再生計画に基づき債権放棄等が行われた場合の税務上の取扱いについて」

　また、〔表 9 - 2 〕④の要件に関連して、平成21年12月 4 日から平成28年 3 月31日までに元本の返済猶予などの条件変更を受けた青色申告書を提出する中小企業者である法人[1]が、平成31年 3 月31日までに〔表 9 - 2 〕の①～③を満たす私的整理計画に基づいて、 2 以上の金融機関の有していた私的整理の対象となる債権が特定投資事業有限責任組合契約の組合財産[2]となり、その特定投資事業有限責任組合から債務免除を受ける場合には、再生計画認可決定に準ずる事実等に該当するものとされている[3]（租税特別措置法67条の 5 の

２）。これは再生ファンドの活用を促進するという観点、また、いわゆる金融円滑化法の失効に伴う措置という観点から、〔表9-2〕④の要件を緩和したものである。

(イ)　対象となる資産

資産の評価益および評価損を計上する場合には次の①〜⑤の資産を除くすべての資産について評価益および評価損を計上する必要がある（法人税法25条3項、同法施行令24条の2第4項）。したがって、任意の資産だけについて評価益および評価損の計上対象とすることや、評価益だけまたは評価損だけを計上することは認められない。

① 再生計画認可の決定等に準ずる事実が生じた日の属する事業年度開始日前5年以内に開始した事業年度において圧縮記帳等の特例の適用を受けた減価償却資産

② 短期売買商品

③ 売買目的有価証券

④ 償還有価証券

⑤ 少額減価償却資産および一括償却資産等

(ウ)　時　価

この規定により評価損益を計上する場合には、資産の時価が帳簿価額を超

1　資本金の額もしくは出資の額が1億円以下の法人のうち次の①・②に掲げる法人以外の法人、または資本もしくは出資を有しない法人のうち常時使用する従業員が1000人以下の法人をいう（租税特別措置法施行令27条の4第12項）。
　　① その発行済株式または出資の総数または総額の2分の1以上が同一の大規模法人の所属に属している法人。
　　② ①のほか、その発行済株式または出資の総数または総額の3分の2以上が大規模法人の所有に属している法人。
　　なお、大規模法人とは資本金の額もしくは出資金の額が1億円を超える法人、または資本もしくは出資を有しない法人のうち常時使用する従業員の数が1000人を超える法人をいい、中小企業投資育成株式会社を除くものとされている。
2　中小企業の事業再生を支援することを目的とすること等の基準に適合するものとして内閣総理大臣または経済産業大臣が指定した投資事業有限責任組合契約をいう（租税特別措置法施行令39条の28の2第4項）。
3　本件特例は平成31年度税制改正により適用期限の到来により廃止予定。

える場合のその超える部分については益金に算入され、時価が帳簿価額を下回る場合にはその下回る部分については損金に算入される。この場合の時価は、私的整理スキームに定められた準則に基づいて作成された実態貸借対照表における評定額となる（法人税法施行令24条の2第5項、68条の2第4項）。

(エ) 評価損益の計上方法

再生計画の認可決定に準ずる事実が生じたことによる資産の評価益および評価損の計上は、会計上において評価損益を計上することを前提としていない。そのため、会計上において評価損益を計上しない場合には、税務上の評価損および評価益の計上は、別表調整によって行われることとなる。

(オ) 手続要件

資産の評価益および評価損の計上は、確定申告書に評価益・評価損の明細（評価損益・評価損明細の記載があり、かつ、評価益・評価損関係書類の添付がある場合に限り適用される（法人税法25条5項、33条7項、同法施行規則8条の6第3項、22条の2）。ここで、評価益・評価損明細とは法人税申告書別表十四(一)をいい、〔書式9-1〕参照）、評価益・評価損関係書類とは法人税申告書類をいう。

なお、確定申告書および修正申告書などによって更正の請求書や修正申告書などによって受けることはできない。ただし、宥恕規定があり、確定申告書において適用がなかったこと等について税務署長がやむを得ないと認める場合で、これらの書類の提出があった場合には適用される（法人税法25条6項、33条8項）。

〔表9-4〕 評価益・評価損関係書類

評価益・評価損関係書類	[表9-2]の再生計画の認可決定に準ずる私的整理スキームの要件①(b)に従って確定されていることを明らかにする書類
	再建計画に係る計画書（実態貸借対照表、債務免除をする者およびその金額の明細、債務免除金額の根拠を明らかにする事項の記載があることを要する）の写し

㈎　評価損益を計上した資産の減価償却

　減価償却資産について評価損が計上された場合、その後の事業年度においては、評価損の金額を減価償却累計額に含めて計算することとなっている（法人税法施行令48条2項、48条の2第2項）。

　一方、減価償却資産について評価益が計上された場合、その後の事業年度においては従来の取得価額に評価益を合算した金額を取得価額とみなすとされている（法人税法施行令54条6項）。なお、評価益を会計上において計上せず、法人税申告書上において別表加算した場合には、その金額は損金経理したものとみなされる（法人税法31条5項、同法施行令61条の4）ため、減価償却超過額となる。

(2)　「設立当初からの欠損金」の損金算入の特例

　法人において、ある事業年度で欠損が生じた場合、その事業年度において青色申告書である確定申告書を提出していれば、その後の事業年度に生じた所得の金額の50％相当額（中小法人などについては所得の金額の100％相当額）を損金算入することができる。

　加えて、一定の要件を満たす私的整理において債務免除や私財提供などを受けた場合には、通常の場合は使用することができないいわゆる「期限切れ欠損金」部分を含む「設立当初からの欠損金」が損金算入できる特例がある。

　ここで、「設立当初からの欠損金」とは、債務免除の事実などが生じた日の属する事業年度終了の時における前事業年度以前の事業年度から繰り越されてきた欠損金額の合計額をいい、具体的には法人税申告書別表五㈠「利益積立金額及び資本金等の額の計算に関する明細書」に期首現在利益積立金額の合計額として記載されるべき金額で、当該金額が負（マイナス）である場合の当該金額を指すとされている

〔表9-5〕　欠損金のイメージ

「設立当初からの欠損金」	「期限切れ欠損金」
別表五㈠の期首利益積立金のマイナスの額	青色欠損金災害欠損金
	別表七㈠の額

（法人税基本通達12-3-2）。なお、期首現在利益積立金のマイナスの額が青色欠損金および災害欠損金（以下、「青色欠損金等」という）の合計額よりも小さいときは、青色欠損金等の合計額をもって「設立当初からの欠損金」とすることとされている（法人税基本通達12-3-2ただし書）。

　　㋐　「設立当初からの欠損金」を損金算入できる場合

　私的整理において、「期限切れ欠損金」を含む「設立当初からの欠損金」が損金算入できる場合として以下の場合が定められている（法人税法59条2項、同法施行令117条4号・5号、24条の2、法人税基本通達12-3-1）。

①　再生計画の認可決定に準ずる事実があった場合

②　次のいずれかの場合

　ⓐ　法的整理手続や①に該当する事実以外において法律の定める手続による資産の整理があった場合

　ⓑ　主務官庁の指示に基づき再建整備のための一連の手続を織り込んだ一定の計画を作成し、これに従って行う資産の整理があった場合

　ⓒ　債務の免除等が多数の債権者によって協議のうえ決められる等その決定について恣意性がなく、かつ、その内容に合理性があると認められる資産の整理があった場合

このうち、①再生計画の認可決定に準ずる事実があった場合については、(1)㋐と同様の場合である。つまり、以下の私的整理スキームが該当する。

　㋐　私的整理ガイドライン

　㋑　中小企業再生支援協議会

　㋒　RCC企業再生スキーム

　㋓　事業再生ADR手続

　㋔　地域経済活性化支援機構（旧企業再生支援機構）

　㋕　東日本大震災事業者再生支援機構

また、②ⓒに該当する場合として、国税庁から開示された文書照会により[4]

4　平成26年6月27日付国税庁回答「特定調停スキームに基づき策定された再建計画により債権放棄が行われた場合の税務上の取扱いについて」

「金融円滑化法終了への対応策としての特定調停スキーム利用の手引き」に基づく私的整理が該当するとして明らかにされている。このほか、上記の私的整理スキームに基づくものであっても債務免除を行う金融機関が2以上でなく再生計画の認可決定に準ずる事実があった場合に該当しない場合や、文書照会により確認されているスキームに基づかない私的整理などの場合には個別に②ⓒに該当するかどうかの検討を行うことになる。

(イ)　「設立当初からの欠損金」と青色欠損金等の損金算入の順序

「設立当初からの欠損金」を損金算入することができる場合において、青色欠損金等に優先して損金算入できるか否かは、税務上において資産の評価損益の計上（(1)参照）を行っているかどうかで異なる。税務上において資産の評価損益を計上している場合には「設立当初からの欠損金」を優先的に損金算入できるが、計上していない場合には青色欠損金等の損金算入が先となる。

(ウ)　資産の評価損益を計上した場合

(A)　「設立当初からの欠損金」の損金算入

税務上において資産の評価損益を計上した場合には、「設立当初からの欠損金」を青色欠損金等に優先して損金算入することができる。この場合の「設立当初からの欠損金」の損金算入限度額は、〔表9-6〕の①欠損金、②債務免除益・私財提供益等および③欠損金控除前の所得金額の最も小さい額である（法人税法59条2項、同法施行令117条の2）。

〔表9-6〕　評価損益を計上した場合の「設立当初からの欠損金」の損金算入限度額

①欠損金	「設立当初からの欠損金」
②債務免除益・私財提供益等	次のⓐ～ⓒの合計額 ⓐ債務免除益・債務消滅益 ⓑ私財提供益 ⓒ税務上の評価益から評価損を控除した額

③欠損金控除前の所得金額	青色欠損金等および「設立当初からの欠損金」の損金算入前の所得金額

(B) 青色欠損金等の切り捨て

上記の規定によって「設立当初からの欠損金」を損金算入した場合、損金算入された「設立当初からの欠損金」のうち青色欠損金等に相当する部分については使用済みであるため、その部分についての青色欠損金等は古い事業年度に発生したものから順にないものとみなされ、切り捨てられる（法人税法57条5項、同法施行令112条12項）。

(C) 青色欠損金等の損金算入

「設立当初からの欠損金」の損金算入によって、なおも所得金額が残る場合には青色欠損金等を損金算入することとなる（法人税法57条1項、58条1項）。

〈設例1〉

・私的整理計画に基づいて金融機関から債務免除を受けた。
・この私的整理は、「設立当初からの欠損金」の損金算入ができる要件を満たしたものである。
・税務上において資産の評価損益を計上している。
・欠損金控除前の所得金額は800（うち、債務免除益・私財提供益等が900）。
・期首利益積立金は△1000（うち、青色欠損金700）。
・中小法人等である。

この場合、税務上において資産の評価損益を計上しているため、青色欠損金等に優先して「設立当初からの欠損金」を損金算入する。

① 「設立当初からの欠損金」（1000）、債務免除益・私財提供益等（900）と欠損金控除前の所得金額（800）のうち、最も小さい額である800を、「設立当初からの欠損金」として損金算入する。これにより所得金額は

---

5 評価益よりも評価損が多い場合には、ⓐおよびⓑのプラスの合計額とⓒのマイナスの額を通算した額とされている（法人税基本通達12-3-4）。

〔図9-2〕　設例2における欠損金の損金算入

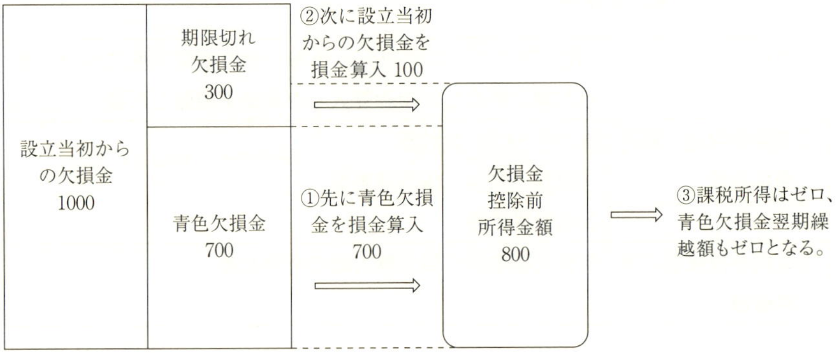

ⓒ　青色欠損金等の損金算入後の所得金額100

のうち最も小さい額である100を損金算入する。その結果、課税所得は
ゼロとなる。なお、損金算入した「設立当初からの欠損金」のうち青色
欠損金等に相当する部分はないため、切り捨てられる青色欠損金等はな
い。

③　課税所得はゼロ、翌期に繰り越される青色欠損金もゼロとなる。

(オ)　手続要件

この「設立当初からの欠損金」の損金算入の適用を受けるためには、損金
の額に算入される金額の計算に関する明細を記載した書類、債務免除に関す
る明細の添付および(ア)①または②の事実が生じた旨を証する書類を確定申告
書、修正申告書または更正の請求書に添付する必要がある（法人税法59条4
項、同法施行規則26条の6第2号）。このうち、損金の額に算入される金額の
計算に関する明細を記載した書類は、税務上の資産の評価損益を計上する場
合においては法人税申告書別表七㈡を、税務上の資産の評価損益を計上しな
い場合においては法人税申告書別表七㈢を指す（法人税法施行規則別表七㈡・
㈢記載要領）。

(3)　青色欠損金等の50％制限の不適用の特例

中小法人などに該当しない法人については、平成30年4月1日以降に開始

する事業年度においては青色欠損金等の損金算入限度額が所得金額の50％相当額に制限されている（法人税法57条1項）。ただし、そのような法人であっても一定の要件を満たす私的整理の場合には、青色欠損金等の損金算入限度額が所得金額の50％相当額に制限されない特例がある。これにより、事業再生の過程にある大会社などにおいても所得金額の100％相当額が損金算入できることとなる。

(ア) 50％制限が不適用となる私的整理の要件

青色欠損金等の損金算入限度額が所得金額の50％相当額に制限されない私的整理として、以下の場合が定められている（法人税法57条11項2号、同法施行令112条17項、同法施行規則26条の3の2第3項）。

① 「設立当初からの欠損金」の損金算入の規定が適用できる私的整理の場合（具体的要件については(2)(ア)参照）

② 法律の規定による整理手続によらない第三者が関与する協議による負債の整理に関する計画の決定または契約の締結で、次のⓐまたはⓑに該当する場合

ⓐ 債権者集会の協議決定で合理的な基準により債務者の負債整理を定めている場合

ⓑ 行政機関・金融機関その他第三者のあっせんによる当事者間の協議によるⓐに準ずる内容の契約の締結の場合

(イ) 50％制限が不適用となる事業年度

上記(ア)①の事実が生じた日または②の計画の決定または契約の締結のあった日（以下、「50％制限が不適用となる私的整理が成立した日」という）の翌日以降7年を経過する日までの期間内の日の属する事業年度についてが対象となる。ただし、その後において〔表9-8〕の事象が生じた場合には、その事象が生じた日の以降に終了する事業年度は対象外となり、50％制限の適用を再び受けることとなる（法人税法57条11項2号、同法施行令112条14項）。

〔表9−8〕　50％制限を再び受けることとなる事象

株式が金融商品取引所等に上場された場合
株式が店頭売買有価証券登録原簿に登録された場合
再建計画で定められた弁済期間が満了した場合
50％制限が不適用となる私的整理が成立した日に生じていた債権のすべてが免除や弁済等などにより消滅した場合
株式会社地域活性化支援機構法24条1項に規定する再生支援のうち、同法28条1項に規定する買取決定が行われたものまたは同法31条1項に規定する出資決定が行われたもので、その再生支援に係るすべての業務が完了した場合
株式会社東日本大震災事業者再生支援機構法18条1項に規定する再生支援のうち、同法22条1項に規定する買取決定または同法25条1項に規定する出資決定が行われたもので、その再生支援に係るすべての業務が完了した場合

(ウ)　手続要件

　この特例の適用は、確定申告書、修正申告書または更正の請求書において、上記(ア)の①または②の事実が生じた旨を証する書類を添付された場合に限り適用されることとなっている（法人税法57条12項）。

(4)　設例による法人税申告書の記載事例

(ア)　資産の評価損益を計上するケース

・A社は、私的整理計画に基づいて金融機関から債務免除を受けた。
・この私的整理は、設立当初からの欠損金の損金算入ができる要件を満たしたものである。
・私的整理に基づいて行われた評定により、建物の評価益が50百万円、土地の評価損が200百万円と算出されており、これら評価損益は税務上において益金・損金算入する。なお、このほかに評価損益を計上させるべき資産はない。
・期首利益積立金は△2200百万円、青色欠損金は1000百万円である。
・均等割を含む地方税に関しては考慮しない。

【書式9-1】　法人税申告書①　資産の評価損益を計上するケース

貸 借 対 照 表

A社　　　　　　　　　　　　　　　　　　　　　　　　　　　　（単位：千円）

資　産　の　部		負　債　の　部	
流 動 資 産	950,000	流 動 負 債	800,000
現 金 及 び 預 金	250,000	買　　掛　　金	200,000
売　　掛　　金	150,000	短 期 借 入 金	600,000
商　　　　品	450,000	固 定 負 債	2,400,000
そ　　の　　他	100,000	長 期 借 入 金	2,400,000
固 定 資 産	1,750,000	負 債 合 計	3,200,000
有 形 固 定 資 産	1,750,000	純　資　産　の　部	
建　　　　物	750,000	株 主 資 本	△ 500,000
土　　　　地	1,000,000	資　　本　　金	100,000
		利 益 剰 余 金	△ 600,000
		繰 越 利 益 剰 余 金	△ 600,000
		純 資 産 合 計	△ 500,000
資 産 合 計	2,700,000	負債・純資産合計	2,700,000

損 益 計 算 書

A社　　　　　　　　　　　　　　　　　（単位：千円）

科目		金額
売　　　上　　　高		1,800,000
売　　上　　原　　価		1,500,000
売　上　総　利　益		300,000
販売費及び一般管理費		180,000
営　　業　　利　　益		120,000
営　業　外　収　益		40,000
営　業　外　費　用		60,000
経　　常　　利　　益		100,000
特　　別　　利　　益		
債　務　免　除　益	1,500,000	1,500,000
税 引 前 当 期 純 利 益		1,600,000
法人税、住民税及び事業税		0
当　期　純　利　益		1,600,000

⑤ 更生欠損金の損金算入及び民事再生等評価換えが行われる場合の再生等欠損金の損金算入に関する明細書

事業年度	・ ・ ・ ・	法人名	A社

別表七（二）　平三十・四・一以後終了事業年度分

更 生 欠 損 金 の 損 金 算 入 に 関 す る 明 細

債務免除等による利益の内訳	債務の免除を受けた金額	1	円	適用年度終了の時における前期以前の事業年度又は連結事業年度から繰り越された欠損金額及び個別欠損金額	8	円
	私財提供を受けた金銭の額	2		当 期 控 除 額 （（7）と（8）のうち少ない金額）	9	
	私財提供を受けた金銭以外の資産の価額	3				
	資産の評価益の総額	4		欠 損 金 額 （25の計）	10	
	資産の評価損の総額	5		差 引 欠 損 金 額 （8）－（10）	11	
	純 評 価 益 の 額 （4）－（5） （マイナスの場合は0）	6		欠損金額からないものとする金額 （9）－（11） （マイナスの場合は0）	12	
	計 （1）＋（2）＋（3）＋（6）	7				

民事再生等評価換えが行われる場合の再生等欠損金の損金算入に関する明細

債務免除等による利益の内訳	債務の免除を受けた金額	13	円 1,500,000,000	適用年度終了の時における前期以前の事業年度又は連結事業年度から繰り越された欠損金額及び個別欠損金額	19	円 2,200,000,000
	私財提供を受けた金銭の額	14		所 得 金 額 差 引 計 （別表四「39の①」）	20	1,450,000,000
	私財提供を受けた金銭以外の資産の価額	15		当 期 控 除 額 （（18）、（19）と（20）のうち少ない金額）	21	1,350,000,000
	資産の評価益の総額 （別表十四（一）「13」）	16	50,000,000	欠 損 金 額 （25の計）	22	1,000,000,000
	資産の評価損の総額 （別表十四（一）「24」）	17	200,000,000	差 引 欠 損 金 額 （19）－（22）	23	1,200,000,000
	計 （13）＋（14）＋（15）＋（16）－（17）	18	1,350,000,000	欠損金額からないものとする金額 （21）－（23） （マイナスの場合は0）	24	150,000,000

控 除 未 済 欠 損 金 額 の 調 整

発生事業年度	調整前の控除未済欠損金額	欠損金額からないものとする金額 （当該発生事業年度の（25）と（（12）又は（24））－当該発生事業年度前の（26）の合計額）のうち少ない金額）	差 引 控 除 未 済 欠 損 金 額 （25）－（26）
	25	26	27
・ ・	円	円	円
・ ・			
・ ・			
・ ・			
・ ・			
・ ・	400,000,000	150,000,000	250,000,000
・ ・	100,000,000		100,000,000
・ ・	200,000,000		200,000,000
・ ・	100,000,000		100,000,000
・ ・	200,000,000		200,000,000
計	1,000,000,000	150,000,000	850,000,000

法 0301－0702

損 益 計 算 書

B社　　　　　　　　　　　　　　　　　　　（単位：千円）

科目		金額
売　　　上　　　高		1,800,000
売　　上　　原　　価		1,500,000
売　上　総　利　益		300,000
販売費及び一般管理費		180,000
営　業　利　益		120,000
営　業　外　収　益		40,000
営　業　外　費　用		60,000
経　常　利　益		100,000
特　別　利　益		
債　務　免　除　益	1,500,000	1,500,000
税　引　前　当　期　純　利　益		1,600,000
法人税、住民税及び事業税		0
当　期　純　利　益		1,600,000

FB0603

別表一（一）普通法人（特定の医療法人を除く。）、一般社団法人等及び人格のない社団等の分……平三十・四・一以後終了事業年度等分

	平成　年　月　日
	麹町　税務署長殿

納税地　電話（　）　－

（フリガナ）
法人名　B社

法人番号

（フリガナ）
代表者記名押印　甲野　一郎　㊞

代表者住所

事業種目

期末現在の資本金の額又は出資金の額　100,000,000　円

同非区分　特定同族会社・同族会社・非同族会社

平成　年　月　日　事業年度分の法人税　確定　申告書
平成　年　月　日　課税事業年度分の地方法人税　確定　申告書

この申告書による法人税額の計算

所得金額又は欠損金額（別表四「49の①」）	1	0
法人税額（56）又は（57）	2	0
法人税額の特別控除額	3	0
差引法人税額（2）－（3）	4	0
	5	
土地譲渡税額（22）＋（23）＋（24）	6	0 0 0
同上に対する税額	7	0
課税留保金額（別表三（一）「4」）	8	0 0 0
同上に対する税額（別表三（一）「8」）	9	0
法人税額計（4）＋（5）＋（7）＋（9）	10	0
控除税額	13	0
差引所得に対する法人税額（10）－（11）－（12）－（13）	14	0
中間申告分の法人税額	15	0
差引確定法人税額	16	0

所得税額の控除額	17	
外国税額	18	
計（17）＋（18）	19	
控除した金額（13）	20	
控除しきれなかった金額（19）－（20）	21	
土地譲渡税額（別表三（二）「27」）	22	0 0
同上（別表三（二の二）「28」）	23	0 0
同上（別表三（三）「23」）	24	0 0
所得税額等の還付金額	25	
中間納付額（15）－（14）	26	
欠損金の繰戻しによる還付請求税額	27	
計（25）＋（26）＋（27）	28	
この申告による所得金額又は欠損金額	29	
この申告により納付すべき法人税額又は減少する還付請求税額	30	
欠損金又は災害損失金等の当期控除額	31	1 6 0 0 0 0 0 0 0
翌期へ繰り越す欠損金又は災害損失金	32	

この申告書による地方法人税額の計算

基準法人税額	33	0
課税留保金額に対する法人税額	34	
課税標準法人税額（33）＋（34）	35	0 0 0
地方法人税額（60）	36	0
課税留保金額に係る地方法人税額（61）	37	
所得地方法人税額（36）＋（37）	38	0
外国税額の控除額（別表六（二）「50」）	40	
差引地方法人税額（38）－（39）－（40）－（41）	42	0 0
中間申告分の地方法人税額	43	0 0
差引確定地方法人税額	44	0 0

この申告による還付金額（43）－（42）	45	
所得の金額に対する法人税額（71）	46	
課税留保金額に対する法人税額（71）	47	
課税標準法人税額（76）	48	0 0
この申告により納付すべき地方法人税額	49	

剰余金・利益の配当（剰余金の分配）の金額

法 0301-0101

税理士署名押印　㊞

⑤　欠損金又は災害損失金算入等に関する明細書

別表七（一）　平三十・四・一以後終了事業年度分

事業年度	・　・	法人名	B社

控除前所得金額 (別表四「39の①」)−(別表七(二)「9」又は「21」) 1	1,600,000,000	円	所得金額控除限度額 (1)×100/100 2	1,600,000,000	円

事業年度	区　　分	控除未済欠損金額 3	当期控除額 (当該事業年度の(3)と((2)−当該事業年度前の(4)の合計額)のうち少ない金額) 4	翌期繰越額 ((3)−(4))又は(別表七(三)「15」) 5
	青色欠損・連結みなし欠損・災害損失	円	円	円
	青色欠損・連結みなし欠損・災害損失			
	青色欠損・連結みなし欠損・災害損失			
	青色欠損・連結みなし欠損・災害損失			
	青色欠損・連結みなし欠損・災害損失	400,000,000	400,000,000	0
	青色欠損・連結みなし欠損・災害損失	100,000,000	100,000,000	0
	青色欠損・連結みなし欠損・災害損失	200,000,000	200,000,000	0
	青色欠損・連結みなし欠損・災害損失	100,000,000	100,000,000	0
	青色欠損・連結みなし欠損・災害損失	200,000,000	200,000,000	0
	計	1,000,000,000	1,000,000,000	
当期分	欠損金額(別表四「49の①」)		欠損金の繰戻し額	0
	同上のうち	災害損失金		
		青色欠損金		
	合計			0

災害により生じた損失の額の計算

災害の種類		災害のやんだ日	
災害を受けた資産の別	棚卸資産	固定資産(固定資産に準ずる繰延資産を含む。)	計 ①＋② ③
	①	②	

		円	円	円
当期の欠損金額(別表四「49の①」)	6			
災害により滅失又は損壊により生じた損失の額	7			
被害資産の原状回復のための費用等に係る損失の額	8			
被害の拡大又は発生の防止のための費用に係る損失の額	9			
計 (7)＋(8)＋(9)	10			
保険金又は損害賠償金等の額	11			
差引災害により生じた損失の額 (10)−(11)	12			
同上のうち所得税額の還付又は欠損金の繰戻しの対象となる災害損失金額	13			
中間申告における災害損失欠損金の繰戻し額	14			
繰戻しの対象となる災害損失欠損金額 ((6の③)と((13の③)−(14の③))のうち少ない金額)	15			
繰越控除の対象となる損失の額 ((6の③)と((12の③)−(14の③))のうち少ない金額)	16			

法 0301−0701

394

⑤ 民事再生等評価換えが行われる場合以外の再生等欠損金の損金算入及び解散の場合の欠損金の損金算入に関する明細書

事業年度	・　・ ・　・	法人名	B社

別表七(三)　平三十一・四・一以後終了事業年度分

債務免除等による利益の内訳	債務の免除を受けた金額	1	円 1,500,000,000	所得金額差引計 (別表四「39の①」)-(7)	9	円 600,000,000
	私財提供を受けた金銭の額	2				
	私財提供を受けた金銭以外の資産の価額	3		当期控除額 ((4)、(8)と(9)のうち少ない金額)	10	600,000,000
	計 (1)+(2)+(3)	4	1,500,000,000			
欠損金額等の計算	適用年度終了の時における前期以前の事業年度又は連結事業年度から繰り越された欠損金額及び個別欠損金額	5	2,200,000,000	調整前の欠損金の翌期繰越額 (13の計)	11	
	適用年度終了の時における資本金額等の額 (別表五(一)「36の④」) (プラスの場合は0)	6	△			
	欠損金又は災害損失金の当期控除額 (別表七(一)「4の計」)	7	1,000,000,000	欠損金額からないものとする金額 ((10)と(11)のうち少ない金額)	12	
	差引欠損金額 (5)-(6)-(7)	8	1,200,000,000			

欠損金の翌期繰越額の調整

発生事業年度	調整前の欠損金の翌期繰越額 (別表七(一)「3」-「4」) 13	欠損金額からないものとする金額 (当該発生事業年度の(13)と((12)-当該発生事業年度前の(14)の合計額)のうち少ない金額) 14	差引欠損金の翌期繰越額 (13)-(14) 15
・　・	円	円	円
・　・			
・　・			
・　・			
・　・			
・　・			
・　・			
・　・			
・　・			
・　・			
計	0		0

法　0301-0703

395

3　第二会社方式による債務免除益への対応

「単純債務免除方式」の場合、債務者において債務免除益等が生じ、それと損益通算するだけの青色欠損金等が不足すると、相応の税負担が生じる。特に、税務上の特例の適用を受けることのできない私的整理の場合には、青色欠損金等が不足するということが生じやすい。また、大法人などの場合には、青色欠損金等の損金算入額が所得金額の50％相当額に制限される影響から、青色欠損金等が十分にあったとしても納税が生じるケースもありうる。このように、私的整理の実行にあたり税負担が多額になってしまい、その影響が大きいような場合には、債務者はいわゆる「第二会社方式」の選択も検討する必要がある。

以下において、「第二会社方式」により事業を移転し旧法人を清算した場合における債務免除益課税への対応と、事業を移転する際に生ずる税コストを中心に説明する。

(1)　「設立当初からの欠損金」の損金算入の特例

(ア)　法人が解散した場合の法人税における「設立当初からの欠損金」の損金算入

法人が解散した場合において、残余財産がないと見込まれる場合には、青色欠損金等、「設立当初からの欠損金」の順序で損金算入することができる（法人税法59条3項、同法施行令118条）。残余財産がないと見込まれるかどう

〔表9-9〕　解散の場合の「設立当初からの欠損金」の損金算入限度額

①欠損金	「設立当初からの欠損金」から、その事業年度において青色欠損金等として損金算入した金額を控除した額。なお、資本金等の額がマイナスの場合には、「設立当初からの欠損金」に含める。
②欠損金控除前の所得金額	青色欠損金等の損金算入後の所得金額

かは、事業年度ごとに判定される（法人税基本通達12-3-7）。

　すなわち、青色欠損金等が所得金額から控除され、その控除後も課税所得が残る場合には、〔表9-9〕の①②のいずれか小さい額を限度として、「設立当初からの欠損金」が損金算入される。解散の場合における「設立当初からの欠損金」の損金算入は、法的整理や一定の私的整理スキームの場合と異なり、債務免除益等が発生した場合には限られず、また、債務免除益等の額を限度とされていないが、青色欠損金等に優先して損金算入されるケースはなく、常に青色欠損金等を先に損金算入する。

　なお、損金算入された「設立当初からの欠損金」のうち青色欠損金等相当の部分については使用済みであるため、その部分についての青色欠損金はないものとして切り捨てられることおよび、「設立当初からの欠損金」が青色欠損金等の合計額よりも小さい場合には、青色欠損金等の合計額をもって「設立当初からの欠損金」とすることとされているのは、法的整理や一定の私的整理スキームの場合と同様である（法人税法57条5項、法人税基本通達12-3-2）。

　この規定の適用のためには、解散の場合の欠損金の損金算入に関する明細を記載した書類および下記①〜④のような残余財産がないと見込まれることを説明する書類を確定申告書、修正申告書または更正の請求書に添付する必要がある（法人税法59条4項、同法施行規則26条の6第3号、法人税基本通達12-3-9、「平成22年度税制改正に係る法人税質疑応答事例（グループ法人税制その他の資本に関係する取引等に係る税制関係）（情報）」）。このうち、解散の場合の欠損金の損金算入に関する明細は、法人税申告書別表七㈢を指す（法人税法施行規則別表七㈢記載要領）

①　各事業年度終了の時の実態貸借対照表

②　破産または特別清算の手続開始の決定または開始の命令がなされた場合（特別清算開始の命令が「清算の遂行に著しい支障をきたすべき事情があること」のみを原因としてなされた場合を除く）

　「破産手続開始決定書の写し」「特別清算開始決定書の写し」

③　民事再生または会社更生の手続開始の決定後、清算手続が行われる場合

民事再生または会社更生の手続開始の決定後、再生計画または更生計画の認可決定を経て事業譲渡が行われ、清算が開始されている場合には「再生計画又は更生計画に従った清算であることを示す書面」、計画認可決定前に事業譲渡が行われ、清算が開始されている場合には「民事再生又は会社更生の手続開始の決定の写し」

④　公的機関が関与または一定の準則に基づき独立した第三者が関与して策定された事業再生計画に基づいて清算手続が行われる場合（たとえば、地域経済活性化支援機構、整理回収機構、中小企業再生支援協議会等の公的機関が関与する手続や、私的整理ガイドライン、事業再生 ADR により関与するものなど）

「公的機関又は独立した第三者の調査結果で会社が債務超過であることを示す書面」

〈設例3〉

・新会社への事業譲渡を行い、解散した。
・解散後、金融機関から債務免除を受けた。
・欠損金控除前の課税所得は800（うち、債務免除益等の合計が600）。
・期首利益積立金は△900（うち青色欠損金700）、資本金等の額△100。

〔図9-3〕　設例3における欠損金の損金算入

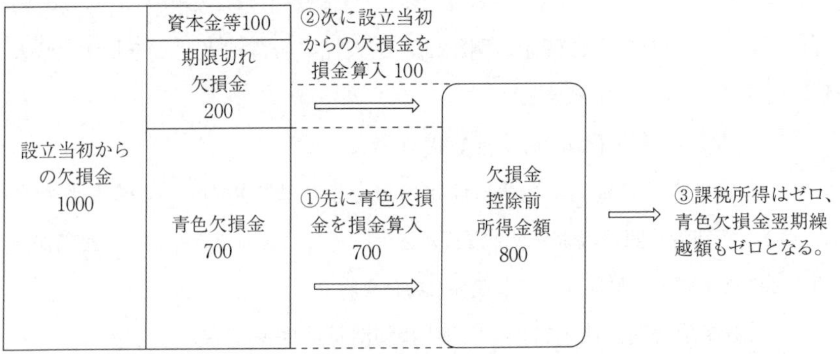

・中小法人等に該当する。

・残余財産は生じないと見込まれている。

① 　X社は中小法人等であるため青色欠損金等の損金算入は所得金額の50%に制限されない。そのため、青色欠損金の全額である700が損金算入される。その結果、青色欠損金控除後の所得金額は100、青色欠損金の残額はゼロとなる。

② 　青色欠損金控除後の所得金額100について、「設立当初からの欠損金」が損金算入される。この場合、

ⓐ 　「設立当初からの欠損金」1000（期首利益積立金のマイナスの額900と資本金等の額のマイナスの額100の合算額）から当事業年度に損金算入した青色欠損金700を控除した300

ⓑ 　青色欠損金控除後の所得金額100

のうち最も小さい額である100が損金算入される。その結果、課税所得はゼロとなる。なお、損金算入した「設立当初からの欠損金」のうち青色欠損金等に相当する部分はないため、切り捨てられる青色欠損金等はない。

③ 　課税所得はゼロ、青色欠損金の翌期繰越額もゼロとなる。

(2)　第二会社へ事業を移転する場合の税コスト

「第二会社方式」の場合、第二会社となる新会社の設立や、第二会社に対する不動産の所有権の移転などの手続が生じる。会社を設立する場合や資本金の額を増加させる場合には登録免許税が、また、不動産の所有権の移転をする場合などにおいては、登録免許税や不動産取得税が課せられる。

㋐　登録免許税

登録免許税は登記等をする者に課せられる税であるため、第二会社を設立する際の登記や、事業に必要な不動産の所有権を移転する登記の際にも登録免許税が課せられる。〔表9-10〕は、第二会社への事業移転の際に一般的に生じると思われる不動産の所有権の移転および抵当権等の設定の登記、会社の設立および会社の資本金の増加の登記について課せられる登録免許税の税

税徴収法38条）。これを第二次納税義務[11]という。

　具体的には、事業の譲渡人等である法人に滞納処分を執行してもなおも徴収すべき国税の額に不足が生じる場合で、〔表9-12〕の要件を満たす場合には譲受人等に対して第二次納税義務が課されることとなっている。

〔表9-12〕事業譲渡等における第二次納税義務の要件とその範囲

滞納している納税者の要件	被支配会社[12]
譲受人等の要件	次のいずれかに該当する場合 ①被支配会社の判定の基礎となった株主やその配偶者等特殊な関係のある個人 ②被支配会社の判定の基礎となった株主やその配偶者等特殊な関係のある個人（これら個人を判定の基礎として被支配会社に該当する会社を含む）を判定の基礎として被支配会社になる会社
事業等の要件	同一または類似の事業を営んでいること
第二次納税義務の範囲	譲受財産の価格を限度とする

　なお、譲受人等の要件は、事業譲渡や会社分割の時点で判断される（国税徴収法施行令13条2項）ため、子会社に対して事業譲渡をする方法や分社型分割をする方法などにより第二会社へ事業を移転したうえで、その第二会社の株式をスポンサーへ譲渡する場合などにおいても第二次納税義務の対象となり得る。そのような場合には、直接スポンサーの子会社へ事業譲渡等をするなどの検討が必要になるものと思われる。

4　私的整理におけるその他の税務

(1)　資産を贈与した個人の譲渡所得の特例

　個人が法人に対して資産を贈与した場合には、その時の資産の時価によっ

11　第二次納税義務については、事業譲渡の場合のほか、清算人等における第二次納税義務や無償または著しい低額により財産を譲渡した場合の第二次納税義務などが存在する。

12　法人税法67条2項に定める被支配会社

て譲渡したものとみなし、譲渡益に対して所得税が課される、いわゆるみなし譲渡という制度がある（所得税法59条）。しかし、私的整理などのケースで経営者責任として私財提供するようなケースにおいても所得税を課することは事業再生の障害になり得ることから、平成25年4月1日から平成31年3月31日までの間に、2(1)(ア)における再生計画認可決定に準ずる事実等に該当する私的整理で、かつ〔表9-13〕の要件に該当する贈与した場合には、みなし譲渡課税がされないこととされている[13](租税特別措置法40条の3の2第1項)。

〔表9-13〕 資産を贈与した個人の譲渡所得の特例の適用要件

贈与を受ける法人	中小企業者[14]に該当する内国法人
贈与をする個人	贈与を受ける法人の取締役または業務を執行する社員である個人で、その法人の債務の保証にかかる保証債務を有している者
対象となる資産	贈与を受ける法人において、賃借権等によって事業供用されている資産（ただし、有価証券を除く）。なお、対象となる資産に贈与を受ける法人の事業の用以外の用に供されている部分がある場合には、按分計算により事業の用に供されている部分だけが対象となる。
その他の要件	そのほか、次の要件のすべてを満たす必要がある。 ・贈与をする個人が、債務処理計画に基づいて、贈与を受ける法人の債務保証の一部を履行していること。 ・資産の贈与および保証債務の一部履行後においても、贈与をする個人が贈与を受ける法人の保証債務を有していることが債務処理計画で見込まれていること。 ・贈与を受ける法人が、贈与を受けた資産について、贈与後において、事業の用に供することが債務処理計画で定められていること ・贈与を受ける法人が、平成21年12月4日から平成28年3月31日までに元本の返済猶予などの条件変更を受けていること。

　なお、この規定は贈与をした個人が所得税の確定申告書においてこの適用を受ける旨の記載をし、贈与をした資産の種類その他財務省令で定める事項を記載した書類等を添付した場合に限り適用されることとなっている（租税特別措置法40条の3の2第2項）。ただし、宥恕規定があり、確定申告書において適用がなかったこと等について税務署長がやむを得ないと認める場合で、これらの書類の提出があった場合には適用される（同条3項）。

(2)　仮装経理が行われていた場合の税務

(ア)　概　要

　私的整理手続における資産・負債の調査によって、過年度において仮装経理（粉飾決算）が明るみに出る場合がある。決算そのものや申告書の計算に誤りがあった等により、税額が正しい計算によった場合に比して過大であった場合には、更正の請求ができる期間が法定申告期限から5年であるため（欠損金を増額させる更正の請求については10年[15]）、その期限内であれば「更正の請求書」を提出して税金の還付などを求めることができる（国税通則法23条）。

(イ)　減額更正の対象となるもの

　更正処分の対象となるのは所得や税額の計算が税法に従っていなかった場合に行われる（国税通則法24条）。たとえば、減価償却費や貸倒引当金を計上しておらず、これが公正妥当な会計基準に合致していなかった場合であっても、これらについては、法人税法では損金算入限度額の定めとなっているため、それらを計上しなかったことが「税法に従っていない」ということにはならない。よって、減価償却費や貸倒引当金の計上不足といったものは、減額更正の対象とはならないという点には注意が必要である。

(ウ)　仮装経理に基づく過大申告の場合における法人税の特例

13　平成31年度税制改正により、平成28年4月1日以後にはじめて一般に公表された債務処理を行う手続のために関する準則に基づき債務処理計画が策定されたことなどの要件が追加されたうえで、3年延長予定。

14　前掲（注1）参照。

15　平成30年3月31日以前開始事業年度については9年

　前述のとおり、仮装経理によって過大納付した税額について還付を受ける余地が残されているが、誤謬ではなく意図的に多く納められたわけであるため、通常の更正処分のケースと同様にすべきではないという見地から、仮装経理に関する更正の場合には特別な規定が設けられている。

①　法人税の減額更正に関する特例

　　税務署長は、仮装経理をした事業年度後の各事業年度において当該事実に係る修正の経理をし、かつ、当該修正の経理をした事業年度の確定申告書を提出するまでの間は、更正しないことができるとされている（法人税法129条）。

　　なお、修正の経理とは、前期損益修正損等として特別損失等に損失計上した場合だけでなく、過年度遡及修正会計基準の適用により修正再表示をした場合においても経理の修正を行ったものとして取り扱われる。

②　法人税の還付に関する特例

　　仮装経理があった事業年度について税務署長が減額更正をした場合、仮装経理に係る法人税額は即時には還付されず、更正の日以後に終了する事業年度の所得に対する法人税額から順次控除され、更正の日の属する事業年度開始の日から5年を経過する日の属する事業年度の確定申告書提出期限が到来したときに、残額がすべて還付される（法人税法135条、70条）。

　　ただし、下記の場合は例外となる。

ⓐ　更正の日の属する事業年度開始の日前1年以内に開始する事業年度の所得に対する法人税額で、更正の日の前日において確定しているものがあるときは、仮装経理法人税額のうち、確定している法人税額に達するまでの部分は還付される（法人税法135条2項）。

ⓑ　残余財産の確定、破産手続開始決定による解散等があった場合、それらの日の属する事業年度の申告期限が到来した場合には、仮装経理法人税は還付される（法人税法135条3項1号・3号）。仮装経理に係る更正の日時点で、これらの事実が生じていた場合も全額が還付され

る。

ⓒ　会社更生手続開始、民事再生手続開始および特別清算開始の決定が
あった場合や、一定の私的整理の場合において、これらの事実が生じ
た日から1年以内に税務署長に対して仮装経理法人税額の還付請求を
することができ、この場合にも仮装経理法人税額は全額還付される
（法人税法135条4項、同法施行令175条2項、同法施行規則60条の2第1
項）。

　ここで、仮装経理があった場合の法人税額が即時に還付されること
となる一定の私的整理は、2(1)(ア)に該当する私的整理、もしくは、法
律の規定による整理手続によらない負債の整理に関する計画の決定ま
たは契約の締結で、第三者が関与する協議によるもので、次に該当す
るものとされている。

㋐　債権者集会の協議決定で合理的な基準により債務者の負債整理を
定めているもの

㋑　行政機関・金融機関その他第三者のあっせんによる当事者間の協
議による㋐に準ずる内容の契約の締結

　なお、消費税についてはこのような特例がないため、仮装経理に係る税額
も即時に還付される。

Ⅱ　債権者の税務

1　概　要

　私的整理の過程において、債権者は債務者に対して有する債権について債権放棄することがある。ここでは、債権者の有する債権の税務上の取扱いについて解説する。

2　私的整理と貸倒引当金

⑴　貸倒引当金の計上

　債務者による私的整理手続開始の申出の段階では、債務者の有する債権は法的には消滅していない。そのため、私的整理手続開始の申出という事象によっては貸倒損失を計上することはできない。また、私的整理開始の申出という事象が特段に貸倒引当金の計上可能となる要件とは含まれていないため、個別評価金銭債権に係る貸倒引当金など一般的な貸倒引当金の計上要件を満たすかどうかを検討することとなる。

　具体的には、事業年度終了時点において、〔表9-14〕に掲げる法人が、〔表9-15〕に掲げる事由が生じた場合に計上可能となる（法人税法52条1項、同法施行令96条1項、同法施行規則25条の2）。したがって、〔表9-14〕に該当する法人が有する金銭債権が私的整理の対象となった場合には、私的整理の成立前においては〔表9-15〕②の要件を満たすかどうか、成立後においては〔表9-15〕①の要件を満たすかどうかを検討することになると思われる。

　なお、税務上、損金の額に算入した貸倒引当金については、翌事業年度において益金の額に算入することになる（法人税法52条10項）が、債務者等の状況に変化がなければ同額の貸倒引当金の損金算入が認められるため、実務上は影響がないものと考えられる。

(2)　私的整理による債権放棄

⑦　照会済みの私的整理スキームに基づく債権放棄の場合

　上記のとおり、債権放棄による貸倒損失が税務上も認められるかは、再建計画が合理的なものかどうか等がポイントとなる。この点においては下記の私的整理手続に基づいて作成された再建計画は合理的なものであることについて文書照会により確認されている。

〔表9-16〕　私的整理スキームについての国税庁ウェブサイト文書回答事例②

私的整理スキーム	文書回答
⑦私的整理ガイドライン	・平成13年9月26日　国税庁回答　「『私的整理に関するガイドライン』に基づき策定された再建計画により債権放棄等が行われた場合の税務上の取扱いについて」
④中小企業再生支援協議会	・平成27年3月30日　国税庁回答　「中小企業再生支援全国本部の支援により『中小企業再生支援スキーム』に従って策定された再生計画に基づき債権放棄等が行われた場合の税務上の取り扱いについて」 ・平成24年3月28日　国税庁回答　「『中小企業再生支援協議会の支援による再生計画の策定手順（再生計画検討委員会が再生計画案の調査・報告を行う場合)』に従って策定された再生計画により債権放棄等が行われた場合の税務上の取扱いについて」 ・平成17年6月30日　国税庁回答　「『中小企業再生支援協議会の支援による再生計画の策定手順（再生計画検討委員会が再生計画案の調査・報告を行う場合)』に従って策定された再生計画により債権放棄等が行われた場合の税務上の取扱いについて」 ・平成15年7月31日　国税庁回答　「中小企業再生支援協議会で策定を支援した再建計画（A社及びB社のモデルケース）に基づき債権放棄が行われた場合の税務上の取扱いについて」
⑦RCC企業再生スキーム	・平成29年6月28日　国税庁回答　「RCCが貸付債権信託を活用して金融債権者等間調整を行う企業再生において『RCC企業再生スキームⅡ』に従って策定された再生計画により金融機関等が債

	務免除等を行った場合の税務上の取扱いについて」
	・平成23年9月29日　国税庁回答　「『RCC企業再生スキーム』に基づき策定された再生計画により債権放棄等が行われた場合の税務上の取扱いについて」
	・平成16年3月24日　国税庁回答　「『RCC企業再生スキーム』に基づき策定された再生計画により債権放棄等が行われた場合の税務上の取扱いについて」
㊁事業再生ADR手続	・平成21年7月9日　国税庁回答　「特定認証紛争解決手続に従って策定された事業再生計画により債権放棄等が行われた場合の税務上の取扱いについて」
	・平成20年3月28日　国税庁回答　「特定認証紛争解決手続に従って策定された事業再生計画により債権放棄等が行われた場合の税務上の取扱いについて」
㊄地域経済活性化支援機構	・平成28年6月1日　国税庁回答　「地域経済活性化支援機構が行う特定支援業務に基づき作成された弁済計画に従い債権放棄が行われた場合の課税関係について」
	・平成26年6月26日　国税庁回答　「株式会社地域経済活性化支援機構が買取決定等を行った債権の債務者に係る事業再生計画に基づき債権放棄等が行われた場合の税務上の取扱いについて」
	・平成25年6月25日　国税庁回答　「株式会社地域経済活性化支援機構が買取決定等を行った債権の債務者に係る事業再生計画に基づき債権放棄等が行われた場合の税務上の取扱いについて」
	・平成21年11月6日　国税庁回答　「株式会社企業再生支援機構が買取決定等を行った債権の債務者に係る事業再生計画に基づき債権放棄等が行われた場合の税務上の取扱いについて」
㊅東日本大震災事業者再生支援機構	・平成25年6月26日　国税庁回答　「株式会社東日本大震災事業者再生支援機構が買取決定等を行った債権の債務者に係る事業再生計画に基づき債権放棄等が行われた場合の税務上の取扱いについて」
㊆特定調停スキーム	・平成30年6月4日　国税庁回答　「特定調停スキーム（廃業支援型）に基づき債権放棄が行われた場合の税務上の取扱いについて」

⑥　支援者の範囲は相当か

　　特定の債権者が債権放棄を免れるような恣意的な決め方があってはならない。関係者が複数の場合は、関係者全員が支援しないから不合理であるとは必ずしもいえないが、子会社等との関与の度合いや取引の状況等、事業関連性の強弱ほか、個別の状況に応じて決定することとなる。

⑦　損失負担割合は合理的か

　　債権放棄の決定方法は融資割合等で負担率を決定するプロラタ方式が原則であるが、プロラタ方式でなければならないわけではなく、諸事情を勘案し合理性が認められるものであれば問題はない。負担割合の合理性が認められるケースとしては、

ⓐ　プロラタ方式による場合

ⓑ　損失負担（支援）総額を、出資状況、融資残高比率および役員派遣割合等の事業関連性を総合的に勘案し、各支援者に配分する場合

ⓒ　メインとなる支援者（出資責任、融資責任、経営責任のある者）が、その責任に応じたできる限りの支援を行い、他の支援者については、融資残高等の事業関連性を総合的に勘案し、責任を求めるといった場合

ⓓ　親会社としては、優先的に大部分の損失負担をし、経営責任を果たさなければ一般の取引先の同意が得られず、再建計画が成立しないため、やむを得ず損失負担をして、再建を果たそうとする場合

㈢　**再建支援等事業に係る事前相談制度**

金融機関等の債権者が行う債権放棄等は多額にのぼることが通常であり、債権者にとって、債権放棄額が寄附金と認定された場合、税務上の所得計算に多大な影響を及ぼすことになる。そこで国税庁は、作成された整理・再建計画に基づき、再建支援等の損失負担等の税務上の取扱いについての事前相談に応じている。

なお、事前相談は、相談事案に係る事実関係を前提として検討され、これに対する税務上の取扱いを回答するものであって、税務当局がその再建支援

計画の実施に対して事前に許可または認可を与えるものではないことに注意を要する。

4　「第二会社方式」による貸倒処理

　私的整理スキームに該当しない私的整理の場合には、その再建計画が合理的なものかどうか個別に検討しなければならず、「単純債務免除方式」によった場合、債権放棄によって債権者において生じた損失が税務上の貸倒損失として損金の額となるかどうか明確ではない。そのため、債務者の事業を第二会社へ移転し、旧法人を特別清算手続により清算する、いわゆる「第二会社方式」が採用されることがある。これは、裁判所の関与する透明性のある手続である特別清算手続の中で債権放棄をすることによって、債権者において生じる損失負担が、税務上の貸倒損失として認められやすくなることを目的の１つとして行われるものである。

監修者・編者・執筆者略歴
〔監修者〕

◆藤原　総一郎（Soichiro FUJIWARA）

東京大学法学部卒業

森・濱田松本法律事務所　パートナー弁護士

第二東京弁護士会所属

事業再生実務家協会常務理事

文部科学省　大学設置・学校法人審議会特別委員

【主な業務分野】　倒産・事業再生、M&A、ファイナンス、不動産、訴訟・紛争

【主な著書・論文】　『倒産法全書(上)(下)〔第2版〕』（監修、商事法務、2014年）、『証券訴訟（企業訴訟実務問題シリーズ）』（中央経済社、2017年）、『企業再生の法務──実践的リーガルプロセスのすべて〔改訂版〕』（監修、金融財政事情研究会、2012年）、『DIP型民事再生手続の実務とM&A戦略』（商事法務、2009年）、『DES・DDSの実務〔第3版〕』（編著、金融財政事情研究会、2014年）、『書式　会社非訟の実務〔改訂版〕』（共著、民事法研究会、2008年）、『書式　民事再生の実務〔全訂3版〕』（共著、民事法研究会、2007年）ほか多数

〔編　者〕

◆山崎　良太（Ryota YAMASAKI）

東京大学法学部卒業

森・濱田松本法律事務所　パートナー弁護士

第二東京弁護士会所属

【主な業務分野】　倒産・事業再生、M&A、訴訟・紛争処理、コンプライアンス等

【主な著書・論文】　『経営者保証ガイドライン実践活用 Q&A―担保・保証に依存しない融資はこう進める―』（共著、銀行研修社、2018年）、「持続可能な公共交通の再構築の実現と地方創生」事業再生と債権管理153号（共著、2016年）、『DES・DDS の実務〔第 3 版〕』（共著、金融財政事情研究会、2014年）、『倒産法全書(上)(下)〔第 2 版〕』（共著、商事法務、2014年）等

〔第 1 章担当〕

◆稲生　隆浩（Takahiro INOU）

早稲田大学法学部卒業

森・濱田松本法律事務所　パートナー弁護士

東京弁護士会所属

【主な業務分野】　倒産・事業再生、M&A、訴訟・紛争

【主な著書・論文】　「私的整理中企業の買収時の留意点」企業会計69号（2017年）、「持続可能な公共交通の再構築の実現と地方創生」事業再生と債権管理153号（共著、2016年）、『DES・DDS の実務〔第 3 版〕』（共著、金融財政事情研究会、2014年）、『倒産法全書(上)(下)〔第 2 版〕』（共著、商事法務、2014年）等

〔第 3 章・第 7 章担当〕

〔執筆者〕

◆濱　　史子（Fumiko HAMA）

慶応義塾大学法学部卒業

森・濱田松本法律事務所　弁護士

東京弁護士会所属

【主な業務分野】　倒産・事業再生、M&A、訴訟・紛争処理、コンプライアンス等

【主な著書・論文】　『倒産法全書(上)(下)〔第2版〕』（共著、商事法務、2014年）、『企業再生の法務——実践的リーガルプロセスのすべて〔改訂版〕』（共著、金融財政事情研究会、2012年）等

◆浅井　大輔（Daisuke ASAI）

東京大学法学部卒業

東京大学法科大学院修了

Cornell Law School卒業

森・濱田松本法律事務所　弁護士（日本及びニューヨーク州）

第二東京弁護士会

【主な業務分野】　倒産・事業再生、訴訟・紛争処理、M&A、危機管理等

【主な著書・論文】　『Guide to Restructuring, Turnaround and Insolvency in Asia Pacific 2018』（共著、Herbert Smith Freehills, 2018）、『The Legal 500 : 2 nd Edition Restructuring & Insolvency Comparative Guide』（共著、The In-House Lawyer,　2018）、『経営者保証ガイドライン実践活用Q&A—担保・保証に依存しない融資はこう進める—』（共著、銀行研修社、2018年）、「Chartererの倒産時における備船契約の取扱いとOwnerの取り得る手段」海事法研究会誌234号（共著、2017年）、『企業再生の法務〔改訂版〕』（共著、金融財政事情研究会、2012年）等

〔第2章・第3章担当〕

◆川端　健太（Kenta KAWABATA）

慶應義塾大学法学部卒業
東京大学法科大学院修了
森・濱田松本法律事務所　弁護士
第二東京弁護士会
【主な取扱い分野】　訴訟・紛争処理、倒産・事業再生、不動産、M&A、コンプライアンス等
【主な著書・論文】　『製品事故・不祥事対応の企業実務』（共著、民事法研究会、2015年）、『環境訴訟』（共著、中央経済社、2017年）、『業務場面でつかむ！　民法改正で企業実務はこう変わる』（共著、第一法規、2018年）等

〔第2章・第4章・第6章・第7章担当〕

◆田尻　佳菜子（Kanako TAJIRI）

早稲田大学政治経済学部卒業
東京大学法科大学院修了
森・濱田松本法律事務所　弁護士
第二東京弁護士会
【主な業務分野】　倒産・事業再生、訴訟・紛争処理、M&A、危機管理等
【主な著書・論文】　『経営者保証ガイドライン実践活用 Q&A―担保・保証に依存しない融資はこう進める―』（共著、銀行研修社、2018年）、『担保権消滅請求の理論と実務 』（共著、民事法研究会、2014年）等

〔第5章担当〕

◆長谷　修太郎（Shutaro HASE）

東京大学法学部卒業
東京大学法科大学院修了
弁護士法人森・濱田松本法律事務所福岡オフィス　法人アソシエイト弁護士
福岡県弁護士会所属

【主な業務分野】　倒産・事業再生、M&A、訴訟・紛争処理、コンプライアンス等
【主な著書・論文】　『経営者保証ガイドライン実践活用 Q&A―担保・保証に依存しない融資はこう進める―』（共著、銀行研修社、2018年）、『企業危機・不祥事対応の法務〔第 2 版〕』（共著、商事法務、2018年）等

〔第 2 章・第 8 章担当〕

◆川端　遼（Ryo KAWABATA）

東京大学法学部卒業
東京大学法科大学院修了
ニューヨーク大学ロースクール修了（LL.M）
森・濱田松本法律事務所　弁護士
第二東京弁護士会
【主な業務分野】　倒産・事業再生、訴訟・紛争処理、M&A、ベンチャー等
【主な著書・論文】　『Guide to Restructuring Turnaround and Insolvency Asia Pacific 2016』（共著、Herbert Smith Freehills, 2016）、『実践　就業規則見直しマニュアル』（共著、労働法務、2014年）、「法的整理の概要と債権回収」銀行実務 2013年11月号（共著、2013年）等

〔第 8 章担当〕

◆鴛海　量明（Kazuaki OSHIUMI）

東京大学経済学部卒業
税理士法人おしうみ総合会計事務所　公認会計士・代表社員税理士
日本公認会計士協会東京会・東京税理士会所属
【主な業務分野】　法人税務顧問、法人決算サポート、資産税、倒産・事業再生等
【主な著書】　『倒産法全書㊦〔第 2 版〕』（共著、商事法務、2014年）、『企業再生の法務――実践的リーガルプロセスのすべて〔改訂版〕』（共著、金融財政事業研究会、2012年）、『M&A 事業再生用語辞典』（共著、日経 BP 社、2006年）、『連結ディスクロージャーの実務』（共著、日本法令、2001年）

〔第 3 章担当〕

◆磯村　文靖（Fumiyasu ISOMURA）

日本大学法学部卒業

日本大学大学院法学研究科修了

磯村会計事務所　税理士

東京税理士会所属

【主な業務分野】　法人税務顧問、法人決算サポート、資産税、倒産・事業再生等

【主な著書】　『有価証券と会社税務』（共著、財経詳報社、2003年）、『Q&A 税効果会計と別表四・別表五〔新版〕』（共著、財経詳報社、2002年）

〔第 9 章担当〕

【事業再編シリーズ⑤】

私的整理の理論・実務と書式

平成31年3月16日　第1刷発行

定価　本体5,300円＋税

監　　修　藤原総一郎
編　　著　山崎良太　稲生隆浩
発　　行　株式会社　民事法研究会
印　　刷　藤原印刷株式会社

- -

発行所　株式会社　民事法研究会

〒150-0013　東京都渋谷区恵比寿3-7-16
〔営業〕TEL 03(5798)7257　FAX 03(5798)7258
〔編集〕TEL 03(5798)7277　FAX 03(5798)7278
http://www.minjiho.com/　info@minjiho.com

ISBN978-4-86556-273-6　C3332　￥5300E

カバーデザイン／袴田峯男

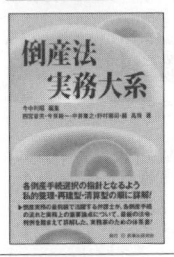
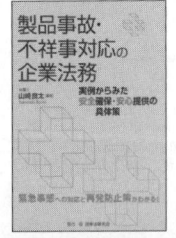